NH농협은행 6급

직무능력평가 모의고사

	영 역	의사소통능력, 문제해결능력, 수리능력, 정보능력
제 1 회	문항수	50문항
	시 간	60분
	비 고	객관식 5지선다형

SEOWONGAK
(주)서원각

문항수 : 50문항   풀이시간 : 60분

1. 밑줄 친 부분의 표기가 바르지 않은 것은?

① 널따란 대청마루에서 꼬마가 뒹굴고 있다.

② 아이가 머리에 댕기를 드리고 있다.

③ 학생들의 자세가 흐트러지고 있다.

④ 지나가는 차에 행인이 부딪혔다.

⑤ 엄숙한 분위기가 깨지다.

2. 어떤 제품을 만들어서 하나를 팔면 이익이 5,000원 남고, 불량품을 만들게 되면 10,000원 손실을 입게 된다. 이 제품의 기댓값이 3,500원이라면 이 제품을 만드는 공장의 불량률은 몇 %인가?

① 4%   ② 6%

③ 8%   ④ 10%

⑤ 12%

3. 다음 중 밑줄 친 부분의 한자어 표기로 옳지 않은 것은?

제7조(만기 후 ㉠이율 및 ㉡중도해지 이율)
① 이 예금의 만기일 후 ㉢지급청구가 있을 때에는 만기일부터 지급일 전날까지의 기간에 대해 만기 시점 당시 영업점에 게시한 ㉣만기 후 이율로 셈한 이자를 원금에 더하여 지급한다.
② 만기일 전에 지급청구가 있을 때에는 가입일로부터 지급일 전날까지의 기간에 대해 가입일 당시 영업점에 게시한 중도해지 이율로 셈한 ㉤이자를 원금에 더하여 지급한다.

① ㉠ – 利率

② ㉡ – 中途解止

③ ㉢ – 支給請求

④ ㉣ – 晚期

⑤ ㉤ – 利子

4. 다음 시트처럼 한 셀에 두 줄 이상 입력하려는 경우 줄을 바꿀 때 사용하는 키는?

	A	B
1	서원각 출판사	실전 모의고사
2		
3		

① 〈F1〉+〈Enter〉

② 〈Alt〉+〈Enter〉

③ 〈Alt〉+〈Shift〉+〈Enter〉

④ 〈Shift〉+〈Enter〉

⑤ 〈Shift〉+〈Ctrl〉+〈Enter〉

5. 다음의 밑줄 친 단어의 의미와 동일하게 쓰인 것은?

기획재정부는 26일 OO센터에서 '2017년 지방재정협의회'를 열고 내년도 예산안 편성 방향과 지역 현안 사업을 논의했다. 이 자리에는 17개 광역자치단체 부단체장과 기재부 예산실장 등 500여 명이 참석해 2018년 예산안 편성 방향과 약 530건의 지역 현안 사업에 대한 협의를 진행했다.
기재부 예산실장은 "내년에 정부는 일자리 창출, 4차 산업 혁명 대응, 저출산 극복, 양극화 완화 등 4대 핵심 분야에 예산을 집중적으로 투자할 계획이라며 이를 위해 신규 사업 관리 강화 등 10대 재정 운용 전략을 활용, 재정 투자의 효율성을 높여갈 것"이라고 밝혔다. 이어 각 지방자치단체에서도 정부의 예산 편성 방향에 부합하도록 사업을 신청해 달라고 요청했다.
기재부는 이날 논의한 지역 현안 사업이 각 부처의 검토를 거쳐 다음달 26일까지 기재부에 신청되면, 관계 기관의 협의를 거쳐 내년도 예산안에 반영한다.

① 학생들은 초등학교부터 중학교, 고등학교를 거쳐 대학에 입학하게 된다.

② 가장 어려운 문제를 해결했으니 이제 특별히 거칠 문제는 없다.

③ 이번 출장 때는 독일 베를린을 거쳐 오스트리아 빈을 다녀올 예정이다.

④ 오랜만에 뒷산에 올라 보니, 무성하게 자란 칡덩굴이 발에 거친다.

⑤ 기숙사 학생들의 편지는 사감 선생님의 손을 거쳐야 했다.

6. 다음 중 밑줄 친 단어의 맞춤법이 옳은 것은?

① 그의 무례한 행동은 저절로 <u>눈쌀</u>을 찌푸리게 했다.

② 손님은 종업원에게 당장 주인을 불러오라고 <u>닥달하였다.</u>

③ 멸치와 고추를 간장에 <u>졸였다.</u>

④ 찌개가 잠깐 사이에 바짝 <u>조랐다.</u>

⑤ 걱정으로 밤새 마음을 <u>졸였다.</u>

7. 다음 일차방정식 $3x - 5 = 2x - 3$의 해는?

① 2

② 4

③ 6

④ 8

⑤ 9

8. 다음은 기업유형별 직업교육 인원에 대한 지원비용 기준이다. 대규모기업 집단에 속하는 A사의 양성훈련 필요 예산이 총 1억 3,000만 원일 경우, 지원받을 수 있는 비용은 얼마인가?

기업구분	훈련구분	지원비율
우선지원대상기업	향상, 양성훈련 등	100%
대규모기업	향상, 양성훈련	60%
	비정규직대상훈련/전직훈련	70%
상시근로자 1,000인 이상 대규모 기업	향상, 양성훈련	50%
	비정규직대상훈련/전직훈련	70%

① 5,600만 원

② 6,200만 원

③ 7,800만 원

④ 8,200만 원

⑤ 8,400만 원

9. 다음 글을 읽고 밑줄 친 ㉠과 ㉡의 관계와 가장 가까운 것을 고르면?

언어가 되는 소리는 ㉠<u>자음</u>과 ㉡<u>모음</u>으로 분석할 수 있다. '가을'이라는 소리덩어리는 두 개의 자음과 두 개의 모음으로 분석할 수 있다는 점을 들어 언어 기호의 분절적 성격을 설명할 수 있다. 이 경우 '을'의 'ㅇ'은 아무런 소리 값도 없는 단순한 글자에 지나지 않는다. 즉 의미를 가진 언어형식들은 모두 소리와 의미의 이원적 구조로 이루어져 있고, 그 소리(형식)와 의미(내용)의 관계는 필연적인 것이 아니다. 이런 언어 기호의 성격을 자의성(恣意性)이라고 한다.

① 정신 : 육체

② 물 : 물컵

③ 원인 : 결과

④ 학문 : 철학

⑤ 어머니 : 여자

10. 다음의 빈칸에 들어가기 적절한 사자성어?

국내 최고 경영자들에게 "오늘이 있기까지 가장 마음에 새기는 사자성어는 무엇인가?"라고 물었더니, 가장 많은 사람이 '입술이 없으면 이가 시리다'는 뜻의 ( )을/를 선택했다고 한다. 이 말은 '서로 도움으로써 성립되는 밀접한 관계'를 비유하는 말이다.

① 순망치한(脣亡齒寒)

② 이열치열(以熱治熱)

③ 상부상조(相扶相助)

④ 유유상종(類類相從)

⑤ 상선약수(上善若水)

11. 다음 글의 주제로 가장 적절한 것을 고른 것은?

유럽의 도시들을 여행하다 보면 여기저기서 벼룩시장이 열리는 것을 볼 수 있다. 벼룩시장에서 사람들은 낡고 오래된 물건들을 보면서 추억을 되살린다. 유럽 도시들의 독특한 분위기는 오래된 것을 쉽게 버리지 않는 이런 정신이 반영된 것이다.

영국의 옥스팜(Oxfam)이라는 시민단체는 헌옷을 수선해 파는 전문 상점을 운영해, 그 수익금으로 제3세계를 지원하고 있다. 파리 시민들에게는 유행이 따로 없다. 서로 다른 시절의 옷들을 예술적으로 배합해 자기만의 개성을 연출한다.

땀과 기억이 배어 있는 오래된 물건은 실용적 가치만으로 따질 수 없는 보편적 가치를 지닌다. 선물로 받아서 10년 이상 써 온 손때 묻은 만년필을 잃어버렸을 때 느끼는 상실감은 새 만년필을 산다고 해서 사라지지 않는다. 그것은 그 만년필이 개인의 오랜 추억을 담고 있는 증거물이자 애착의 대상이 되었기 때문이다. 그러기에 실용성과 상관없이 오래된 것은 그 자체로 아름답다.

① 서양인들의 개성은 시대를 넘나드는 예술적 가치관으로부터 표현된다.
② 실용적 가치보다 보편적인 가치를 중요시해야 한다.
③ 만년필은 선물해준 사람과의 아름다운 기억과 오랜 추억이 담긴 물건이다.
④ 오래된 물건은 실용적인 가치보다 더 중요한 가치를 지니고 있다.
⑤ 오래된 물건은 실용적 가치만으로 따질 수 없는 개인의 추억과 같은 보편적 가치를 지니기에 그 자체로 아름답다.

12. 다음은 해외 주요 금융지표를 나타낸 표이다. 표에 대한 설명으로 옳지 않은 것은?

(단위 : %, %p)

구분	'12년 말	'13년 말	'14년 2분기	'14년 3분기	'14년 12.30	'15년 1.7
다우지수	13,104	16,577	16,818	17,056	18,038	17,372
나스닥지수	3,020	4,177	4,350	4,509	4,807	4,593
일본 (Nikkei)	10,395	16,291	15,267	16,167	17,451	16,885
중국 (상하이종합)	2,269	2,116	2,026	2,344	3,166	3,374

① 2015년 1월 7일 다우지수는 전주 대비 약 3.69% 하락하였다.
② 2014년 3분기 중국 상하이종합 지수는 전분기 대비 약 14.70% 상승하였다.
③ 2014년 12월 30일 일본 니케이 지수는 전년 말 대비 약 7.12% 상승하였다.
④ 2014년 3분기 나스닥 지수는 2012년 말 대비 1,489p 상승하였다.
⑤ 2015년 1월 7일 나스닥 지수는 전주 대비 약 4.45% 하락하였고 이는 같은 기간 일본 니케이 지수보다 하락폭이 약 1.21%p 더 크다.

13. 다음은 개인종합자산관리계좌(ISA)에 대한 설명이다. 옳지 않은 것은?

1. 상품특징
   가입자가 예·적금, 펀드 등 다양한 금융상품을 선택하여 포트폴리오를 구성하여 통합관리할 수 있는 계좌로서, 일정 기간동안 다양한 금융상품 운용 결과로 발생하는 계좌 내 이익－손실을 통산 후 순이익에 세제혜택 부여
2. 가입대상
   • 직전년도 또는 해당년도에 「소득세법」 제19조 및 제20조에 따른 사업소득 및 근로소득이 있거나 농어민에 해당하는 거주자
   • 가입 당시 직전년도 금융소득종합과세 대상자는 제외
3. 운용방법
   • 개인종합자산관리계좌는 위탁자별 신탁재산을 각각 구분하여 관리·운용 및 계산하는 상품으로 위탁자별 운용방법, 신탁기간, 신탁보수 및 이익계산방법 등은 개인종합자산관리계좌약관에서 정한다.
   • 운용상품별 보수는 다음과 같다.
   － 예금, 적금, 예탁금 : 연 0.1%
   － 집합투자증권 : 연 0.2%
   － 파생결합증권 : 연 0.7%
4. 판매기간
   2018.12.31
5. 신탁기간
   신탁기간은 5년으로 정하며 가입유형에 따라 의무가입기간이 상이할 수 있다.

① ISA는 가입자가 예·적금, 펀드 등 다양한 금융상품을 선택하여 포트폴리오를 구성하여 통합관리할 수 있는 계좌이다.
② 집합투자증권의 보수는 연 0.2%이다.
③ 신탁기간은 5년이며 가입유형에 따라 의무가입기간이 서로 다를 수 있다.
④ 가입 당시 직전년도 금융소득종합과세자도 가입이 가능하다.
⑤ 판매기간은 2018년 12월 31일까지다.

14. 다음 조건을 바탕으로 할 때, 김 교수의 연구실 위치한 건물과 오늘 갔던 서점이 위치한 건물을 순서대로 올바르게 짝지은 것은?

- 최 교수, 김 교수, 정 교수의 연구실은 경영관, 문학관, 홍보관 중 한 곳에 있으며 서로 같은 건물에 있지 않다.
- 이들은 오늘 각각 자신의 연구실이 있는 건물이 아닌 다른 건물에 있는 서점에 갔었으며, 서로 같은 건물의 서점에 가지 않았다.
- 정 교수는 홍보관에 연구실이 있으며, 최 교수와 김 교수는 오늘 문학관 서점에 가지 않았다.
- 김 교수는 정 교수가 오늘 갔던 서점이 있는 건물에 연구실이 있다.

① 문학관, 경영관
② 경영관, 문학관
③ 경영관, 홍보관
④ 문학관, 홍보관
⑤ 홍보관, 경영관

┃15~16┃ 다음은 기업여신 상품설명서의 일부이다. 물음에 답하시오.

1. 연체이자율(지연배상금률)
(1) 연체이자율은 [여신이자율 + 연체기간별 연체가산이자율]로 적용한다.
   연체가산이자율은 연체기간별로 다음과 같이 적용하며 연체 기간에 따라 구분하여 부과하는 방식(계단방식)을 적용한다.
   - 연체기간이 30일 이하 : 연 6%
   - 연체기간이 31일 이상 90일 이하일 경우 : 연 7%
   - 연체기간이 91일 이상 : 연 8%
(2) 연체이자율은 최고 15%로 한다.
(3) 연체이자(지연배상금)을 내야 하는 경우
   - 「이자를 납입하기로 약정한 날」에 납입하지 아니한 때
   이자를 납입하여야 할 날의 다음날부터 14일까지는 내야 할 약정이자에 대해 연체이자가 적용되고, 14일이 경과하면 기한이익상실로 인해 여신원금에 연체이율을 곱한 연체이자를 내야 한다.

   (예시) 원금 1억 2천만 원, 약정이자율 연 5%인 여신의 이자(50만 원)를 미납하여 연체가 발생하고, 연체 발생 후 31일 시점에 납부할 경우 연체이자(일시상환)

연체기간	계산방법	연체이자
연체발생 ~14일분	지체된 약정이자(50만 원)×연 11%(5%+6%)×14/365	2,109원
연체 15일~30 일분	원금(1억 2천만 원)×연 11%(5%+6%)×16/365	578,630원
계		580,739원

* 기한이익상실 전 발생한 약정이자는 별도
* 위 내용은 이해를 돕기 위해 연체이자만을 단순하게 계산한 예시임. 연체이자는 여신조건, 여신종류 등에 따라 달라질 수 있으며 실제 납부금액은 연체이자에 약정이자를 포함하여 계산됨

- 「원금을 상환하기로 약정한 날」에 상환하지 아니한 때
원금을 상환하여야 할 날의 다음날부터는 여신원금에 대한 연체이자를 내야 한다.
- 「분할상환금(또는 분할상환 원리금)을 상환하기로 한 날」에 상환하지 아니한 때
분할상환금(또는 분할상환 원리금)을 상환하여야 할 날의 다음날부터는 해당 분할상환금(또는 분할상환 원리금)에 대한 연체이자를, 2회 이상 연속하여 지체한 때에는 기한이익상실로 인해 여신원금에 대한 연체이자를 내야 한다.

2. 유의사항
(1) 여신기한 전에 채무를 상환해야 하는 경우
   채무자인 고객 소유의 예금, 담보 부동산에 법원이나 세무서 등으로부터의 (가)압류명령 등이 있는 때에는 은행으로부터 별도 청구가 없더라도 모든 여신(또는 해당 여신)을 여신기한에 이르기 전임에도 불구하고 곧 상환해야 한다.

(2) 금리인하요구권
   채무자는 본인의 신용상태가 호전되거나 담보가 보강되었다고 인정되는 경우(회사채 등급 상승, 재무상태 개선, 특허취득, 담보제공 등)에는 증빙자료를 첨부한 금리인하신청서를 은행에 제출, 금리변경을 요구할 수 있다.

15. 분할상환금을 2회 이상 연속하여 상환하지 아니한 경우에는 어떻게 되는가?

① 해당 분할상환금에 대한 연체이자를 내야 한다.
② 기한이익상실로 인해 여신원금에 대한 연체이자를 내야 한다.
③ 증빙자료를 첨부한 금리인하신청서를 은행에 제출하여야 한다.
④ 은행으로부터 별도 청구가 없더라도 모든 여신(또는 해당 여신)을 여신기한에 이르기 전임에도 불구하고 곧 상환해야 한다.
⑤ 내야 할 약정이자에 대한 연체이자를 내야 한다.

16. 원금 1억 5천만 원, 약정이자율 연 5%인 여신의 이자(62만 5천 원)를 미납하여 연체가 발생하고, 연체 발생 후 31일 시점에 납부할 경우 실제 납부금액은 얼마인가?

① 1,150,923원
② 1,250,923원
③ 1,350,923원
④ 1,450,923원
⑤ 1,550,923원

17. 다음 내용과 전투능력을 가진 생존자 현황을 근거로 판단할 경우 생존자들이 탈출할 수 있는 경우로 옳은 것은? (단, 다른 조건은 고려하지 않는다)

• 좀비 바이러스에 의해 라쿤 시티에 거주하던 많은 사람들이 좀비가 되었다. 건물에 갇힌 생존자들은 동, 서, 남, 북 4개의 통로를 이용해 5명씩 탈출을 시도한다. 탈출은 통로를 통해서만 가능하며, 한 쪽 통로를 선택하면 되돌아올 수 없다.
• 동쪽 통로에 11마리, 서쪽 통로에 7마리, 남쪽 통로에 11마리, 북쪽 통로에 9마리의 좀비들이 있다. 선택한 통로의 좀비를 모두 제거해야만 탈출할 수 있다.
• 남쪽 통로의 경우, 통로 끝이 막혀 탈출을 할 수 없지만 팀에 폭파전문가가 있다면 다이너마이트를 사용하여 막힌 통로를 뚫고 탈출할 수 있다.
• 전투란 생존자가 좀비를 제거하는 것을 의미하며 선택한 통로에서 일시에 이루어진다.
• 전투능력은 정상인 건강상태에서 해당 생존자가 전투에서 제거하는 좀비의 수를 의미하며, 질병이나 부상상태인 사람은 그 능력이 50%로 줄어든다.
• 전투력 강화에는 건강상태가 정상인 생존자들 중 1명에게만 사용할 수 있으며, 전투능력을 50% 향상시킨다. 사용 가능한 대상은 의사 혹은 의사의 팀 내 구성원이다.
• 생존자의 직업은 다양하며, 아이와 노인은 전투능력과 보유품목이 없고 건강상태는 정상이다.

전투능력을 가진 생존자 현황

직업	인원	전투능력	건강상태	보유품목
경찰	1명	6	질병	–
헌터	1명	4	정상	–
의사	1명	2	정상	전투력 강화제 1개
사무라이	1명	8	정상	–
폭파전문가	1명	4	부상	다이너마이트

탈출 통로	팀 구성 인원
① 동쪽 통로	폭파전문가 – 사무라이 – 노인 3명
② 서쪽 통로	헌터 – 경찰 – 아이 2명 – 노인
③ 남쪽 통로	헌터 – 폭파전문가 – 아이 – 노인 2명
④ 북쪽 통로	경찰 – 의사 – 아이 2명 – 노인
⑤ 남쪽 통로	폭파전문가 – 사무라이 – 의사 – 아이

18. 다음에 주어진 조건이 모두 참일 때 옳은 결론을 고르면?

• A, B, C, D, E가 의자가 6개 있는 원탁에서 토론을 한다.
• 어느 방향이든 A와 E 사이에는 누군가가 앉는다.
• D 맞은 편에는 누구도 앉아 있지 않다.
• A와 B는 서로 마주보고 앉는다.
• C 주변에는 자리가 빈 곳이 하나 있다.

A : A와 E 사이에 있는 사람이 적은 방향은 한 명만 사이에 있다.
B : A와 D는 서로 떨어져 있다.

① A만 옳다.
② B만 옳다.
③ A와 B 모두 옳다.
④ A와 B 모두 그르다.
⑤ A와 B 모두 옳은지 그른지 알 수 없다.

19. 다음의 알고리즘에서 인쇄되는 S는?

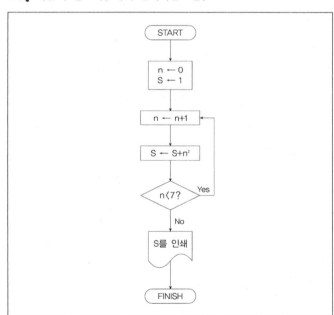

① 137
② 139
③ 141
④ 143
⑤ 145

20. 당신은 A와 함께 프로젝트를 수행하게 되었다. 프로젝트는 일의 내용에 비해 마감 기한이 짧다. 당신은 내용이 조금 부족하더라도 기한 내 프로젝트를 마감하기를 바라나 A는 기한을 조금 넘기더라도 내용을 완벽하게 구성하기를 원한다면 당신은 어떻게 하겠는가?

① A를 믿고 A의 방식에 따른다.

② 상사에게 기한의 연장을 요청한다.

③ 팀원을 교체해 달라고 한다.

④ A를 설득하여 기한 내 프로젝트를 마감하도록 한다.

⑤ 당신 혼자 프로젝트를 수행한다.

21. 다음은 N사의 ○○동 지점으로 배치된 신입사원 5명의 인적사항과 부서별 추가 인원 요청 사항이다. 인력관리의 원칙 중 하나인 적재적소의 원리에 의거하여 신입사원들을 배치할 경우 가장 적절한 것은?

〈신입사원 인적사항〉

성명	성별	전공	자질/자격	기타
甲	남	스페인어	바리스타 자격 보유	서비스업 관련 아르바이트 경험 다수
乙	남	경영	모의경영대회 입상	폭넓은 대인관계
丙	여	컴퓨터공학	컴퓨터 활용능력 2급 자격증 보유	논리적·수학적 사고력 우수함
丁	남	회계	–	미국 5년 거주, 세무사 사무실 아르바이트 경험
戊	여	광고학	과학잡지사 우수편집인상 수상	강한 호기심, 융통성 있는 사고

〈부서별 인원 요청 사항〉

부서명	필요인원	필요자질
영업팀	2명	영어 능통자 1명, 외부인과의 접촉 등 대인관계 원만한 자 1명
인사팀	1명	인사 행정 등 논리 활용 프로그램 사용 적합자
홍보팀	2명	홍보 관련 업무 적합자, 외향적 성격 소유자 등 2명

	영업팀	인사팀	홍보팀
①	甲, 丁	丙	乙, 戊
②	乙, 丙	丁	甲, 戊
③	乙, 丁	丙	甲, 戊
④	丙, 戊	甲	乙, 丁
⑤	甲, 丙	乙	丁, 戊

22. 다음은 H사의 품목별 4~5월 창고 재고현황을 나타낸 표이다. 다음 중 재고현황에 대한 바른 설명이 아닌 것은?

(단위 : 장, 천 원)

Brand	재고	품목	SS			FW		
			수량	평균 단가	금액	수량	평균 단가	금액
Sky peak	4월 재고	Apparel	1,350	33	44,550	850	39.5	33,575
		Footwear	650	25	16,250	420	28	11,760
		Equipment	1,800	14.5	26,100	330	27.3	9,009
		소계	3,800		86,900	1,600		54,344
	5월 입고	Apparel	290	32	9,280	380	39.5	15,010
		Footwear	110	22	2,420	195	28	5,460
		Equipment	95	16.5	1,567.5	210	27.3	5,733
		소계	495		13,267.5	785		26,203
		Apparel	1,640	32.8	53,792	1,230	79	97,170
		Footwear	760	24.5	18,620	615	56	34,440
		Equipment	1,895	14.7	27,856.5	540	54.6	29,484
		총계	4,295		100,268.5	2,385		161,094

① 5월에는 모든 품목의 FW 수량이 SS 수량보다 더 많이 입고되었다.

② 6월 초 창고에는 SS 품목의 수량과 재고 금액이 FW보다 더 많다.

③ 품목별 평균 단가가 높은 순서는 SS와 FW가 동일하다.

④ 입고 수량의 많고 적음이 재고 수량의 많고 적음에 따라 결정된 것은 아니다.

⑤ 전 품목의 FW 평균 단가는 SS 평균 단가보다 더 높다.

23. 다음의 밑줄 친 부분과 가장 가까운 의미로 쓰인 것은?

> 그저 조그마한 보탬이라도 되고자 하는 뜻에서 행한 일이다.

① 우리는 아침에 도서관에서 만나기로 하였다.

② 서울에서 몇 시에 출발할 예정이냐?

③ 고마운 마음에서 드리는 말씀입니다.

④ 정부에서 실시한 조사 결과가 발표되었다.

⑤ 그는 모 기업에서 돈을 받은 혐의로 현재 조사 중에 있다.

┃24~25┃ 다음은 블루투스 이어폰을 구매하기 위하여 전자제품 매장을 찾은 K씨가 제품 설명서를 보고 점원과 나눈 대화와 설명서 내용의 일부이다. 다음을 보고 이어지는 물음에 답하시오.

> K씨 : "블루투스 이어폰을 좀 사려고 합니다."
> 점원 : "네 고객님, 어떤 조건을 원하시나요?"
> K씨 : "제 것과 친구에게 선물할 것 두 개를 사려고 하는데요, 두 개 모두 가볍고 배터리 사용시간이 좀 길었으면 합니다. 무게는 42g까지가 적당할 거 같고요, 저는 충전시간이 짧으면서도 통화시간이 긴 제품을 원해요. 선물하려는 제품은요, 일주일에 한 번만 충전해도 통화시간이 16시간은 되어야 하고, 음악은 운동하면서 매일 하루 1시간씩만 들을 수 있으면 돼요. 스피커는 고감도인 게 더 낫겠죠."
> 점원 : "그럼 고객님께는 ( )모델을, 친구 분께 드릴 선물로는 ( )모델을 추천해 드립니다."

〈제품 사양서〉

구분	무게	충전시간	통화시간	음악재생시간	스피커감도
A모델	40.0g	2.2H	15H	17H	92db
B모델	43.5g	2.5H	12H	14H	96db
C모델	38.4g	3.0H	12H	15H	94db
D모델	42.0g	2.2H	13H	18H	85db

※ A, B모델 : 통화시간 1시간 감소 시 음악재생시간 30분 증가

※ C, D모델 : 음악재생시간 1시간 감소 시 통화시간 30분 증가

24. 다음 중 위 네 가지 모델에 대한 설명으로 옳은 것을 〈보기〉에서 모두 고르면?

> 〈보기〉
> (가) 충전시간 당 통화시간이 긴 제품일수록 음악재생시간이 길다.
> (나) 충전시간 당 통화시간이 5시간 이상인 것은 A, D모델이다.
> (다) A모델은 통화에, C모델은 음악재생에 더 많은 배터리가 사용된다.
> (라) B모델의 통화시간을 10시간으로 제한하면 음악재생시간을 C모델과 동일하게 유지할 수 있다.

① (가), (나)　　　　② (나), (라)

③ (다), (라)　　　　④ (가), (다)

⑤ (나), (다)

25. 다음 중 점원이 K씨에게 추천한 빈칸의 제품이 순서대로 올바르게 짝지어진 것은 어느 것인가?

	K씨	선물
①	C모델	A모델
②	C모델	D모델
③	A모델	C모델
④	A모델	B모델
⑤	B모델	C모델

26. 다음은 지하가 없는 동일한 바닥면적을 가진 건물들에 관한 사항이다. 이 중 층수가 가장 높은 건물은?

건물	대지면적	연면적	건폐율
A	400m²	1,200m²	50%
B	300m²	840m²	70%
C	300m²	1,260m²	60%
D	400m²	1,440m²	60%

※ 건축면적 = $\frac{건폐율 \times 대지면적}{100(\%)}$, 층수 = $\frac{연면적}{건축면적}$

① A　　　　② B

③ C　　　　④ D

⑤ A와 D

27. 다음 글을 읽고 알 수 있는 매체와 매체 언어의 특성으로 가장 적절한 것은?

텔레비전 드라마는 텔레비전과 드라마에 대한 각각의 이해를 전제로 하고 보아야 한다. 즉 텔레비전이라는 매체에 대한 이해와 드라마라는 장르적 이해가 필요하다.

텔레비전은 다양한 장르, 양식 등이 교차하고 공존한다. 텔레비전에는 다루고 있는 내용이 매우 무거운 시사토론 프로그램부터 매우 가벼운 오락 프로그램까지 섞여서 나열되어 있다. 또한 시청률에 대한 생산자들의 강박관념까지 텔레비전 프로그램 안에 들어있다. 텔레비전 드라마의 경우도 마찬가지로 이러한 강박이 존재한다. 드라마는 광고와 여러 문화 산업에 부가가치를 창출하며 드라마의 장소는 관광지가 되어서 지방의 부가가치를 만들어 내기도 한다. 이 때문에 시청률을 걱정해야 하는 불안정한 텔레비전 드라마 시장의 구조 속에서 상업적 성공을 거두기 위해 텔레비전 드라마는 이미 높은 시청률을 기록한 드라마를 복제하게 되는 것이다. 이것은 드라마 제작자의 수익성과 시장의 불확실성을 통제하기 위한 것으로 구체적으로는 속편이나 아류작의 제작이나 유사한 장르 복제 등으로 나타난다. 이러한 복제는 텔레비전 내부에서만 일어나는 것이 아니라 문화 자본과 관련되는 모든 매체, 즉 인터넷, 영화, 인쇄 매체에서 동시적으로 나타나는 현상이기도 하다.

이들은 서로 역동적으로 자리바꿈을 하면서 환유적 관계를 형성한다. 이 환유에는 수용자들, 즉 시청자나 매체 소비자들의 욕망이 투사되어 있다. 수용자의 욕망이 매체나 텍스트의 환유적 고리와 만나게 되면 각각의 텍스트는 다른 텍스트나 매체와의 관련 속에서 의미화 작용을 거치게 된다.

이렇듯 텔레비전 드라마는 시청자의 욕망과 텔레비전 안팎의 다른 프로그램이나 텍스트와 교차하는 지점에서 생산된다. 상업성이 검증된 것의 반복적 생산으로 말미암아 텔레비전 드라마는 거의 모든 내용이 비슷해지는 동일화의 길을 걷게 된다고 볼 수 있다.

① 텔레비전과 같은 매체는 문자 언어를 읽고 쓰는 능력을 반드시 필요로 한다.

② 디지털 매체 시대에 독자는 정보의 수용자이면서 동시에 생산자가 되기도 한다.

③ 텔레비전 드라마 시청자들의 욕구는 매체의 특성을 변화시키는 경우가 많다.

④ 영상 매체에 있는 자료들이 인터넷, 영화 등과 결합하는 것은 사실상 불가능하다.

⑤ 텔레비전 드라마는 독자들의 니즈를 충족시키기 위해 내용의 차별성에 역점을 두고 있다.

28. 터미널노드는 자식이 없는 노드를 말한다. 다음 트리에서 터미널노드 수는?

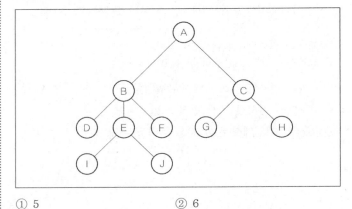

① 5
② 6
③ 7
④ 8
⑤ 9

29. 당신은 현재 공장에서 근무를 하고 있다. 오랜 기간 동안 일을 하면서 생산비를 절감할 수 있는 좋은 아이디어 몇 가지를 생각하게 되었다. 그러나 이 공장에는 제안제도라는 것이 없고 당신의 직속상관은 당신의 제안을 하찮게 생각하고 있다. 당신은 막연히 회사의 발전을 위하여 여러 제안들을 생각한 것이지만 아무도 당신의 진심을 알지 못한다. 그렇다면 당신은 어떻게 행동할 것인가?

① 회사 게시판에 자신의 제안을 작성하여 게시한다.

② 제안제도를 만들 것을 회사에 건의한다.

③ 좋은 제안을 받아들일 줄 모르는 회사는 발전 가능성이 없으므로 이번 기회에 회사를 그만 둔다.

④ 제안이 받아들여지지 않더라도 내가 할 수 있는 한도 내에서 제안할 내용을 일에 적용한다.

⑤ 그냥 묵묵히 하던 일만 계속 한다.

30. 다음에 주어진 조건이 모두 참일 때 옳은 결론을 고르면?

- 민지, 영수, 경호 3명이 1층에서 엘리베이터를 탔다. 5층에서 한 번 멈추었다.
- 3명은 나란히 서 있었다.
- 5층에서 맨 오른쪽에 서 있던 영수가 내렸다.
- 민지는 맨 왼쪽에 있지 않다.

A : 5층에서 엘리베이터가 다시 올라갈 때 경호는 맨 오른쪽에 서 있게 된다.
B : 경호 바로 옆에는 항상 민지가 있었다.

① A만 옳다.
② B만 옳다.
③ A와 B 모두 옳다.
④ A와 B 모두 그르다.
⑤ A와 B 모두 옳은지 그른지 알 수 없다.

31. 다음은 2015년 1월 7일 지수를 기준으로 작성한 국내 금융 지표를 나타낸 표이다. A에 들어갈 수로 가장 알맞은 것은?

(단위 : %, %p)

구분	'13년 말	'14년			'15년	전주 대비
		2분기	3분기	12.30	1.7	
코스피지수	2,011.34	1,981.77	2,035.64	1,915.59	1,883.83	-1.66
코스닥지수	499.99	527.26	580.42	542.97	561.32	(A)
국고채 (3년)	2.86	2.69	2.34	2.10	2.08	-0.95
회사채 (3년)	3.29	3.12	2.72	2.43	2.41	-0.82
국고채 (10년)	3.58	3.22	2.97	2.60	2.56	-1.54

① 3.18
② 3.28
③ 3.38
④ 3.48
⑤ 3.58

32. 다음은 국제결혼 건수에 관한 표다. 표에 관한 설명으로 옳은 것은?

(단위 : 명)

구분 연도	총 결혼건수	국제 결혼건수	외국인 아내건수	외국인 남편건수
1990	399,312	4,710	619	4,091
1994	393,121	6,616	3,072	3,544
1998	375,616	12,188	8,054	4,134
2002	306,573	15,193	11,017	4,896
2006	332,752	39,690	30,208	9,482

① 외국인과의 결혼 비율이 점점 감소하고 있다.
② 21세기 이전에는 총 결혼건수가 증가 추세에 있었다.
③ 총 결혼건수 중 국제 결혼건수가 차지하는 비율이 증가 추세에 있다.
④ 한국 남자와 외국인 여자의 결혼건수 증가율과 한국 여자와 외국인 남자의 결혼건수 증가율이 비슷하다.
⑤ 최근 16년 동안 총 결혼건수는 약 15.8% 감소하였다.

33. 다음은 A가 코딩을 하여 만들려는 홀짝 게임 프로그램의 알고리즘 순서도이다. 그런데 오류가 있었는지 잘못된 값을 도출하였다. 잘못된 부분을 고르면?

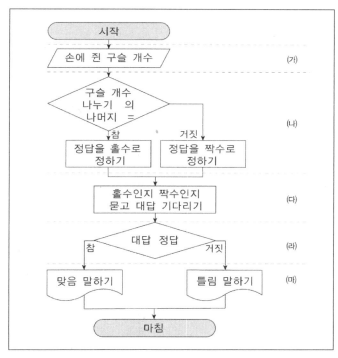

① (가)
② (나)
③ (다)
④ (라)
⑤ (마)

34. 다음에 주어진 조건이 모두 참일 때 옳은 결론을 고르면?

- A, B, C, D는 독일인, 일본인, 중국인, 한국인으로 국적이 모두 다르다.
- A는 일본인이다.
- B는 한국인도 중국인도 아니다.
- C는 독일인이거나 한국인이다.

A : B는 독일인이다.   B : D는 중국인이다.

① A만 옳다.

② B만 옳다.

③ A와 B 모두 옳다.

④ A와 B 모두 그르다.

⑤ A와 B 모두 옳은지 그른지 알 수 없다.

35. 다음 〈표〉는 甲, 乙, 丙, 丁, 戊국의 2014년과 2015년 경제지표에 관한 자료이다. ㉠, ㉡에 들어갈 수치로 바르게 짝지은 것은?

구분	2014년			2015년		
	1인당 명목 GDP($)	1인당 실질 GDP($)	GDP 디플레이터	1인당 명목 GDP($)	1인당 실질 GDP($)	GDP 디플레이터
甲	33,600	24,000	(㉠)	54,000	28,000	180
乙	40,000	20,000	200	50,600	(㉡)	220
丙	34,800	29,000	120	43,200	30,000	144
丁	33,000	30,000	110	49,500	33,000	150
戊	44,000	27,500	160	42,900	33,000	130

※ t년도 GDP디플레이터 $= \dfrac{t\text{년도 1인당 명목 } GDP}{t\text{년도 1인당 실질 } GDP} \times 100$

※ 기준년도 GDP디플레이터=100

※ 전년 대비 t년도의 1인당 실질GDP 성장률(%)

$= \dfrac{t\text{년도 1인당 실질 } GDP - ((t-1)\text{년도 1인당 실질 } GDP)}{(t-1)\text{년도 1인당 실질 } GDP} \times 100$

※ 1인당 실질GDP의 기준년도는 2000년임

	㉠	㉡
①	140	23,000
②	160	25,000
③	140	25,000
④	160	23,000
⑤	150	26,000

36. 다음 자료는 연도별 자동차 사고 발생상황을 정리한 것이다. 다음의 자료로부터 추론하기 어려운 내용은?

구분 연도	발생건수 (건)	사망자수 (명)	10만명당 사망자 수(명)	차 1만대당 사망자 수(명)	부상자 수(명)
1997	246,452	11,603	24.7	11	343,159
1998	239,721	9,057	13.9	9	340,564
1999	275,938	9,353	19.8	8	402,967
2000	290,481	10,236	21.3	7	426,984
2001	260,579	8,097	16.9	6	386,539

① 연도별 자동차 수의 변화

② 운전자 1만명당 사고 발생 건수

③ 자동차 1만대당 사고율

④ 자동차 1만대당 부상자 수

⑤ 최근 5년간 사망자수의 증감률

37. 다음 글의 빈칸에 들어갈 내용으로 가장 적절한 것은?

자본주의 경제체제는 이익을 추구하는 인간의 욕구를 최대한 보장해 주고 있다. 기업 또한 이익 추구라는 목적에서 탄생하여, 생산의 주체로서 자본주의 체제의 핵심적 역할을 수행하고 있다. 곧, 이익은 기업가로 하여금 사업을 시작하게 된 동기가 된다. 이익에는 단기적으로 실현되는 이익과 장기간에 걸쳐 지속적으로 실현되는 이익이 있다. 기업이 장기적으로 존속, 성장하기 위해서는 _____
실제로 기업은 단기 이익의 극대화가 장기 이익의 극대화와 상충될 때에는 단기 이익을 과감하게 포기하기도 한다.

① 두 마리의 토끼를 다 잡으려는 생각으로 운영해야 한다.

② 당장의 이익보다 기업의 이미지를 생각해야 한다.

③ 단기 이익보다 장기 이익을 추구하는 것이 더 중요하다.

④ 장기 이익보다 단기 이익을 추구하는 것이 더 중요하다.

⑤ 아무도 개척하지 않은 길을 개척할 수 있는 도전정신이 필요하다.

38. 다음은 버블정렬에 관한 설명과 예시이다. 보기에 있는 수를 버블 정렬을 이용하여 오름차순으로 정렬하려고 한다. 1회전의 결과는?

버블정렬은 인접한 두 숫자의 크기를 비교하여 교환하는 방식으로 정렬한다. 이때 인접한 두 숫자는 수열의 맨 앞부터 뒤로 이동하며 비교된다. 맨 마지막 숫자까지 비교가 이루어져 가장 큰 수가 맨 뒷자리로 이동하게 되면 한 회전이 끝난다. 다음 회전에는 맨 뒷자리로 이동한 수를 제외하고 같은 방식으로 비교 및 교환이 이루어진다. 더 이상 교환할 숫자가 없을 때 정렬이 완료된다. 교환은 두 개의 숫자가 서로 자리를 맞바꾸는 것을 말한다.

〈예시〉
30, 15, 40, 10을 정렬하려고 한다.
• 1회전
(30, 15), 40, 10 : 30>15 이므로 교환
15, (30, 40), 10 : 40>30 이므로 교환이 이루어지지 않음
15, 30, (40, 10) : 40>10 이므로 교환
1회전의 결과 값 : 15, 30, 10, 40

• 2회전 (40은 비교대상에서 제외)
(15, 30), 10, 40 : 30>15 이므로 교환이 이루어지지 않음
15, (30, 10), 40 : 30>10 이므로 교환
2회전의 결과 값 : 15, 10, 30, 40

• 3회전 (30, 40은 비교대상에서 제외)
(15, 10), 30, 40 : 15>10이므로 교환
3회전 결과 값 : 10, 15, 30, 40 → 교환 완료

〈보기〉
9, 6, 7, 3, 5

① 6, 3, 5, 7, 9
② 3, 5, 6, 7, 9
③ 6, 7, 3, 5, 9
④ 9, 6, 7, 3, 5
⑤ 6, 7, 9, 5, 3

39. 다음은 최근 3년간 우리나라 귀농·귀촌 동향을 나타낸 표이다. 표에 대한 설명으로 옳지 않은 것은?

〈표 1〉 연도별 귀농·귀촌 가구 수

구분		가구 수(호)	비중(%)
2012년	귀촌	15,788	58.5
	귀농	11,220	41.5
	계	27,008	100.0
2013년	귀촌	21,501	66.3
	귀농	10,923	33.7
	계	32,424	100.0
2014년	귀촌	33,442	75.0
	귀농	11,144	25.0
	계	44,586	100.0

〈표 2〉 가구주 연령대별 귀농·귀촌 추이

구분		귀촌			귀농		
		'12년	'13년	'14년	'12년	'13년	'14년
합계		15,788	21,501	33,442	11,220	10,923	11,144
가구주 연령	30대 이하	3,369	3,807	6,546	1,292	1,253	1,197
	40대	3,302	4,748	7,367	2,766	2,510	2,501
	50대	4,001	6,131	9,910	4,298	4,289	4,409
	60대	3,007	4,447	6,378	2,195	2,288	2,383
	70대 이상	2,109	2,368	3,241	669	583	654

① 귀농·귀촌 가구는 2012년 27,008가구에서 2014년 44,586가구로 최근 2년 동안 약 65.1% 증가하였다.

② 귀농 가구 수는 2012년 11,220호에서 2014년 11,144호로 약 0.6% 감소하였다.

③ 귀촌 가구의 경우 가구주의 전 연령대에서 증가하였는데 특히 가구주 연령이 50대인 가구가 가장 많이 늘었다.

④ 가구주 연령이 40대인 귀촌 가구는 2012~2014년 기간 동안 약 147.7% 증가하였다.

⑤ 2012~2014년 기간 동안 가구주 연령이 70대 이상인 귀촌 가구는 약 1.53배 증가하였다.

▍40~41▍ 다음은 정부의 세금 부과와 관련된 설명이다. 물음에 답하시오.

정부가 어떤 재화에 세금을 부과하면 그 부담을 누가 지는가? 그 재화를 구입하는 구입자인가, 그 재화를 판매하는 공급자인가? 구입자와 공급자가 세금을 나누어 부담한다면 각각의 몫은 어떻게 결정될까? 이러한 질문들을 경제학자들은 조세의 귀착이라 한다. 앞으로 살펴보겠지만 ㉠<u>단순한 수요 공급 모형을 이용하여 조세의 귀착에 관한 놀라운 결론을 도출</u>할 수 있다.

개당 3달러 하는 아이스크림에 정부가 0.5달러의 세금을 공급자에게 부과하는 경우를 보자. 세금이 구입자에게는 부과되지 않으므로 주어진 가격에서 아이스크림에 대한 수요량은 변화가 없다. 반면 공급자는 세금을 제외하고 실제로 받는 가격은 0.5달러만큼 준 2.5달러로 하락한다. 이에 따라 공급자는 시장가격이 이 금액만큼 하락한 것으로 보고 공급량을 결정할 것이다. 즉, 공급자들이 세금 부과 이전과 동일한 수량의 아이스크림을 공급하도록 하려면 세금 부담을 상쇄할 수 있도록 개당 0.5달러만큼 가격이 높아져야 한다. 따라서 [그림1]에 표시된 것처럼 공급자에게 세금이 부과되면 공급 곡선이 S1에서 S2로 이동한다. 공급 곡선의 이동 결과 새로운 균형이 형성되면서 아이스크림의 균형 가격은 개당 3달러에서 3.3달러로 상승하고, 균형거래량은 100에서 90으로 감소한다. 따라서 구입자가 내는 가격은 3.3달러로 상승하지만 공급자는 세금을 제외하고 실질적으로 받는 가격은 2.8달러가 된다. 세금이 공급자에게 부과되지만 실질적으로 구입자와 공급자가 공동으로 세금을 부담하게 된다.

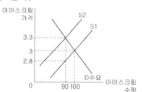

그림1 〈공급자에 대한 과세〉

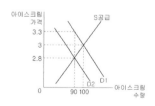

그림2 〈구입자에 대한 과세〉

이번에는 구입자에게 세금이 부과되는 경우를 보자. 구입자에게 세금이 부과되면 아이스크림의 공급 곡선은 이동하지 않는다. 반면에 구입자들은 이제 세금도 납부해야 하므로 각 가격 수준에서 구입자들의 희망 구입량은 줄어들어 수요곡선은 [그림2]처럼 D1에서 D2로 이동한다. 이에 따라 균형거래량은 100에서 90으로 감소한다. 이에 따라 아이스크림 공급자들이 받는 가격은 개당 3달러에서 2.8달러로 하락하고, 구입자들이 내는 가격은 세금을 포함하여 3.3달러로 상승한다. 형식적으로는 세금이 구입자에게 부과되지만 이 경우에도 구입자와 공급자가 공동으로 세금을 부담하는 것이다.

어떤 재화에 세금이 부과되면 그 재화의 구입자와 공급자들이 세금을 나누어 부담한다고 했는데, 이때 세금 부담의 몫은 어떻게 결정될까? 그것은 수요와 공급 탄력성의 상대적 크기에 달려 있다. 공급이 매우 탄력적이고 수요는 상대적으로 비탄력적인 시장에 세금이 부과되면 공급자가 받는 가격은 큰 폭으로 하락하지 않으므로 공급자의 세금 부담은 작다. 반면에 구입자들이 내는 가격은 큰 폭으로 상승하기 때문에 구입자가 세금을 대부분 부담한다. 거꾸로 공급이 상대적으로 비탄력적이고 수요는 매우 탄력적인 시장인 경우에는 구입자가 내는 가격은 큰 폭으로 상승하지 않지만, 공급자가 받는 가격은 큰 폭으로 하락한다. 따라서 공급자가 세금을 대부분 부담한다. 본질적으로 탄력성이 작다는 것은 구입자가 세금이 부과된 재화를 대체할 다른 재화를 찾기 어렵다는 뜻이고 공급의 탄력성이 작다는 것은 공급자가 세금이 부과된 재화를 대체할 재화를 생산하기 어렵다는 의미다. 재화에 세금이 부과될 때, 대체재를 찾기 어려운 쪽일수록 그 재화의 소비를 포기하기 어려우므로 더 큰 몫의 세금을 부담할 수밖에 없는 것이다.

40. 위 내용을 바탕으로 다음에 대해 분석할 때 적절하지 않은 결론을 도출한 사람은?

△△국가는 요트와 같은 사치품은 부자들만 살 수 있으므로 이들 품목에 사치세를 부과할 정책을 계획 중이다. 그런데 요트에 대한 수요는 매우 탄력적이다. 부자들은 요트를 사는 대신에 자가용 비행기나 크루즈 여행 등에 그 돈을 쓸 수 있기 때문이다. 반면에 요트 생산자는 다른 재화의 생산 공장으로 쉽게 전환할 수 없기 때문에 요트의 공급은 비탄력적이다.

① A : 금이 부과되면 부자들의 요트 구입량은 감소하겠군.
② B : 수요와 공급 중 보다 탄력적인 쪽이 세금을 더 많이 부담하겠군.
③ C : 사치세를 부과하면 요트 공급자가 세금을 더 부담하게 되겠군.
④ D : 사치세를 통해 부자에게 세금을 부과하려는 정책은 실패할 가능성이 있겠군.
⑤ E : 요트 생산자보다 부자들은 요트를 대신할 대체재를 상대적으로 찾기 쉽겠군.

41. 밑줄 친 ㉠을 통해 알 수 있는 내용으로 적절하지 않은 것은?
① 세금이 부과되면 균형 거래량은 줄어든다.
② 구입자와 공급자가 세금을 나누어 부담한다.
③ 세금으로 인해 재화 거래의 시장 규모가 줄어든다.
④ 세금을 구입자에게 부과하면 공급 곡선이 이동한다.
⑤ 세금이 부과되면 시장에서 재화의 가격이 상승한다.

42. 다음은 NH20 해봄 카드에 대한 설명이다. 옳지 않은 것은?

```
20대의 다양한 꿈과 도전, NH20 해봄과 함께!
```
- ■ 가입대상 : 개인
- ■ 후불교통카드 : 신청 가능
- ■ 카드브랜드 : W(JCB), MasterCard
- ■ 연회비 : W(JCB) 8,000원 / MasterCard 10,000원

〈해봄 선택 서비스〉

※ 여행해봄 / 놀이해봄 Type 중 택1(카드발급 신청 시 택1 및 발급 후 변경 불가)

□ 여행해봄
- • 인천 공항라운지 무료이용 서비스
- − 통합 월 1회, 연 2회 제공
- − 서비스 조건 : 전월 이용실적 50만 원 이상 시 제공

구분	대상라운지
제1여객터미널	마티나, 스카이허브
제2여객터미널	마티나(일반), SPC, 라운지L

※ 본 서비스는 카드 사용등록하신 달에는 제공되지 않으며 그다음 달부터 서비스 조건 충족 시 제공

□ 놀이해봄
- • 전국 놀이공원 할인
- − 통합 월 1회, 연 6회 제공
- − 서비스 조건 : 전월 이용실적 30만 원 이상 시 제공

놀이공원명	제공서비스
에버랜드, 롯데월드, 서울랜드, 통도환타지아, 어뮤즈먼트(경주월드), 이월드(대구), 광주패밀리랜드, 한국민속촌(용인)	본인 자유이용권 50% 현장할인
캐리비안베이, 캘리포니아비치(경주월드)	본인 입장료 30% 현장할인
아쿠아환타지아(통도)	본인 및 동반 1인 입장료 30% 현장할인
전주시 동물원	본인 무료 입장

※ 본 서비스는 카드 사용등록하신 달에는 제공되지 않으며 그다음 달부터 서비스 조건 충족 시 제공

〈제휴 서비스〉

□ GS리테일 POP 서비스
- • GS25, GS수퍼마켓 행사 상품 할인 등 제공
- • GS & POINT 제휴가맹점에서 GS & POINT 적립 및 사용 가능

〈주요 서비스〉

□ 쇼핑
- • 온라인 쇼핑몰 10% 청구할인(건당 이용금액 2만 원 이상 시)
- − G마켓, 옥션, 인터파크, 11번가, 농협몰

□ 자기계발
- • 온라인 서점, 어학시험 10% 청구할인(건당 이용금액 2만 이상 시)
- − 어학시험은 월 1회, 연 6회 제공

□ 여가
- • CGV 온라인 예매(홈페이지, 모바일앱) 2,000원 청구할인(1만 원 이상 결제 시, 월 1회)
- • 배달앱 10% 청구할인(건당 이용금액 1만 원 이상 시)

① NH20 해봄 카드는 브랜드에 따라 연회비가 다르다.
② 해봄 선택 서비스는 카드발급 신청 시 선택한다.
③ 해봄 선택 서비스의 서비스 조건은 동일하다.
④ NH20 해봄 카드로 온라인 농협몰에서 3만 원짜리 쌀을 구매할 경우 3,000원을 할인받을 수 있다.
⑤ 에버랜드 자유이용권이 5만 원, 전주시 동물원 입장권이 3만 원이라면 NH20 해봄 카드로 결제할 경우 전주시 동물원에 갈 때 할인받을 수 있는 금액이 더 크다.

┃43~44┃ 다음은 NH직장인월복리적금 상품설명서이다. 물음에 답하시오.

```
NH직장인월복리적금
```
- ■ 상품특징 : 급여이체 및 교차거래 실적에 따라 우대금리를 제공하는 직장인재테크 월복리 적금상품
- ■ 가입대상 : 만 18세 이상 개인(단, 개인사업자 제외)
- ■ 가입기간 : 1년 이상 3년 이내(월 단위)
- ■ 가입금액 : 초입금 및 매회 입금 1만 원 이상 원 단위, 1인당 분기별 3백만 원 이내
  - • 계약기간 3/4 경과 후 적립할 수 있는 금액은 이전 적립누계액의 1/2 이내
- ■ 적립방법 : 자유적립식
- ■ 금리안내 : 기본금리 + 최대 0.8%p
  - • 기본금리 : 신규가입일 당시의 채움적금 고시금리
- ■ 우대금리 : 우대금리 0.8%p(가입 월부터 만기일 전월 말까지 조건 충족 시)
  - • 가입기간 동안 1회 이상 당행에 건별 50만 원 이상 급여를 이체한 고객 中
  - − 가입기간 중 3개월 이상 급여이체 0.3%p
  - − 당행의 주택청약종합저축(청약저축 포함) 또는 적립식펀드 중 1개 이상 가입 0.2%p
  - − 당행 NH채움 신용 · 체크카드의 결제실적이 100만 원 이상 0.2%p
  - • 인터넷 또는 스마트뱅킹으로 본 적금에 가입 시 0.1%p
- ■ 이자지급방법 : 월복리식(단, 중도해지이율 및 만기후이율은 단리계산)
- ■ 가입/해지안내 : 비과세종합저축으로 가입가능
- ■ 유의사항
  - • 우대금리는 만기해지 계좌에 대해 계약기간 동안 적용합니다.
  - • 본 상품은 인터넷을 통한 담보대출이 불가하오니 가까운 농협은행 영업점을 방문해 주시기 바랍니다.
  - • 급여이체 실적 인정기준은 아래와 같습니다.
  - − 농협에서 입금된 급여이체(인정금액 : 월 누계금액 50만 원 이상)
  - − 창구 입금 : 급여코드를 부여받은 급여 입금분
  - − 인터넷뱅킹 입금 : 개인사업자/법인이 기업인터넷뱅킹을 통해 대량입금이체(또는 다계좌이체)에서 급여코드로 입금한 급여

- 타행에서 입금된 급여이체(인정금액 : 입금 건당 50만 원 이상)
- '급여, 월급, 봉급, 상여금, 보너스, 성과급, 급료, 임금, 수당, 연금' 문구를 포함한 급여이체 입금분
- 전자금융공동망을 통한 입금분 중 급여코드를 부여받아 입금된 경우
- 급여이체일을 전산등록한 후 해당일에 급여이체 실적이 있는 경우 '급여이체일 ±1영업일'에 이체된 급여를 실적으로 인정(단, 공휴일 및 토요일 이체 시 실적 불인정)
- 급여이체일 등록 시 재직증명서, 근로소득원천징수영수증, 급여명세표 중 하나를 지참하시어 농협은행 영업점을 방문해주시기 바랍니다.
- 자동이체일이 말일이면서 휴일인 경우 다음 달 첫 영업일에 자동이체 처리되오니, 자동이체 등록 시 참고하시기 바랍니다.

43. 다음은 NH직장인월복리적금의 특징을 바르게 설명한 것은?

① 직장인만 가입할 수 있다.

② 만기까지 한도 제한 없이 직립할 수 있다.

③ 만기일 전월말 기준으로 농협의 적립식펀드 가입실적이 있다면 0.2%p 우대금리가 적용된다.

④ 전산등록한 급여이체일이 18일(금)일 때 19일(토)에 이체된 급여는 실적으로 인정되지 않는다.

⑤ 급여이체일 등록 시 주민등록증을 지참하여 농협은행 영업점을 방문하면 가능하다.

44. 다음 〈표〉는 NH농협은행 ○○지점 직원들의 지난 달 상품 신규 가입 실적 현황을 나타낸 자료이다. 이에 대한 설명 중 옳은 것을 모두 고르면?

구분＼직원	A	B	C	D	E	F
성별	남	남	여	남	여	남
실적(건)	0	2	6	4	8	10

㉠ 직원들의 평균 실적은 5건이다.

㉡ 남자면서 실적이 5건 이상인 직원 수는 전체 남자 직원 수의 50% 이상이다.

㉢ 실적이 2건 이상인 직원 중 남자 직원의 비율은 전체 직원 중 여자 직원 비율의 2배 이상이다.

㉣ 여자 직원이거나 실적이 7건 이상인 직원 수는 전체 직원 수의 50% 이상이다.

① ㉠, ㉡

② ㉠, ㉢

③ ㉠, ㉣

④ ㉡, ㉢

⑤ ㉡, ㉣

45. ㈜서원에 다니고 있는 김 대리는 근처 농협은행에 방문했다가 NH직장인월복리적금에 가입하였다. 다음 사항을 참고하여 김 대리에게 발급된 적금 통장에 표기된 내용으로 적절하지 않은 것은?

- 김 대리의 급여일은 매달 10일로, 기존 농협은행 계좌로 200만 원의 급여가 이체되고 있다.
- 상품 가입일은 2018년 2월 1일로 가입기간은 3년으로 한다.
- 초입금은 30만 원으로 하고 매달 15일에 30만 원씩 자동이체를 신청하였다.
- 2018년 2월 1일 기준 채움적금 고시금리(연 %, 세전)

가입기간	1년~2년 미만	2년~3년 미만	3년
금리	1.0	1.2	1.5

예금주	상품명	계좌번호	이율
김○○	NH직장인월복리적금	123-456-78 90-0	① 1.6%

신규일 : 2018년 02월 01일 　② 가입기간 : 36개월

③ 만기일 : 2021년 02월 01일

행	년 월 일	출금	입금	잔액	거래지점
1	20180201		④ 300,000	300,000	
2	⑤ 20180315		300,000	600,000	

46. 다음 〈그림〉과 〈표〉는 NH농협은행의 직원채용절차에 대한 자료이다. 이를 근거로 1일 총 접수건수를 처리하기 위한 각 업무단계별 총 처리비용이 두 번째로 큰 업무단계는?

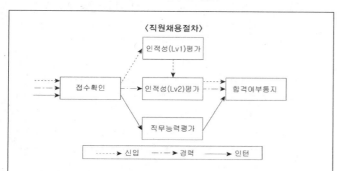

〈직원채용절차〉

〈지원유형별 1일 접수건수〉

지원유형	접수(건)
신입	20
경력	18
인턴	16
–	–
계	54

〈업무단계별 1건당 처리비용〉

업무단계	처리비용(원)
접수확인	500
인적성(Lv1)평가	2,000
인적성(Lv2)평가	1,000
직무능력평가	1,500
합격여부통지	400

※ 직원채용절차에서 중도탈락자는 없음
※ 업무단계별 1건당 처리비용은 지원유형에 관계없이 동일함

① 접수확인
② 인적성(Lv1)평가
③ 인적성(Lv2)평가
④ 직무능력평가
⑤ 합격여부통지

47. 다음은 2010년 기초노령연금 수급 현황에 관한 조사결과 보고서이다. 보고서의 내용과 부합하지 않는 자료는?

보건복지부의 자료에 의하면 2010년 12월 말 현재 65세 이상 노인 중 약 373만 명에게 기초노령연금이 지급된 것으로 나타났다.

시도별 기초노령연금 수급률은 전남이 85.5%로 가장 높았고 그 다음이 경북(80.4%), 전북(79.3%), 경남(77.8%) 순이며, 서울(51.3%)이 가장 낮았다. 시군구별 기초노령연금 수급률은 전남 완도군이 94.1%로 가장 높았고 서울 서초구는 26.5%로 가장 낮았다. 특히 농어촌의 57개 지역과 대도시의 14개 지역은 기초노령연금 수급률이 80%를 넘었다.

여성(65.1%)이 남성(34.9%)보다 기초노령연금 혜택을 더 많이 받는 것으로 나타났는데, 이는 여성의 평균수명이 남성보다 더 길기 때문인 것으로 보인다. 기초노령연금을 받는 노인 중 70대가 수급자의 49.7%를 차지해 가장 비중이 높았다. 연령대별 수급자 비율을 큰 것부터 나열하면 80대, 90대, 70대 순이고, 80대의 경우 82.3%가 기초노령연금을 수령하였다.

① 2010년 시도별 기초노령연금 수급률

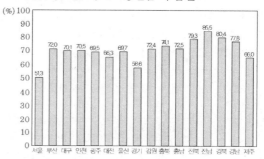

② 2010년 기초노령연금 수급자의 연령대별 구성비율

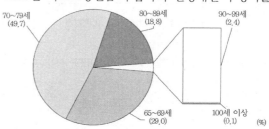

③ 2010년 시군구별 기초노령연금 수급률(상위 5개 및 하위 5개)

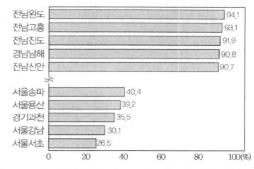

④ 2010년 연령대별 기초노령연금 수급자 비율

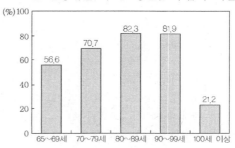

⑤ 2010년 기초노령연금 수급률별·도시규모별 지역 수

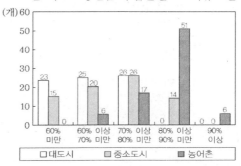

48. 다음 〈표〉는 주식매매 수수료율과 증권거래세율에 대한 자료이다. 주식매매 수수료는 주식 매도 시 매도자에게, 매수 시 매수자에게 부과되며 증권거래세는 주식 매도 시에만 매도자에게 부과된다고 할 때, 이에 대한 〈보기〉의 설명 중 옳은 것을 모두 고르면?

〈표 1〉 주식매매 수수료율과 증권거래세율

(단위 : %)

연도 구분	2001	2003	2005	2008	2011
주식매매 수수료율	0.1949	0.1805	0.1655	0.1206	0.0993
유관기관 수수료율	0.0109	0.0109	0.0093	0.0075	0.0054
증권사 수수료율	0.1840	0.1696	0.1562	0.1131	0.0939
증권거래세율	0.3	0.3	0.3	0.3	0.3

〈표 2〉 유관기관별 주식매매 수수료율

(단위 : %)

연도 유관기관	2001	2003	2005	2008	2011
한국거래소	0.0065	0.0065	0.0058	0.0045	0.0032
예탁결제원	0.0032	0.0032	0.0024	0.0022	0.0014
금융투자협회	0.0012	0.0012	0.0011	0.0008	0.0008
합계	0.0109	0.0109	0.0093	0.0075	0.0054

※ 주식거래 비용 = 주식매매 수수료 + 증권거래세

※ 주식매매 수수료 = 주식매매 대금 × 주식매매 수수료율

※ 증권거래세 = 주식매매 대금 × 증권거래세율

ⓐ 2001년에 '갑'이 주식을 매수한 뒤 같은 해에 동일한 가격으로 전량 매도했을 경우, 매수 시 주식거래 비용과 매도 시 주식거래 비용의 합에서 증권사 수수료가 차지하는 비중은 50%를 넘지 않는다.

ⓑ 2005년에 '갑'이 1,000만원 어치의 주식을 매수할 때 '갑'에게 부과되는 주식매매 수수료는 16,550원이다.

ⓒ 모든 유관기관은 2011년 수수료율을 2008년보다 10% 이상 인하하였다.

ⓓ 2011년에 '갑'이 주식을 매도할 때 '갑'에게 부과되는 주식거래 비용에서 유관기관 수수료가 차지하는 비중은 2% 이하이다.

① ㉠, ㉡   ② ㉠, ㉢

③ ㉡, ㉢   ④ ㉡, ㉣

⑤ ㉢, ㉣

▌49~50 ▌ 다음은 보험 제도와 관련된 설명이다. 물음에 답하시오.

보험은 같은 위험을 보유한 다수인이 위험 공동체를 형성하여 보험료를 납부하고 보험 사고가 발생하면 보험금을 지급받는 제도이다. 보험 상품을 구입한 사람은 장래의 우연한 사고로 인한 경제적 손실에 대비할 수 있다. 보험금 지급은 사고 발생이라는 우연적 조건에 따라 결정되는데, 이처럼 보험은 조건의 실현 여부에 따라 받을 수 있는 재화나 서비스가 달라지는 조건부 상품이다.

[A] 위험 공동체의 구성원이 납부하는 보험료와 지급받는 보험금은 그 위험 공동체의 사고 발생 확률을 근거로 산정된다. 특정 사고가 발생할 확률은 정확히 알 수 없지만 그동안 발생된 사고를 바탕으로 그 확률을 예측한다면 관찰 대상이 많아짐에 따라 실제 사고 발생 확률에 근접하게 된다. 본래 보험 가입의 목적은 금전적 이득을 취하는 데 있는 것이 아니라 장래의 경제적 손실을 보상받는 데 있으므로 위험 공동체의 구성원은 자신이 속한 위험 공동체의 위험에 상응하는 보험료를 납부하는 것이 공정할 것이다. 따라서 공정한 보험에서는 구성원 각자가 납부하는 보험료와 그가 지급받을 보험금에 대한 기댓값이 일치해야 하며 구성원 전체의 보험료 총액과 보험금 총액이 일치해야 한다. 이때 보험금에 대한 기댓값은 사고가 발생할 확률에 사고 발생 시 수령할 보험금을 곱한 값이다. 보험금에 대한 보험료의 비율(보험료 / 보험금)을 보험료율이라 하는데, 보험료율이 사고 발생 확률보다 높으면 구성원 전체의 보험료 총액이 보험금 총액보다 더 많고, 그 반대의 경우에는 구성원 전체의 보험료 총액이 보험금 총액보다 더 적게 된다. 따라서 공정한 보험에서는 보험료율과 사고 발생 확률이 같아야 한다.

물론 현실에서 보험사는 영업 활동에 소요되는 비용 등을 보험료에 반영하기 때문에 공정한 보험이 적용되기 어렵지만 기본적으로 위와 같은 원리를 바탕으로 보험료와 보험금을 산정한다. 그런데 보험 가입자들이 자신이 가진 위험의 정도에 대해 진실한 정보를 알려 주지 않는 한, 보험사는 보험 가입자 개개인이 가진 위험의 정도를 정확히 파악하여 거기에 상응하는 보험료를 책정하기 어렵다. 이러한 이유로 사고 발생 확률이 비슷하다고 예상되는 사람들로 구성된 어떤 위험 공동체에 사고 발생 확률이 더 높은 사람들이 동일한 보험료를 납부하고 진입하게 되면, 그 위험 공동체의 사고 발생 빈도가 높아져 보험사가 지급하는 보험금의 총액이 증가한다. 보험사는 이를 보전하기 위해 구성원이 납부해야 할 보험료를 인상할 수밖에 없다. 결국 자신의 위험 정도에 상응하는 보험료보다 더 높은 보험료를 납부하는 사람이 생기게 되는 것이다. 이러한 문제는 정보의 비대칭성에서 비롯되는데 보험 가입자의 위험 정도에 대한 정보는 보험 가입자가 보험사보다 더 많이 갖고 있기 때문이다. 이를 해결하기 위해 보험사는 보험 가입자의 감춰진 특성을 파악할 수 있는 수단이 필요하다.

우리 상법에 규정되어 있는 고지 의무는 이러한 수단이 법적으로 구현된 제도이다. 보험 계약은 보험 가입자의 청약과 보험사의 승낙으로 성립된다. 보험 가입자는 반드시 계약을

체결하기 전에 '중요한 사항'을 알려야 하고, 이를 사실과 다르게 진술해서는 안 된다. 여기서 '중요한 사항'은 보험사가 보험 가입자의 청약에 대한 승낙을 결정하거나 차등적인 보험료를 책정하는 근거가 된다. 따라서 고지 의무는 결과적으로 다수의 사람들이 자신의 위험 정도에 상응하는 보험료보다 더 높은 보험료를 납부해야 하거나, 이를 이유로 아예 보험에 가입할 동기를 상실하게 되는 것을 방지한다.

보험 계약 체결 전 보험 가입자가 고의나 중대한 과실로 '중요한 사항'을 보험사에 알리지 않거나 사실과 다르게 알리면 고지 의무를 위반하게 된다. 이러한 경우에 우리 상법은 보험사에 계약 해지권을 부여한다. 보험사는 보험 사고가 발생하기 이전이나 이후에 상관없이 고지 의무 위반을 이유로 계약을 해지할 수 있고, 해지권 행사는 보험사의 일방적인 의사 표시로 가능하다. 해지를 하면 보험사는 보험금을 지급할 책임이 없게 되며, 이미 보험금을 지급했다면 그에 대한 반환을 청구할 수 있다. 일반적으로 법에서 의무를 위반하게 되면 위반한 자에게 그 의무를 이행하도록 강제하거나 손해 배상을 청구할 수 있는 것과 달리, 보험 가입자가 고지 의무를 위반했을 때에는 보험사가 해지권만 행사할 수 있다. 그런데 보험사의 계약 해지권이 제한되는 경우도 있다. 계약 당시에 보험사가 고지 의무 위반에 대한 사실을 알았거나 중대한 과실로 인해 알지 못한 경우에는 보험 가입자가 고지 의무를 위반했어도 보험사의 해지권은 배제된다. 이는 보험 가입자의 잘못보다 보험사의 잘못에 더 책임을 둔 것이라 할 수 있다. 또 보험사가 해지권을 행사할 수 있는 기간에도 일정한 제한을 두고 있는데, 이는 양자의 법률관계를 신속히 확정함으로써 보험 가입자가 불안정한 법적 상태에 장기간 놓여 있는 것을 방지하려는 것이다. 그러나 고지해야 할 '중요한 사항' 중 고지 의무 위반에 해당되는 사항이 보험 사고와 인과 관계가 없을 때에는 보험사는 보험금을 지급할 책임이 있다. 그렇지만 이때에도 해지권은 행사할 수 있다.

보험에서 고지 의무는 보험에 가입하려는 사람의 특성을 검증함으로써 다른 가입자에게 보험료가 부당하게 전가되는 것을 막는 기능을 한다. 이로써 사고의 위험에 따른 경제적 손실에 대비하고자 하는 보험 본연의 목적이 달성될 수 있다.

49. [A]를 바탕으로 다음의 상황을 이해한 내용으로 적절한 것은?

사고 발생 확률이 각각 0.1과 0.2로 고정되어 있는 위험 공동체 A와 B가 있다고 가정한다. A와 B에 모두 공정한 보험이 항상 적용된다고 할 때, 각 구성원이 납부할 보험료와 사고 발생 시 지급받을 보험금을 산정하려고 한다.

단, 동일한 위험 공동체의 구성원끼리는 납부하는 보험료가 같고, 지급받는 보험금이 같다. 보험료는 한꺼번에 모두 납부한다.

① A에서 보험료를 두 배로 높이면 보험금은 두 배가 되지만 보험금에 대한 기댓값은 변하지 않는다.
② B에서 보험금을 두 배로 높이면 보험료는 변하지 않지만 보험금에 대한 기댓값은 두 배가 된다.
③ A에 적용되는 보험료율과 B에 적용되는 보험료율은 서로 같다.
④ A와 B에서의 보험금이 서로 같다면 A에서의 보험료는 B에서의 보험료의 두 배이다.
⑤ A와 B에서의 보험료가 서로 같다면 A와 B에서의 보험금에 대한 기댓값은 서로 같다.

50. 위 설명을 바탕으로 다음의 사례를 검토한 내용으로 가장 적절한 것은?

보험사 A는 보험 가입자 B에게 보험 사고로 인한 보험금을 지급한 후, B가 중요한 사항을 고지하지 않았다는 사실을 뒤늦게 알고 해지권을 행사할 수 있는 기간 내에 보험금 반환을 청구했다.

① 계약 체결 당시 A에게 중대한 과실이 있었다면 A는 계약을 해지할 수 없으나 보험금은 돌려받을 수 있다.
② 계약 체결 당시 A에게 중대한 과실이 없다 하더라도 A는 보험금을 이미 지급했으므로 계약을 해지할 수 없다.
③ 계약 체결 당시 A에게 중대한 과실이 있고 B 또한 중대한 과실로 고지 의무를 위반했다면 A는 보험금을 돌려받을 수 있다.
④ B가 고지하지 않은 중요한 사항이 보험 사고와 인과 관계가 없다면 A는 보험금을 돌려받을 수 없다.
⑤ B가 자신의 고지 의무 위반 사실을 보험 사고가 발생한 후 A에게 즉시 알렸다면 고지 의무를 위반한 것이 아니다.

NH농협은행 6급

직무능력평가 모의고사

	영 역	의사소통능력, 문제해결능력, 수리능력, 정보능력
제 2 회	문항수	50문항
	시 간	60분
	비 고	객관식 5지선다형

SEOWONGAK
(주)서원각

문항수 : 50문항   풀이시간 : 60분

1. 다음 빈칸에 공통적으로 들어갈 말로 가장 적절한 것은?

- 그가 (   )한 사상은 당시에는 너무나 진보적이어서 많은 비판을 받았다.
- 근래 페미니즘을 (   )하는 여성들이 부쩍 늘었다.
- 일꾼 하나가 노동요를 (   )하면 다른 일꾼들이 따라 부르는 식으로 흥을 돋우고 있었다.

① 주장(主張)   ② 주창(主唱)

③ 창조(創造)   ④ 개창(開創)

⑤ 창작(創作)

2. 다음에 나열된 숫자의 규칙을 찾아 빈칸에 들어가기 적절한 숫자를 고르면?

93	96	102	104	108	( )

① 114   ② 116

③ 118   ④ 120

⑤ 122

3. 대학생 1,500명을 대상으로 한 취업 희망기업 설문조사 결과가 다음과 같았다. 남성과 여성이 가장 큰 차이를 보이는 취업 형태는 어느 것인가?

(단위 : %)

구분	대기업	공공기관	외국계기업	일반중소기업	전문중소기업	창업
	35.8	40.9	6.5	8.0	4.9	3.9
남성	37.3	40.0	4.1	10.0	5.1	3.5
여성	32.6	43.0	11.8	3.4	4.5	4.8

① 대기업   ② 전문중소기업

③ 일반중소기업   ④ 외국계기업

⑤ 창업

4. 다음 밑줄 친 부분과 가장 가까운 의미로 쓰인 것은?

저 멀리 연기를 뿜으며 앞서가는 기차의 머리가 보였다.

① 그는 우리 모임의 머리 노릇을 하고 있다.

② 머리도 끝도 없이 일이 뒤죽박죽이 되었다.

③ 그는 테이블 머리에 놓인 책 한 권을 집어 들었다.

④ 주머니에 비죽이 술병이 머리를 내밀고 있었다.

⑤ 그녀는 머리를 숙여 공손하게 선생님께 인사를 했다.

5. 다음은 직원들의 인사이동에 따른 4개의 지점별 직원 이동 현황을 나타낸 자료이다. 다음 자료를 참고할 때, 빈칸 Ⓐ, Ⓑ에 들어갈 수치로 알맞은 것은 어느 것인가?

〈인사이동에 따른 지점별 직원 이동 현황〉

(단위 : 명)

이동 전 \ 이동 후	A	B	C	D
A	-	32	44	28
B	16	-	34	23
C	22	18	-	32
D	31	22	17	-

〈지점별 직원 현황〉

(단위 : 명)

지점 \ 시기	인사이동 전	인사이동 후
A	425	(Ⓐ)
B	390	389
C	328	351
D	375	(Ⓑ)

① 380, 398   ② 390, 388

③ 400, 398   ④ 410, 408

⑤ 420, 418

6. 다음 중 밑줄 친 부분의 맞춤법 표기가 바른 것은?

① <u>윗층</u>에 가 보니 전망이 정말 좋다.

② <u>뒷편</u>에 정말 오래된 감나무가 서 있다.

③ 그 일에 <u>익숙지</u> 못하면 그만 두자.

④ <u>생각컨대</u>, 그 대답은 옳지 않을 듯하다.

⑤ 오늘은 <u>웬지</u> 기분이 좋습니다.

7. A가 등산을 하는데 올라갈 때는 시속 3km로 걷고, 내려올 때는 올라갈 때보다 4km 더 먼 길을 시속 4km로 걷는다. 올라갔다가 내려올 때 총 8시간이 걸렸다면, 올라갈 때 걸은 거리는 얼마인가?

① 8km

② 10km

③ 12km

④ 14km

⑤ 16km

8. 다음은 서울시 도시가족 주말농부 프로그램에 참가한 136명을 대상으로 참가 신청경로를 분석한 표이다. 기타의 비율은 전체 참가 인원의 약 몇 %인가?

구분	빈도
서울시 홈페이지를 보고	54명
농협 홈페이지를 보고	1명
식사랑농사랑 홈페이지를 보고	27명
지자체 공무원(동사무소 등)의 소개	6명
타인(친구·지인) 소개	43명
기타	5명

① 약 1.5%

② 약 2.9%

③ 약 3.7%

④ 약 4.2%

⑤ 약 5.5%

9. A와 B가 다음과 같은 규칙으로 게임을 하였다. 규칙을 참고할 때, 두 사람 중 점수가 낮은 사람은 몇 점인가?

- 이긴 사람은 4점, 진 사람은 2점의 점수를 얻는다.
- 두 사람의 게임은 모두 20회 진행되었다.
- 20회의 게임 후 두 사람의 점수 차이는 12점이었다.

① 50점

② 52점

③ 54점

④ 56점

⑤ 58점

10. 다음은 농협은행에서 판매하는 일부 금융상품의 대출대상을 나타낸 표이다. 보기에 나와 있는 경수에게 적당한 상품은 무엇인가?

상품명	대출대상
우수고객 인터넷 무보증 신용대출	농협은행 PB고객 및 하나로 가족 고객
예·적금/신탁 담보대출	농협은행 인터넷뱅킹 가입자로서 본인 명의의 예·적금/신탁을 담보로 인터넷뱅킹 상에서 대출을 받고자 하는 고객
신나는 직장인 대출	공무원, 사립학교 교직원, 당행이 선정한 우량 기업에 3개월 이상 정규직으로 재직 중인 급여 소득자. 단, 당행 여신취급제한자 제외
NH 튼튼 직장인 대출	• 농협은행에서 선정한 대기업, 중견기업, 금융기관 등에 6개월 이상 재직하고 있는 고객 • 연간 소득 3천만 원 이상인 고객 (단, 농협은행의 여신취급제한자에 해당하는 고객은 제외됨)
샐러리맨 우대대출	• 일반기업체에 정규직 급여소득자로 1년 이상 재직하고 있는 고객. 단, 사업주 및 법인대표자 제외 • 연간 소득이 2,000만 원 이상인 고객

〈보기〉

경수는 인공지능을 연구하는 조그마한 회사에 다니는 직장인으로 어느 덧 회사에 정규직으로 입사한 지 1년 6개월이 되었다. 그가 다니는 회사는 이제 막 성장한 소규모 회사로 그는 현재 대기업에 입사한 친구들보다 훨씬 적은 연봉 2,400만 원을 받고 있다.

① 우수고객 인터넷 무보증 신용대출

② 예·적금/신탁 담보대출

③ 신나는 직장인 대출

④ NH 튼튼 직장인 대출

⑤ 샐러리맨 우대대출

11. 다음 단락을 논리적 흐름에 맞게 바르게 배열한 것은?

> (가) 자본주의 사회에서 상대적으로 부유한 집단, 지역, 국가는 환경적 피해를 약자에게 전가하거나 기술적으로 회피할 수 있는 가능성을 가진다.
>
> (나) 오늘날 환경문제는 특정한 개별 지역이나 국가의 문제에서 나아가 전 지구적 문제로 확대되었지만, 이로 인한 피해는 사회·공간적으로 취약한 특정 계층이나 지역에 집중적으로 나타나는 환경적 불평등을 야기하고 있다.
>
> (다) 인간사회와 자연환경 간의 긴장관계 속에서 발생하고 있는 오늘날 환경위기의 해결 가능성은 논리적으로 뿐만 아니라 역사적으로 과학기술과 생산조직의 발전을 규정하는 사회적 생산관계의 전환을 통해서만 실현될 수 있다.
>
> (라) 부유한 국가나 지역은 마치 환경문제를 스스로 해결한 것처럼 보이기도 하며, 나아가 자본주의 경제체제 자체가 환경문제를 해결(또는 최소한 지연)할 수 있는 능력을 갖춘 것처럼 홍보되기도 한다.

① (가) – (나) – (다) – (라)
② (가) – (나) – (라) – (다)
③ (나) – (가) – (라) – (다)
④ (나) – (라) – (가) – (다)
⑤ (나) – (가) – (다) – (라)

12. 다음 내용에서 주장하고 있는 것은?

> 기본적으로 한국 사회는 본격적인 자본주의 시대로 접어들었고 그것은 소비사회, 그리고 사회 구성원들의 자기표현이 거대한 복제기술에 의존하는 대중문화 세대를 열었다. 현대인의 삶에서 대중매체의 중요성은 더욱 더 높아지고 있으며 따라서 이제 더 이상 대중문화를 무시하고 엘리트 문화지향성을 가진 교육을 하기는 힘든 시기에 접어들었다. 세계적인 음악가로 추대받고 있는 비틀즈도 영국 고등학교가 길러낸 음악가이다.

① 대중문화에 대한 검열이 필요하다.
② 한국에서 세계적인 음악가의 탄생을 위해 고등학교에서 음악 수업의 강화가 필요하다.
③ 한국 사회에서 대중문화를 인정하는 것은 중요하다.
④ 교양 있는 현대인의 배출을 위해 고전음악에 대한 교육이 필요하다.
⑤ 대중문화를 이끌어 갈 젊은 세대 육성에 힘을 쏟아야 한다.

13. 다음은 수입체리를 구매한 어느 지역의 272명을 대상으로 설문조사 결과를 나타낸 표이다. 표에 대한 설명으로 옳지 않은 것은?

〈표 1〉 월 평균 소득과 향후 구매 계획

(단위 : 명, %)

향후 구매 계획	월 평균 소득			합계
	200만원 미만	200만원~500만원	500만원 이상	
줄이겠다.	9(37.5)	51(36.2)	20(18.7)	80(29.4)
유지하겠다.	6(25.0)	41(29.1)	33(30.8)	80(29.4)
늘리겠다.	9(37.5)	49(34.8)	54(50.5)	112(41.2)
합계	24(100.0)	141(100.0)	107(100.0)	272(100.0)

〈표 2〉 수입 체리 구매이유와 향후 구매 계획

(단위 : 명, %)

향후 구매 계획	수입 체리 구매이유			합계
	다른 과일보다 맛이 좋을 것 같아서	건강이나 다이어트에 좋을 것 같아서	기타	
줄이겠다.	12(14.0)	20(30.8)	48(39.7)	80(29.4)
유지하겠다.	18(20.9)	19(29.2)	43(35.5)	80(29.4)
늘리겠다.	56(65.1)	26(40.0)	30(24.8)	112(41.2)
합계	86(100.0)	65(100.0)	121(100.0)	272(100.0)

① 월 평균 소득이 고소득층(500만원 이상)일수록 향후 수입 체리의 구매를 '늘리겠다.'는 응답이 많은 것으로 나타났다.
② 월 평균 소득이 500만원 미만인 응답자들의 경우 향후 구매를 '줄이겠다.'는 응답과 '늘리겠다.'는 응답의 비율이 비슷한 것으로 나타났다.
③ 수입 체리 구매이유로 '맛이 좋아서'를 선택한 응답자들의 경우 다른 이유를 선택한 응답자들보다 향후 구매를 '늘리겠다.'는 비율이 더 높은 것으로 나타났다.
④ 수입 체리 구매이유로 '기타'를 선택한 응답자들은 향후 구매 계획에 대해 '줄이겠다.'라고 응답한 비율이 '유지하겠다.'와 '늘리겠다.'는 비율보다 높은 것으로 나타났다.
⑤ 전체적으로 두 표 모두 향후 수입 체리의 구매를 '늘리겠다.'고 응답한 비율이 '줄이겠다.', '유지하겠다.'라고 응답한 비율보다 낮은 것으로 나타났다.

┃14~15┃ 다음은 농협은행에서 실시하고 있는 해외송금서비스에 대한 상품설명서 중 거래조건에 관한 내용이다. 물음에 답하시오.

〈거래조건〉

구분	내용		
가입대상	당행을 거래외국환은행으로 지정한 실명의 개인(외국인 포함)		
송금항목 및 송금한도	송금항목	건당 한도	연간 한도
	거주자 지급증빙서류 미제출 송금	3만 불	5만 불
	유학생 또는 해외체재비 송금	5만 불	제한 없음
	외국인(비거주자) 국내 보수 송금 등	3만 불	5만 불 또는 한도등록금액 이내
인출계좌	원화 입출식 보통예금(해외송금전용통장)		
처리기준	송금처리일	영업일	비영업일
	출금시간	10시, 12시, 14시, 16시, 19시	익영업일 10시
	출금금액	• 각 처리시간 송금전용통장의 잔액 전체(송금액과 수수료를 합한 금액을 출금) • 송금전용통장에 잔액이 10만 원 미만인 경우 송금 불가	
	적용환율	출금 당시 당행 고시 전신환매도율	
	* 매 영업일 19시 출금 건에 대한 송금처리는 익영업일 10시에 처리됨		
기타	• 건당 한도 초과 입금 시에는 한도금액 이내로 송금되며 초과 입금분은 다음 처리 시간에 잔액에 합산하여 해외송금 처리 • 송금전용계좌 지급정지 및 압류, 송금한도초과, 송금정보 오류 시 송금불가		

14. 경진은 유학차 외국에 나가있는 아들을 위해 용돈을 보내주려고 한다. 위의 해외송금서비스를 이용할 경우 그녀는 건당 최대 얼마까지 보낼 수 있는가? (단, 화폐 단위는 만 불이다)

① 1만 불
② 2만 불
③ 3만 불
④ 5만 불
⑤ 제한 없음

15. 경진은 4월 9일 토요일에 외국으로 유학을 간 아들에게 용돈을 보내주기 위해 돈을 송금하려고 했지만 집안 일로 인해 19시가 되어서야 겨우 송금을 할 수 있었다. 이 경우 경진의 송금액은 언제 출금되는가?

① 4월 9일 19시
② 4월 10일 10시
③ 4월 10일 12시
④ 4월 10일 19시
⑤ 4월 11일 10시

16. A, B, C, D, E 다섯 명 중 출장을 가는 사람이 있다. 출장을 가는 사람은 반드시 참을 말하고, 출장에 가지 않는 사람은 반드시 거짓을 말한다. 다음과 같이 각자 말했을 때 항상 참인 것은?

• A : E가 출장을 가지 않는다면, D는 출장을 간다.
• B : D가 출장을 가지 않는다면, A는 출장을 간다.
• C : A는 출장을 가지 않는다.
• D : 2명 이상이 출장을 간다.
• E : C가 출장을 간다면 A도 출장을 간다.

① 최소 1명, 최대 3명이 출장을 간다.
② C는 출장을 간다.
③ E는 출장을 가지 않는다.
④ A와 C는 같이 출장을 가거나, 둘 다 출장을 가지 않는다.
⑤ A가 출장을 가면 B도 출장을 간다.

17. 다음은 농협은행에서 판매하는 한 상품에 대한 설명이다. 옳지 않은 것은?

---

1. 상품특징
   영업점 창구에서 가입 시보다 높은 금리가 제공되는 인터넷 및 스마트 뱅킹 전용 예금 상품
2. 가입대상
   개인(1인 1계좌)
3. 가입기간
   1년
4. 가입금액
   3백만 원 이상 3억 원 이하
5. 상품과목
   채움정기예금
6. 우대금리
   최고 0.4%
   - 카드이용실적 : 이 예금의 가입일 해당월로부터 만기일 전월 말까지 농협은행 NH채움(신용·체크)카드 이용실적이 100만 원 이상, 이용실적은 매출승인 기준이며 현금서비스 제외 - 0.1%
   - 고객 추천 : 이 예금의 가입고객이 타인에게 이 상품을 추천하고 그 타인이 이 상품에 신규가입하여 중도해지를 하지 않은 경우, 추천 계좌와 피추천 계좌에 각각 0.1%p, 최대 0.3%p까지 우대이율 제공, 추천 및 피추천 횟수는 중도해지를 포함하여 통합 5회까지 가능
7. 가입/해지 안내
   스마트폰 또는 인터넷뱅킹(창구거래, 통장발행 불가)

---

① 카드이용실적에 의한 우대금리는 최대 0.4%이다.
② 이 상품은 개인이 1인 1계좌밖에 가입할 수 없다.
③ 창구거래로는 가입이나 해지가 불가하다.
④ 3백만 원 이상 3억 원 이하의 한도 내에서 가입금액을 정할 수 있다.
⑤ 해당 상품은 영업점 창구에서 가입 시보다 높은 금리가 제공되는 인터넷 및 스마트 뱅킹 전용 예금 상품이다.

18. 당신은 갓 입사한 신입사원이다. 오늘 절친한 친구를 3년 만에 만나기로 하였다. 그런데 갑자기 상사가 신입사원 환영회를 하자며 팀회식을 제안하였다. 평소 상사는 단체행동을 중요시하고, 회식 자리에 빠지는 것을 대단히 싫어한다. 그렇다면 당신은?

① 친구와의 약속을 미룬다.
② 약속시간을 조금 늦추고 회식장소에 갔다가 몰래 빠져나온다.
③ 친구와의 약속이 있어 회식에 불참하겠다고 이야기한다.
④ 집안에 중요한 일이 있다고 거짓말을 한 후 회식을 다른 날로 미룬다.
⑤ 회사를 그만둔다.

19. 다음은 교육복지지원 정책사업 내 단위사업 세출 결산 현황을 나타낸 표이다. 2012년 대비 2013년의 급식비 지원 증감률로 옳은 것은? (단, 소수 둘째자리에서 반올림한다)

(단위 : 백만 원)

단위사업명	2013 결산액	2012 결산액	2011 결산액
총계	5,016,557	3,228,077	2,321,263
학비 지원	455,516	877,020	1,070,530
방과후교육 지원	636,291	–	–
급식비 지원	647,314	665,984	592,300
정보화 지원	61,814	64,504	62,318
농어촌학교 교육여건 개선	110,753	71,211	77,334
교육복지우선 지원	157,598	188,214	199,019
누리과정 지원	2,639,752	989,116	–
교과서 지원	307,519	288,405	260,218
학력격차해소	–	83,622	59,544

① -2.9% ② -1.4%
③ 2.9% ④ 10.5%
⑤ 1.4%

20. 다음 워크시트에서 수식 '=LARGE(B2:B7,2)'의 결과 값은?

	A	B
1	회사	매출액
2	A	200
3	B	600
4	C	100
5	D	1,000
6	E	300
7	F	800

① 200　　　　　② 300

③ 600　　　　　④ 800

⑤ 900

21. 다음은 글로벌 금융위기 중 세계 주요국의 실물경제 현황을 나타낸 표이다. 표에 대한 설명으로 옳지 않은 것은?

(단위 : %)

국가	구분	2008년			2009년				
		연간	3/4	4/4	연간	1/4	2/4	3/4	4/4
미국	GDP	0.4	-2.7	-5.4	-2.4	-6.4	-0.7	2.2	5.9
	산업생산	-2.2	-9.0	-13.0	-9.7	-19.0	-10.3	5.6	7.0
	소매판매	-0.7	-1.5	-6.6	-6.0	-1.4	-0.3	1.6	1.9
유로지역	GDP	0.7	-1.4	-7.0	-4.1	-9.4	-0.6	1.5	0.5
	산업생산	-0.8	-0.6	-0.8	-14.9	-0.9	-0.4	-0.5	0.2
	수출	3.7	0.2	-8.3	-18.2	-15.0	-0.4	3.2	5.3
일본	GDP	-0.7	-3.9	-13.9	-5.0	-11.9	2.7	1.3	4.6
	광공업생산	-3.4	-3.2	-11.3	-22.4	-22.1	8.3	7.4	4.6
	수출	-3.5	-3.9	-20.0	-33.1	-24.4	6.8	3.2	13.2
중국	GDP	9.0	9.0	6.8	8.7	6.1	7.9	8.9	10.7
	산업생산	12.9	13.0	6.4	11.0	5.1	9.0	12.3	17.9
	수출	17.2	23.0	4.3	-15.9	-19.7	-23.5	-20.3	0.1

① 중국은 다른 나라와는 달리 2008년 3분기부터 2009년 4분기까지 GDP 성장률이 꾸준히 상승하였다.

② 미국의 GDP 성장률은 2008년 3분기부터 2009년 1분기까지 3분기 연속 하락하였다.

③ 위의 자료에서 2009년 GDP가 꾸준히 증가한 국가는 미국과 중국뿐이다.

④ 일본을 제외한 나머지 국가들은 2008년 연간 GDP 성장률이 조금이나마 플러스 성장하였다.

⑤ 유로지역의 수출은 2009년 3분기부터 다시 플러스 성장으로 전환하였다.

22. 당신이 입사한 기업이 새로운 경영전략으로 해외시장진출을 목표로 하고 있다. 이 해외시장진출 목표의 일환으로 중국 회사와의 합작사업추진을 위한 프로젝트팀을 구성하게 되었다. 당신은 이 팀의 리더로 선발되었으며, 2년 이상 중국에서 근무를 해야만 한다. 그러나 당신은 집안 사정 및 자신의 경력 계획 실현을 위하여 중국 발령을 원하지 않고 있다. 당신의 상사는 당신이 꼭 가야만 한다고 당신을 밤낮으로 설득하고 있다. 당신은 어떻게 하겠는가?

① 중국에 가고 싶지 않은 이유를 설명한 후 발령을 취소해 줄 것을 끝까지 요구한다.

② 시간을 좀 달라고 한 후 가족들과 상의한다.

③ 해외발령을 가는 대신 그에 상응하는 대가를 요구한다.

④ 가기 싫지만 모든 것을 받아들이고 간다.

⑤ 회사를 그만 둔다.

23. 빵, 케이크, 마카롱, 쿠키를 판매하고 있는 달콤 베이커리 프랜차이즈에서 최근 각 지점 제품을 섭취하고 복숭아 알레르기가 발생했다는 민원이 제기되었다. 해당 제품에는 모두 복숭아가 들어가지 않지만, 복숭아를 사용한 제품과 인접 시설에서 제조하고 있다. 아래의 사례를 참고할 때 다음 중 반드시 거짓인 경우는?

> • 복숭아 알레르기 유발 원인이 된 제품은 빵, 케이크, 마카롱, 쿠키 중 하나이다.
> • 각 지점에서 복숭아 알레르기가 있는 손님이 섭취한 제품과 알레르기 유무는 아래와 같다.

광화문점	빵과 케이크를 먹고 마카롱과 쿠키를 먹지 않은 경우, 알레르기가 발생했다.
종로점	빵과 마카롱을 먹고 케이크 와 쿠키를 먹지 않은 경우, 알레르기가 발생하지 않았다.
대학로점	빵과 쿠키를 먹고 케이크와 마카롱을 먹지 않은 경우 알레르기가 발생했다.
홍대점	케이크와 마카롱을 먹고 빵과 쿠키를 먹지 않은 경우 알레르기가 발생했다.
상암점	케이크와 쿠키를 먹고 빵 과 마카롱을 먹지 않은 경우 알레르기가 발생하지 않았다.
강남점	마카롱과 쿠키를 먹고 빵과 케이크를 먹지 않은 경우 알레르기가 발생하지 않았다.

① 광화문점, 종로점, 홍대점의 사례만을 고려하면 케이크가 알레르기의 원인이다.

② 광화문점, 대학로점, 상암점의 사례만을 고려하면, 빵이 알레르기의 원인이다.

③ 종로점, 홍대점, 강남점의 사례만을 고려하면, 케이크가 알레르기의 원인이다.

④ 대학로점, 홍대점, 강남점의 사례만을 고려하면, 마카롱이 알레르기의 원인이다.

⑤ 대학로점, 상암점, 강남점의 사례만을 고려하면, 빵이 알레르기의 원인이다.

┃24~25┃ 다음은 A전자의 한 영업점에 오늘 입고된 30개의 전자제품의 코드 목록이다. 모든 제품은 A전자에서 생산된 제품이다. 다음의 코드 부여 방식을 참고하여 물음에 답하시오.

RE - 10 - CNB - 2A - 1501	TE - 34 - CNA - 2A - 1501	WA - 71 - CNA - 3A - 1501
RE - 10 - CNB - 2A - 1409	TE - 36 - KRB - 2B - 1512	WA - 71 - CNA - 3A - 1506
RE - 11 - CNB - 2C - 1503	TE - 36 - KRB - 2B - 1405	WA - 71 - CNA - 3A - 1503
RE - 16 - CNA - 1A - 1402	TE - 36 - KRB - 2B - 1502	CO - 81 - KRB - 1A - 1509
RE - 16 - CNA - 1A - 1406	TE - 36 - KRB - 2C - 1503	CO - 81 - KRB - 1A - 1412
RE - 16 - CNA - 1C - 1508	AI - 52 - CNA - 3C - 1509	CO - 83 - KRA - 1A - 1410
TE - 32 - CNB - 3B - 1506	AI - 52 - CNA - 3C - 1508	CO - 83 - KRA - 1B - 1407
TE - 32 - CNB - 3B - 1505	AI - 58 - CNB - 1A - 1412	CO - 83 - KRC - 1C - 1509
TE - 32 - CNB - 3C - 1412	AI - 58 - CNB - 1C - 1410	CO - 83 - KRC - 1C - 1510
TE - 34 - CNA - 2A - 1408	AI - 58 - CNB - 1C - 1412	CO - 83 - KRC - 1C - 1412

〈코드부여방식〉
[제품 종류] - [모델 번호] - [생산 국가/도시] - [공장과 라인] - [제조연월]
〈예시〉
WA - 16 - CNA - 2B - 1501
2015년 1월에 중국 후이저우 2공장 B라인에서 생산된 세탁기 16번 모델

제품 종류 코드	제품 종류	생산 국가/도시 코드	생산 국가/도시
RE	냉장고	KRA	한국/창원
TE	TV	KRB	한국/청주
AI	에어컨	KRC	한국/구미
WA	세탁기	CNA	중국/후이저우
CO	노트북	CNB	중국/옌타이

24. 오늘 입고된 제품의 목록에 대한 설명으로 옳은 것은?

① 제품 종류와 모델 번호가 같은 제품은 모두 같은 도시에서 생산되었다.

② 15년에 생산된 제품보다 14년에 생산된 제품이 더 많다.

③ TV는 모두 중국에서 생산되었다.

④ 노트북은 2개의 모델만 입고되었다.

⑤ 한국에서 생산된 제품이 중국에서 생산된 제품보다 많다.

25. 중국 옌타이 제1공장의 C라인에서 생산된 제품들이 모두 부품 결함으로 인한 불량품이었다. 영업점에서 반품해야 하는 제품은 총 몇 개인가?

① 1개   ② 2개

③ 3개   ④ 4개

⑤ 5개

26. '국외부문 통화와 국제수지'에 대한 다음 설명을 참고할 때, 〈보기〉와 같은 네 개의 대외거래가 발생하였을 경우에 대한 설명으로 바른 것은?

모든 대외거래를 복식부기의 원리에 따라 체계적으로 기록한 국제수지표상의 경상수지 및 자본수지는 거래의 형태에 따라 직·간접적으로 국외부문 통화에 영향을 미치게 된다. 수출입 등의 경상적인 무역수지 및 서비스 수지 등의 거래는 외국환은행과의 외화 교환과정에서 국외부문 통화에 영향을 미치게 된다. 경상 및 자본수지상의 민간, 정부의 수지가 흑자일 경우에는 민간 및 정부부문의 외화 총수입액이 총지급액을 초과한다는 것을 의미하므로 민간 및 정부부문은 이 초과 수입분을 외국환은행에 원화를 대가로 매각한다. 이 과정에서 외국환은행은 외화자산을 늘리면서 이에 상응한 원화를 공급한다. 즉 외국환은행은 국외순자산을 늘리고 이에 상응한 원화를 비은행부문으로 공급하게 된다. 반대로 적자일 경우 외국환은행은 외화자산을 줄이면서 원화를 환수하게 된다.

〈보기〉
• 상품 A를 100달러에 수출
• 상품 B를 50달러에 수입
• C 기업이 외화단기차입금 20달러를 상환
• D 외국환은행이 뱅크론으로 50달러를 도입

① 경상수지는 120달러 흑자, 자본수지가 100달러 흑자로 나타나 총 대외수지는 220달러 흑자가 된다.

② 경상수지는 50달러 흑자, 자본수지가 70달러 적자로 나타나 총 대외수지는 20달러 적자가 된다.

③ 경상수지는 70달러 흑자, 자본수지가 150달러 적자로 나타나 총 대외수지는 80달러 적자가 된다.

④ 경상수지는 50달러 흑자, 자본수지가 30달러 흑자로 나타나 총 대외수지는 80달러 흑자가 된다.

⑤ 경상수지는 50달러 적자, 자본수지가 30달러 흑자로 나타나 총 대외수지는 20달러 적자가 된다.

┃27~28┃ 다음 자료를 보고 이어지는 물음에 답하시오.

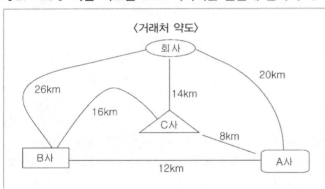

〈거래처 약도〉

〈각 구간별 연비〉
• 회사~A사/B사/C사 : 각 10km/L(시내)
• A사~B사 : 14km/L(국도)
• B사~C사 : 8km/L(비포장도로)
• C사~A사 : 20km/L(고속도로)
※ 연료비는 1L당 1,500원으로 계산한다.

27. 최 대리는 오늘 외출을 하여 A, B, C 거래처를 방문해야 한다. 세 군데 거래처를 모두 방문하고 마지막 방문지에서 바로 퇴근을 할 예정이지만, 서류 전달을 위해 중간에 한 번은 다시 회사로 돌아왔다 가야 한다. A사를 가장 먼저 방문할 경우 최 대리의 모든 거래처 방문이 완료되는 최단 거리 이동 경로는 몇 km인가?

① 58km
② 60km
③ 64km
④ 68km
⑤ 70km

28. 위와 같은 거래처 방문 조건 하에서 최장 거리 이동 경로와 최단 거리 이동 경로의 총 사용 연료비 차액은 얼마인가?

① 3,000원
② 3,100원
③ 3,200원
④ 3,300원
⑤ 3,400원

29. 다음 패스워드 생성규칙에 대한 글을 참고할 때, 권장규칙에 따른 가장 적절한 패스워드로 볼 수 있는 것은?

패스워드를 설정할 때에는 한국인터넷진흥원의 『암호이용안내서』의 패스워드 생성규칙을 적용하는 것이 안전하다. 또한 패스워드 재설정/변경 시 안전하게 변경할 수 있는 규칙을 정의해서 적용해야 한다. 다음은 『암호이용안내서』의 패스워드 생성규칙에서 규정하고 있는 안전하지 않은 패스워드에 대한 사례이다.
• 패턴이 존재하는 패스워드
– 동일한 문자의 반복
  ex) aaabbb, 123123
– 키보드 상에서 연속한 위치에 존재하는 문자들의 집합
  ex) qwerty, asdfgh
– 숫자가 제일 앞이나 제일 뒤에 오는 구성의 패스워드
  ex) security1, may12
• 숫자와 영단어를 서로 교차하여 구성한 형태의 패스워드
• 영문자 'O'를 숫자 '0'으로, 영문자 'i'를 숫자 '1'로 치환하는 등의 패스워드
• 특정 인물의 이름을 포함한 패스워드
– 사용자 또는 사용자 이외의 특정 인물, 유명인, 연예인 등의 이름을 포함하는 패스워드
• 한글발음을 영문으로, 영문단어의 발음을 한글로 변형한 형태의 패스워드
– 한글의 '사랑'을 영어 'SaRang'으로 표기, 영문자 'LOVE'의 발음을 한글 '러브'로 표기

① {CVBN35!}
② jaop&*012
③ s5c6h7o8o9l0
④ B00K사랑
⑤ apl52@새95!?

30. 다음의 내용을 논리적 흐름이 자연스럽도록 순서대로 배열한 것은?

⊙ 왜냐하면 현대예술이 주목하는 것들 또한 인간과 세계의 또 다른 본질적인 부분이기 때문이다. 실제로 이런 가능성은 다양한 분야에서 실현되고 있다.

⊙ 오늘날에는 다양한 미감(美感)들이 공존하고 있다. 일상 세계에서는 '가벼운 미감'이 향유되는가 하면, 다른 한편에서는 전통예술과는 매우 다른 현대예술의 반미학적 미감 또한 넓게 표출되고 있다. 그러면 이들 사이의 관계를 어떻게 받아들일 것인가?

⊙ 오늘날 현대무용은 성립 시기에 배제했던 고전발레의 동작을 자기 속에 녹여 넣고 있으며, 현대음악도 전통적 리듬과 박자를 받아들여 풍성한 표현 형식을 얻고 있다.

⊙ 먼저 순수예술의 미감에 대해서 생각해 보자. 현대예술은 의식보다는 무의식을, 필연보다는 우연을, 균제보다는 파격을, 인위성보다는 자연성을 내세운다. 따라서 얼핏 보면 전통예술과 현대예술은 서로 대립하는 것처럼 보이지만, 이 둘은 겉보기와는 달리 상호 보완의 가능성을 품고 있다.

① ⊙ - ⊙ - ⊙ - ⊙
② ⊙ - ⊙ - ⊙ - ⊙
③ ⊙ - ⊙ - ⊙ - ⊙
④ ⊙ - ⊙ - ⊙ - ⊙
⑤ ⊙ - ⊙ - ⊙ - ⊙

31. 다음은 어느 공과대학의 각 학과 지원자의 비율을 나타낸 것이다. 2008년 건축공학과를 지원한 학생 수가 270명일 때 2008년 건축공학과 지원자 수는 전년 대비 몇 명이 증가하였는가? (단, 2007년과 2008년의 공과대학 전체 지원자 수는 같았다)

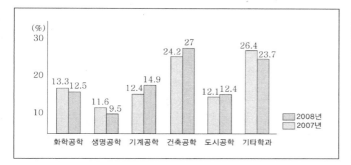

① 28명
② 21명
③ 14명
④ 7명
⑤ 0명

32. 다음 두 글에서 공통적으로 말하고자 하는 것은 무엇인가?

㉮ 많은 사람들이 기대했던 우주왕복선 챌린저는 발사 후 1분 13초만에 폭발하고 말았다. 사건조사단에 의하면, 사고원인은 챌린저 주엔진에 있던 O-링에 있었다. O-링은 디오콜사가 NASA로부터 계약을 따내기 위해 저렴한 가격으로 생산될 수 있도록 설계되었다. 하지만 첫 번째 시험에 들어가면서부터 설계상의 문제가 드러나기 시작하였다. NASA의 엔지니어들은 그 문제점들을 꾸준히 제기했으나, 비행시험에 실패할 정도의 고장이 아니라는 것이 디오콜사의 입장이었다. 하지만 O-링을 설계했던 과학자도 문제점을 인식하고 문제가 해결될 때까지 챌린저 발사를 연기하도록 회사 매니저들에게 주지시키려 했지만 거부되었다. 한 마디로 그들의 노력이 미흡했기 때문이다.

㉯ 과학의 연구 결과는 사회에서 여러 가지로 활용될 수 있지만, 그 과정에서 과학자의 의견이 반영되는 일은 드물다. 과학자들은 자신이 책임질 수 없는 결과를 이 세상에 내놓는 것과 같다. 과학자는 자신이 개발한 물질을 활용하는 과정에서 나타날 수 있는 위험성을 충분히 알리고 그런 물질의 사용에 대해 사회적 합의를 도출하는 데 적극 협조해야 한다.

① 과학적 결과의 장단점
② 과학자와 기업의 관계
③ 과학자의 윤리적 책무
④ 과학자의 학문적 한계
⑤ 과학자의 사회적 영향

33. 다음에 주어진 조건이 모두 참일 때 옳은 결론을 고르면?

• 김대리보다 큰 사람은 없다.
• 박차장이 이과장보다 크다.
• 박차장이 최부장보다는 크지 않다.

A : 이과장이 가장 작다.
B : 박차장은 세 번째로 크다.

① A만 옳다.
② B만 옳다.
③ A와 B 모두 옳다.
④ A와 B 모두 그르다.
⑤ A와 B 모두 옳은지 그른지 알 수 없다.

34. 다음 워크시트에서 [A1:B2] 영역을 선택한 후 채우기 핸들을 사용하여 드래그 했을 때 [A6:B6]영역 값으로 바르게 짝지은 것은?

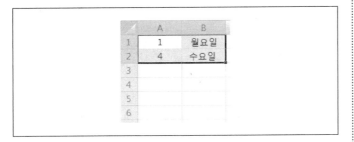

	A6	B6
①	15	목요일
②	16	목요일
③	15	수요일
④	16	수요일
⑤	17	목요일

35. 당신은 신입사원이다. 신입사원 교육의 일환으로 간부회의에 참석하게 되었다. 회의 중 간부 A가 설명하고 있는 내용이 틀렸다. 그 어떤 누구도 그것이 틀린 내용인지 모르는 것 같다. 당신은 그것이 명백히 틀렸다는 것을 알고 있다. 그렇다면 당신은 어떻게 하겠는가?

① 그냥 모르는 척 한다.
② 나중에 간부를 찾아가 아까 말한 내용이 틀렸다고 말해준다.
③ 이메일을 통해 간부가 설명한 내용에 대해 의문을 제시한다.
④ 회의 도중 손을 들고 그 내용이 틀렸다고 말한다.
⑤ 옆 자리에 있는 동료에게만 간부의 설명이 틀렸다고 말한다.

36. 다음은 OECD 가입 국가별 공공도서관을 비교한 표이다. 다음 중 바르게 설명한 것을 고르면?

국명	인구 수	도서관 수	1관당 인구 수	장서 수	1인당 장서 수	기준 년도
한국	49,268,928	607	81,168	54,450,217	1.11	2007
미국	299,394,900	9,198	31,253	896,786,000	3.1	2005
영국	59,855,742	4,549	13,158	107,654,000	1.8	2005
일본	127,998,984	3,111	41,144	356,710,000	2.8	2006
프랑스	60,798,563	4,319	14,077	152,159,000	2.51	2005
독일	82,505,220	10,339	7,980	125,080,000	1.5	2005

㉠ 2007년 우리나라 공공도서관 수는 607개관이고, 1관당 인구 수는 81,168명으로 국제 간 비교 도서관 수와 이용자 서비스의 수준이 떨어진다.
㉡ 우리나라의 1관당 인구 수가 미국 대비 2.6배, 일본 대비 2배로 도서관 수가 OECD 선진국 대비 현저히 부족하다.
㉢ 우리나라의 도서관 수는 현재 미국이나, 일본의 2분의 1 수준이나 영국 등과는 비슷한 수준이다.

① ㉠㉢
② ㉠㉡
③ ㉡㉢
④ ㉠㉡㉢
⑤ ㉠

37. 다음은 미국의 신용협동조합과 상업은행을 비교한 표이다. 표에 대한 설명으로 옳지 않은 것은?

구분	신용협동조합		상업은행	
	2013년	2014년	2013년	2014년
기관 수	6,679	6,395	6,809	6,508
기관 당 지점 수	3	3	14	15
기관 당 자산(백만$)	161	178	2,162	2,390
총 대출(백만$)	655,006	723,431	7,891,471	8,309,427
총 저축(백만$)	922,033	963,115	11,190,522	11,763,780
예대율(%)	71.0	75.1	70.5	70.6
자산 대비 대출 비중(%)	63.7	60.9	52.6	52.7
핵심 예금 비중(%)	47.6	45.8	33.4	32.2
순 자본 비율(%)	11.0	10.8	11.2	11.2

① 2013년 대비 2014년 상업은행의 감소폭은 같은 기간 신용협동조합의 감소폭보다 크다.
② 2014년 상업은행의 기관 당 지점 수는 신용협동조합의 5배에 달한다.
③ 2013년 대비 2014년 예대율 증가폭은 신용협동조합이 상업은행보다 크다.
④ 2013년 대비 2014년 순 자본 비율은 신용협동조합이 0.2%p 감소한 반면 상업은행은 변화가 없다.
⑤ 2014년 자산 대비 대출 비중은 상업은행이 신용협동조합보다 8.2%p 높다.

38. R사는 공작기계를 생산하는 업체이다. 이번 주 R사에서 월요일~토요일까지 생산한 공작기계가 다음과 같을 때, 월요일에 생산한 공작기계의 수량이 될 수 있는 수를 모두 더하면 얼마인가? (단, 1대도 생산하지 않은 날은 없었다.)

- 화요일에 생산된 공작기계는 금요일에 생산된 수량의 절반이다.
- 이 공장의 최대 하루 생산 대수는 9대이고, 이번 주에는 요일별로 생산한 공작기계의 대수가 모두 달랐다.
- 목요일부터 토요일까지 생산한 공작기계는 모두 15대이다.
- 수요일에는 9대의 공작기계가 생산되었고, 목요일에는 이보다 1대가 적은 공작기계가 생산되었다.
- 월요일과 토요일에 생산된 공작기계를 합하면 10대가 넘는다.

① 10   ② 11
③ 12   ④ 13
⑤ 14

39. 다음 순서도에서 인쇄되는 S의 값은? (단, $[x]$는 x보다 크지 않은 최대의 정수이다)

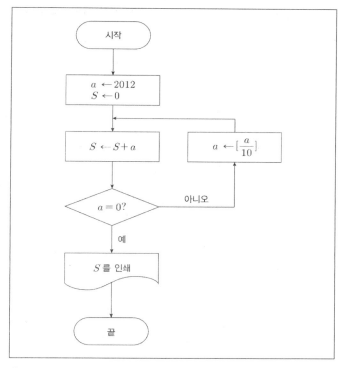

① 2230   ② 2235
③ 2240   ④ 2245
⑤ 2250

|40~41| 다음은 우리나라의 공적연금제도와 관련된 설명이다. 물음에 답하시오.

사람들은 은퇴 이후 소득이 급격하게 줄어드는 위험에 처할 수 있다. 이러한 위험이 발생할 경우 일정 수준의 생활(소득)을 보장해 주기 위한 제도가 공적연금제도이다. 우리나라의 공적연금제도에는 대표적으로 국민의 노후 생계를 보장해 주는 국민연금이 있다. 공적연금제도는 강제가입을 원칙으로 한다. 연금은 가입자가 비용은 현재 지불하지만 그 편익은 나중에 얻게 된다. 그러나 사람들은 현재의 욕구를 더 긴박하고 절실하게 느끼기 때문에 불확실한 미래의 편익을 위해서 당장은 비용을 지불하지 않으려는 경향이 있다. 또한 국가는 사회보장제도를 통하여 젊은 시절에 노후를 대비하지 않은 사람들에게도 최저생계를 보장해준다. 이 경우 젊었을 때 연금에 가입하여 성실하게 납부한 사람들이 방만하게 생활한 사람들의 노후생계를 위해 세금을 추가로 부담해야 하는 문제가 생긴다. 그러므로 국가가 나서서 강제로 연금에 가입하도록 하는 것이다.

공적연금제도의 재원을 충당하는 방식은 연금 관리자의 입장과 연금 가입자의 입장에서 각기 다르게 나누어 볼 수 있다. 연금 관리자의 입장에서는 '적립방식'과 '부과방식'의 두 가지가 있다. '적립방식'은 가입자가 낸 보험료를 적립해 기금을 만들고 이 기금에서 나오는 수익으로 가입자가 납부한 금액에 비례하여 연금을 지급하지만, 연금액은 확정되지 않는다. '적립방식'은 인구 구조가 변하더라도 국가는 재정을 투입할 필요가 없고, 받을 연금과 내는 보험료의 비율이 누구나 일정하므로 보험료 부담이 공평하다. 하지만 일정한 기금이 형성되기 전까지는 연금을 지급할 재원이 부족하므로, 제도 도입 초기에는 연금 지급이 어렵다. '부과방식'은 현재 일하고 있는 사람들에게서 거둔 보험료로 은퇴자에게 사전에 정해진 금액만큼 연금을 지급하는 것이다. 이는 '적립방식'과 달리 세대 간 소득 재분배 효과가 있으며, 제도 도입과 동시에 연금 지급을 개시할 수 있다는 장점이 있다. 다만 인구 변동에 따른 불확실성이 있다. 노인 인구가 늘어나 역삼각형의 인구구조가 만들어질 때는 젊은 세대의 부담이 증가되어 연금 제도를 유지하기가 어려워질 수 있다.

연금 가입자의 입장에서는 납부하는 금액과 지급 받을 연금액의 관계에 따라 확정기여방식과 확정급여방식으로 나눌 수 있다. 확정기여방식은 가입자가 일정한 액수나 비율로 보험료를 낼 것만 정하고 나중에 받을 연금의 액수는 정하지 않는 방식이다. 이는 연금 관리자의 입장에서 보면 '적립방식'으로 연금 재정을 운용하는 것이다. 그래서 이 방식은 이자율이 낮아지거나 연금 관리자가 효율적으로 기금을 관리하지 못하는 경우에 개인이 손실 위험을 떠안게 된다. 또한 물가가 인상되는 경우 확정기여에 따른 적립금의 화폐가치가 감소되는 위험도 가입자가 감수해야 한다. 확정급여방식은 가입자가 얼마의 연금을 받을 지를 미리 정해 놓고, 그에 따라 개인이 납부할 보험료를 정하는 방식이다. 이는 연금 관리자의 입장에서는 '부과방식'으로 연금 재정을 운용하는 것이다. 나중에 받을 연금을 미리정하면 기금 운용 과정에서 발생하는 투자의 실패는 연금 관리자가 부담하게 된다. 그러나 이 경우에도 물가상승에 따른 손해는 가입자가 부담해야 하는 단점이 있다.

40. 공적연금의 재원 충당 방식 중 '적립방식'과 '부과방식'을 비교한 내용으로 적절하지 않은 것은?

	항목	적립방식	부과방식
①	연금 지급 재원	가입자가 적립한 기금	현재 일하는 세대의 보험료
②	연금 지급 가능 시기	일정한 기금이 형성된 이후	제도 시작 즉시
③	세대 간 부담의 공평성	세대 간 공평성 미흡	세대 간 공평성 확보
④	소득 재분배 효과	소득 재분배 어려움	소득 재분배 가능
⑤	인구 변동 영향	받지 않음	받음

41. 위 내용을 바탕으로 다음 상황에 대해 분석할 때 적절하지 않은 결론을 도출한 사람은?

> ○○회사는 이번에 공적연금 방식을 준용하여 퇴직연금 제도를 새로 도입하기로 하였다. 이에 회사는 직원들이 퇴직연금 방식을 확정기여방식과 확정급여방식 중에서 선택할 수 있도록 하였다.

① 확정기여방식은 부담금이 공평하게 나눠지는 측면에서 장점이 있어.

② 확정기여방식은 기금을 운용할 회사의 능력에 따라 나중에 받을 연금액이 달라질 수 있어.

③ 확정기여방식은 기금의 이자 수익률이 물가상승률보다 높으면 연금액의 실질적 가치가 상승할 수 있어.

④ 확정급여방식은 물가가 많이 상승하면 연금액의 실질적 가치가 하락할 수 있어.

⑤ 확정급여방식은 투자 수익이 부실할 경우 가입자가 보험료를 추가로 납부해야 하는 문제가 있어.

42. 다음은 채움 플래티늄 멀티카드의 특화 서비스와 Multi Pack 서비스에 대한 설명이다. 옳은 것은?

- ■ 특화 서비스
  - □ 전용 고객상담센터 운영
    - • Platinum 서비스 고객상담센터(☎1588-1282 / 영업시간 내 상담)
  - □ 여행 서비스(가족회원 미제공)
    - • 국내선 전 지역 동반자(1인에 한함)무료 왕복항공권 매년(1월~12월) 1회 제공
    - - 반드시 지정예약처(BC투어)로 예약을 하셔야 하며, 당해 연도 미사용분을 익년으로 이월하여 사용 불가
    - - 플래티늄 카드로 본인 결제 시 사용가능하며, 항공사의 계약규정에 의거 마일리지 사용불가 및 무료탑승 동반자 마일리지는 적립 불가
    - - 동반자 무료항공권은 순수 항공료만 지원(TAX, 공항이용료, 유류할증료 본인부담)
    - - 대한항공과 아시아나항공에 한해 이용 가능(이 외 타 항공사 및 할인 운임 적용불가)
    - - 왕복 시 동일 항공사를 이용해야 하며, 편도 또는 왕복 중 택 1회 사용가능
    - - 발권 후 사전 고지 없이 NO SHOW가 발생될 시 재사용 불가
    - - 본인회원 미 이용 시 플래티늄 가족카드 회원에게 양도 가능
    - - 채움 플래티늄 카드 동반자 무료 항공권 발권처 : BC카드㈜ BC투어 ☎1899-0512
  - □ Priority Pass 카드 발급(가족회원 미제공)
    - • 전 세계 600여 제휴공항 라운지 무료 이용 카드 제공
  - □ 보험 서비스(가족회원 미제공)
    - • 여행상해보험(후유장해, 최대 50만 불 보상)
    - • 휴일교통 및 골프상해보험(최대 5만 불 보상)
    - • 카드구매품 보상보험(회원 1인당 연간 최대 1만 불 보상)
    - • 여행불편 보상보험(최대 1천 불 보상)
- ■ Multi Pack 서비스
  - □ 백화점, 대형마트 및 온라인 쇼핑몰 5% 청구 할인
    - • 통합 월 2회, 회당 할인한도 5천 원, 월 할인한도 1만 원
  - □ 백화점, 대형마트 및 온라인 쇼핑몰 2~3개월 무이자 할부
  - □ 아웃백, 빕스, TGIF 10% 청구 할인
    - • 통합 월 1회, 회당 할인한도 2만 원
  - □ 문화서비스(영화, 커피, 서적) 20% 청구 할인
    - • 통합 월 5회, 회당 할인한도 3천 원, 월 할인한도 1만 5천 원
  - □ 전 요식업종 5% 청구 할인
    - • 통합 월 2회, 회당 할인한도 5천 원, 월 할인한도 1만 원
  - □ 대중교통(버스, 지하철) 5% 청구 할인
    - • 후불교통카드 이용금액, 월 할인한도 3천 원
  - □ 유아교육기관, 학원, 학습지 업종 5% 청구 할인
    - • 통합 월 2회, 회당 할인한도 5천 원, 월 할인한도 1만 원
  - □ 교보문고, 영풍문고, 반디앤루니스, Yes24, 알라딘, 인터파크 도서 10% 청구 할인
    - • 통합 월 3회, 회당 할인한도 2천 원, 월 할인한도 6천 원

① Platinum 서비스 고객상담센터 ☎1588-1282는 24시간 상담 가능하다.

② 여행 서비스에서 제공하는 동반자 무료항공권은 유류할증료를 포함한 항공료를 지원한다.

③ 여행 서비스는 본인회원 미이용 시 플래티늄 가족카드 회원에게 양도할 수 없다.

④ 백화점에서 20만 원/회을 사용했을 경우보다 아웃백에서 10만 원/회을 사용했을 때 더 많이 할인받을 수 있다.

⑤ 보험 서비스 중 보상 한도가 가장 큰 것은 휴일교통 및 골프상해보험이다.

43. 甲 주식회사의 감사위원회는 9인으로 구성되어 있다. 다음에 제시된 법률 규정에서 밑줄 친 부분에 해당하지 않는 사람은?

> 감사위원회는 3인 이상의 이사로 구성한다. 다만 <u>다음 각 호에 해당하는 자</u>가 위원의 3분의 1을 넘을 수 없다.
> 1. 회사의 업무를 담당하는 이사 및 피용자(고용된 사람) 또는 선임된 날부터 2년 이내에 업무를 담당한 이사 및 피용자이었던 자
> 2. 최대 주주가 자연인인 경우 본인, 배우자 및 직계존·비속
> 3. 최대 주주가 법인인 경우 그 법인의 이사, 감사 및 피용자
> 4. 이사의 배우자 및 직계존·비속
> 5. 회사의 모회사 또는 자회사의 이사, 감사 및 피용자
> 6. 회사와 거래관계 등 중요한 이해관계에 있는 법인의 이사, 감사 및 피용자
> 7. 회사의 이사 및 피용자가 이사로 있는 다른 회사의 이사, 감사 및 피용자

① 甲 주식회사 최대 주주 A의 법률상의 배우자

② 甲 주식회사와 하청계약을 맺고 있는 乙 주식회사의 감사 B

③ 甲 주식회사 이사 C의 자녀

④ 甲 주식회사 자재부장 D가 이사로 있는 丙 주식회사의 총무과장 E

⑤ 甲 주식회사의 모회사인 丁 주식회사의 최대 주주 F

44. 甲은 乙로부터 5차에 걸쳐 총 7천만 원을 빌렸으나, 자금 형편상 갚지 못하고 있다가 2010년 2월 5일 1천만 원을 갚았다. 다음 〈조건〉을 근거로 판단할 때, 〈甲의 채무현황〉에서 2010년 2월 5일에 전부 또는 일부가 소멸된 채무는? (다만 연체 이자와 그 밖의 다른 조건은 고려하지 않는다)

> • 채무 중에 상환하기로 약정한 날짜(이행기)가 도래한 것과 도래하지 아니한 것이 있으면, 이행기가 도래한 채무가 변제로 먼저 소멸한다.
> • 이행기가 도래한(또는 도래하지 않은) 채무 간에는 이자가 없는 채무보다 이자가 있는 채무, 저이율의 채무보다는 고이율의 채무가 변제로 먼저 소멸한다.
> • 이율이 같은 경우, 이행기가 먼저 도래한 채무나 도래할 채무가 변제로 먼저 소멸한다.

〈甲의 채무현황〉

구분	이행기	이율	채무액
① A	2009. 11. 10.	0%	1천만 원
② B	2009. 12. 10.	20%	1천만 원
③ C	2010. 1. 10.	15%	1천만 원
④ D	2010. 1. 30.	20%	2천만 원
⑤ E	2010. 3. 30.	15%	2천만 원

45. 다음 글의 내용과 부합하는 것을 〈보기〉에서 모두 고르면?

> 가. "회원이 카드를 분실하거나 도난당한 경우에는 즉시 서면으로 신고하여야 하고 분실 또는 도난당한 카드가 타인에 의하여 부정사용되었을 경우에는 신고접수일 이후의 부정사용액에 대하여는 전액을 보상하나, 신고접수한 날의 전날부터 15일 전까지의 부정사용액에 대하여는 금 2백만 원의 범위 내에서만 보상하고, 16일 이전의 부정사용액에 대하여는 전액 지급할 책임이 회원에게 있다."고 신용카드 발행회사 회원규약에 규정하고 있는 경우, 위와 같은 회원규약을 신의성실의 원칙에 반하는 무효의 규약이라고 볼 수 없다.
> 나. 카드의 월간 사용한도액이 회원 본인의 책임한도액이 되는 것은 아니므로 부정사용액 중 월간 사용한도액의 범위 내에서만 회원의 책임이 있는 것은 아니다.
> 다. 신용카드업법에 의하면 "신용카드가맹점은 신용카드에 의한 거래를 할 때마다 신용카드 상의 서명과 매출전표 상의 서명이 일치하는지를 확인하는 등 당해 신용카드가 본인에 의하여 정당하게 사용되고 있는지 여부를 확인하여야 한다."라고 규정하고 있다. 따라서 가맹점이 위와 같은 주의의무를 게을리하여 손해를 자초하거나 확대하였다면, 그 과실의 정도에 따라 회원의 책임을 감면해 주는 것이 거래의 안전을 위한 신의성실의 원칙상 정당하다.

〈보기〉

⊙ 신용카드사는 회원에 대하여 카드의 분실 및 도난 시 서면 신고 의무를 부과하고, 부정사용액에 대한 보상액을 그 분실 또는 도난된 카드의 사용시기에 따라 상이하게 정할 수 있다.
⊙ 회원이 분실 또는 도난당한 카드가 타인에 의하여 부정사용되었을 경우, 신용카드사는 서면으로 신고 접수한 날 이후의 부정사용액에 대한 보상액을 제한할 수 있다.
⊙ 카드의 분실 또는 도난 사실을 서면으로 신고 접수한 날의 전날까지의 부정사용액에 대해서는 자신의 월간 카드사용 한도액의 범위를 초과하여 회원이 책임을 질 수 있다.
⊙ 신용카드가맹점이 신용카드의 부정사용 여부를 확인하지 않은 경우에는 가맹점 과실의 경중을 묻지 않고 회원의 모든 책임이 면제된다.

① ㉠, ㉡   ② ㉠, ㉢
③ ㉡, ㉢   ④ ㉡, ㉣
⑤ ㉢, ㉣

46. 서원이는 2018년 1월 전액 현금으로만 다음 표와 같이 지출하였다. 만약 서원이가 2018년 1월에 A∼C 신용카드 중 하나만을 발급받아 할인 전 금액이 표와 동일하도록 그 카드로만 지출하였다면 신용카드별 할인혜택에 근거한 할인 후 예상청구액이 가장 적은 카드부터 순서대로 바르게 나열한 것은?

〈표〉 2018년 1월 지출내역

(단위 : 만 원)

분류	세부항목		금액	합계
교통비	버스·지하철 요금		8	20
	택시 요금		2	
	KTX 요금		10	
식비	외식비	평일	10	30
		주말	5	
	카페 지출액		5	
	식료품 구입비	대형마트	5	
		재래시장	5	
의류구입비	온라인		15	30
	오프라인		15	
여가 및 자기계발비	영화관람료(1만원/회×2회)		2	30
	도서구입비 (2만원/권×1권, 1만5천원/권×2권, 1만원/권×3권)		8	
	학원 수강료		20	

〈신용카드별 할인혜택〉

○ A 신용카드
• 버스, 지하철, KTX 요금 20% 할인(단, 할인액의 한도는 월 2만원)
• 외식비 주말 결제액 5% 할인
• 학원 수강료 15% 할인
• 최대 총 할인한도액은 없음
• 연회비 1만 5천 원이 발급 시 부과되어 합산됨

○ B 신용카드
• 버스, 지하철, KTX 요금 10% 할인(단, 할인액의 한도는 월 1만원)
• 온라인 의류구입비 10% 할인
• 도서구입비 권당 3천 원 할인(단, 권당 가격이 1만 2천 원 이상인 경우에만 적용)
• 최대 총 할인한도액은 월 3만 원
• 연회비 없음

○ C 신용카드
• 버스, 지하철, 택시 요금 10% 할인(단, 할인액의 한도는 월 1만 원)
• 카페 지출액 10% 할인
• 재래시장 식료품 구입비 10% 할인
• 영화관람료 회당 2천원 할인(월 최대 2회)
• 최대 총 할인한도액은 월 4만 원
• 연회비 없음

※ 할부나 부분청구는 없으며, A∼C 신용카드는 매달 1일부터 말일까지의 사용분에 대하여 익월 청구됨

① A - B - C
② A - C - B
③ B - A - C
④ B - C - A
⑤ C - A - B

47. 다음은 NH농협은행에서 투자를 검토하고 있는 사업평가 자료인데, 직원의 실수로 일부가 훼손되었다. 다음 중 (가), (나), (다), (라)에 들어갈 수 있는 수치는? (단, 인건비와 재료비 이외의 투입요소는 없다)

구분	목표량	인건비	재료비	산출량	효과성 순위	효율성 순위
A	(가)	200	50	500	3	2
B	1,000	(나)	200	1,500	2	1
C	1,500	1,200	(다)	3,000	1	3
D	1,000	300	500	(라)	4	4

※ 효율성 = 산출 / 투입
※ 효과성 = 산출 / 목표

    (가)   (나)   (다)   (라)

① 300   500   800   800

② 500   800   300   800

③ 800   500   300   300

④ 500   300   800   800

⑤ 800   800   300   500

48. 다음을 근거로 판단할 때 금융기관 등이 의무적으로 해야 할 일이 아닌 것을 〈보기〉에서 모두 고르면?

〈혐의거래보고 기본체계〉

1) 혐의거래보고의 대상

금융기관 등은 ① 원화 2천만 원 또는 외화 1만 달러 상당 이상의 거래로서 금융재산이 불법재산이거나 금융거래 상대방이 자금세탁행위를 하고 있다고 의심할 만한 합당한 근거가 있는 경우, ② 범죄수익 또는 자금세탁행위를 알게 되어 수사기관에 신고한 경우에는 의무적으로 금융정보분석원에 혐의거래보고를 하여야 한다.

의무보고대상거래를 보고하지 않을 경우에는 관련 임직원에 대한 징계 및 기관에 대한 과태료 부과 등 적절한 제재조치를 할 수 있다. 또한, 혐의거래 중 거래액이 보고대상 기준 금액 미만인 경우에 금융기관은 이를 자율적으로 보고할 수 있다.

2) 혐의거래보고의 방법 및 절차

영업점직원은 업무지식과 전문성, 경험을 바탕으로 고객의 평소 거래상황, 직업, 사업내용 등을 고려하여 취급한 금융거래가 혐의거래로 의심되면 그 내용을 보고책임자에게 보고한다.

보고책임자는 특정금융거래정보보고 및 감독규정의 별지서식에 의한 혐의거래보고서에 보고기관, 거래상대방, 의심스러운 거래내용, 의심스러운 합당한 근거, 보존하는 자료의 종류 등을 기재하여 온라인으로 보고하거나 문서로 제출하되, 긴급한 경우에는 우선 전화나 팩스로 보고하고 추후 보완할 수 있다.

〈보기〉

㉠ A은행은 창구에서 3천만 원을 현금으로 인출하려는 고객의 금융재산이 불법재산이라고 의심할 만한 합당한 근거가 있어 혐의거래보고를 한다.

㉡ B은행이 자금세탁행위로 신고하여 검찰수사를 받고 있는 거래에 대하여 B은행은 혐의거래보고서를 금융정보분석원에 제출한다.

㉢ C은행은 10억 원을 해외송금하는 거래자에 대해 뚜렷이 의심할 만한 근거는 없으나 거액의 거래이므로 혐의거래보고를 한다.

㉣ D은행은 의심할 만한 합당한 근거가 있는 거래에 대해 혐의거래보고서를 완벽하게 작성하지 못했지만 신속한 조사를 위해 팩스로 검찰청에 제출한다.

㉤ E은행은 5백만 원을 현금으로 인출하는 거래에 대해 의심할 만한 합당한 근거를 찾고 혐의거래보고서를 금융정보분석원에 제출한다.

① ㉠, ㉡   ② ㉢, ㉣

③ ㉡, ㉣, ㉤   ④ ㉡, ㉢, ㉤

⑤ ㉢, ㉣, ㉤

49. A와 B는 공동사업을 하기 위해 각각 1억 원씩 투자하여 회사를 설립하였다. A와 B는 회사의 사원으로 회사의 모든 업무집행을 담당하였는데, 회사는 주거래은행인 NH농협은행에 3억 원의 채무를 부담하게 되었다. 현재 회사에는 NH농협은행에 예금되어 있는 1억 원 이외에는 어떠한 재산도 없다. 다음을 근거로 옳게 추론한 것은? (단, 회사의 사원은 A와 B로 한정한다)

제○○조 (사원의 책임)

회사의 재산으로 회사의 채무를 완전히 변제할 수 없는 때에는 그 부족액에 대하여 각 사원은 연대하여 변제할 책임이 있다.

제○○조 (사원의 항변)

① 사원이 회사채무에 관하여 변제의 청구를 받은 때에는 회사가 주장할 수 있는 항변으로 그 채권자에게 대항할 수 있다.

② 회사가 그 채권자에 대하여 상계, 취소 또는 해제할 권리가 있는 경우에는 사원은 전항의 청구에 대하여 변제를 거부할 수 있다.

제○○조 (재산을 출연한 채무자의 구상권)

어느 연대채무자가 변제 기타 자기의 재산의 출연으로 공동면책이 된 때에는 다른 연대채무자의 부담부분에 대하여 구상권을 행사할 수 있다.

※ 연대채무 : 연대하여 변제할 책임으로서 동일 내용의 급부에 관하여 여러 명의 채무자가 각자 채무 전부를 변제할 의무를 지고, 채무자 중의 한 사람이 전부 변제하면 다른 채무자의 채무도 모두 소멸되는 채무

※ 항변 : 상대방의 청구권 행사나 주장을 막는 사유

※ 상계 : 채권자와 채무자가 동종의 채권·채무를 가지는 경우, 대등액의 채권·채무를 서로 소멸(상쇄)시키는 행위

※ 구상권 : 남의 채무를 갚아준 사람이 그 사람에게 자신이 갚은 채무액의 반환을 청구할 수 있는 권리

① B는 NH농협은행에 대하여 1억 원에 한하여 변제책임이 있다.

② 회사와 A, B는 NH농협은행에 대하여 연대하여 변제할 책임을 부담한다.

③ NH농협은행이 B에게 2억 원의 변제청구를 한 경우, B는 2억 원에 대한 변제를 거부할 수 있다.

④ B가 NH농협은행에 대하여 1억 원을 변제하였다면, A에 대하여 5천만 원을 청구할 수 있다.

⑤ NH농협은행이 A에게 3억 원을 청구하는 경우, 상계할 수 있는 1억 원에 대하여는 변제를 거부할 수 있다.

50. 다음 〈표〉는 1997년도부터 2007년도까지 주식시장의 현황을 나타낸 자료이다. 이를 바탕으로 작성한 그래프 중 옳지 않은 것은?

연도	주가지수	수익률 (%)	종목 수 (종목)	주식 수 (억 주)	시가 총액 (조원)	거래 량 (억 주)	거래 대금 (조 원)	거래 건수 (백만건)
1997	376	−	958	90	71	121	162	15
1998	562	49.5	925	114	138	285	193	33
1999	1,028	82.8	916	173	350	694	867	108
2000	505	−50.9	902	196	188	738	627	106
2001	694	37.4	884	196	256	1,164	491	90
2002	628	−9.5	861	265	259	2,091	742	111
2003	811	29.1	856	237	355	1,339	548	87
2004	896	10.5	844	234	413	929	556	83
2005	1,379	53.9	858	232	655	1,164	786	96
2006	1,434	4.0	885	250	705	689	848	107
2007	1,897	32.3	906	282	952	895	1,363	181

① 당해년도 초과수익률

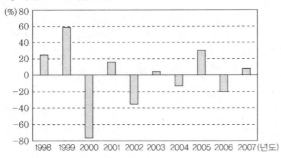

※ 1) 당해연도 초과수익률(%)

= 당해연도 수익률(%) − 연평균 수익률(%)

2) 연평균 수익률은 23.9%

② 종목당 평균 주식수

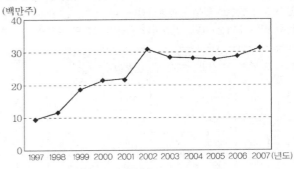

※ 종목당 평균 주식수 = $\dfrac{주식수}{종목수}$

③ 시가총액회전율과 주가지수의 관계

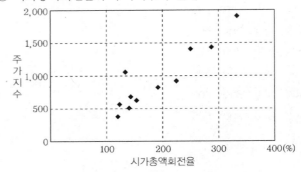

※ 시가총액회전율(%) = $\dfrac{거래대금}{시가총액} \times 100$

④ 1거래당 거래량

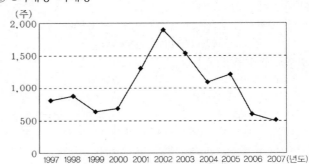

※ 1거래당 거래량 = $\dfrac{거래량}{거래건수}$

⑤ 주식 1주당 평균가격

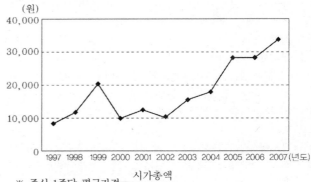

※ 주식 1주당 평균가격 = $\dfrac{시가총액}{주식수}$

NH농협은행 6급

직무능력평가 모의고사

	영 역	의사소통능력, 문제해결능력, 수리능력, 정보능력
제 3 회	문항수	50문항
	시 간	60분
	비 고	객관식 5지선다형

SEOWONGAK

(주)서원각

1. 다음 밑줄 친 단어의 맞춤법이 틀린 것은?

① 곳간에서 인심이 난다는 말이 있다.

② 흔들리는 찻간에 앉아 잠시 졸았다.

③ 그릇의 갯수를 세어서 이 종이에 적어라.

④ 괄호 안에 들어갈 알맞은 숫자를 쓰시오.

⑤ 회의가 이루어진 횟수를 모두 기록하였다.

2. 어느 지도에서 $\frac{1}{2}$ cm는 실제로는 5km가 된다고 할 때 지도상 $1\frac{3}{4}$ cm는 실제로 얼마나 되는가?

① 12.5km　　　　② 15km

③ 17.5km　　　　④ 20km

⑤ 22.5km

3. 다음은 우리나라의 대(對) 이슬람 국가 식품 수출 현황을 나타낸 표이다. 2012년 대비 2013년의 농산물 물량의 증감률은 약 몇 %인가?

(단위 : 천 톤, 천 달러, %)

구분	2011년 금액	2012년		2013년		증감률	
		물량	금액	물량	금액	물량	금액
식품	719.1	235.5	721.3	226.9	598.9		−17.0
농산물	709.7	232.6	692.3	223.5	579.5		−16.3
축산물	9.4	2.9	29	3.4	19.4		−33.1

① 약 −3.1%　　　　② 약 −3.3%

③ 약 −3.5%　　　　④ 약 −3.7%

⑤ 약 −3.9%

4. 다음 중 밑줄 친 부분의 한자어 표기로 옳지 않은 것은?

1. 상품특징
   신용카드 매출대금 ㉠입금계좌를 당행으로 지정(변경)한 개인사업자에 대해 한도와 금리를 우대하고 일일상환이 가능한 개인사업자 전용 대출 상품
2. 대출대상
   소호 CSS 심사대상 개인사업자로서 다음 조건을 모두 만족하는 자
   • 사업기간 1년 이상 경과
   • 3개사 이상(NH채움카드는 필수)의 신용카드 ㉡매출대금 입금계좌를 당행으로 지정(변경)
   • 대출신청일 현재 최근 1년간 신용카드 매출금액이 12백만원 이상
   • 소호 CSS 심사 AS 7등급 이상
3. 대출기간
   • 일일상환 : 1년 이내
   • 할부상환 : 3년 이내
4. 대출한도
   총 소요자금한도 범위 내에서 차주 ㉢신용등급, 업종, 상환능력, ㉣자금용도 및 규모 등을 감안하여 동일인당 최대 150백만 원 이내
5. 대출금리
   대출금리는 신용등급 및 ㉤거래실적 등에 따라 차등 적용됨

① ㉠ – 入金計座　　　　② ㉡ – 賣出代金

③ ㉢ – 信用等級　　　　④ ㉣ – 資金用度

⑤ ㉤ – 去來實績

5. 다음 중 Windows 7의 [작업 표시줄 및 시작 메뉴 속성] 창에서 설정할 수 있는 항목으로 옳지 않은 것은?

① 작업 표시줄 항상 위 표시

② 화면에서의 작업 표시줄 위치

③ 시작 메뉴의 사용자 지정

④ 알림 영역의 사용자 지정

⑤ 작업 표시줄 도구 모음 선택

6. 사무실 2개를 임대하여 사용하던 M씨가 2개의 사무실을 모두 이전하고자 한다. 다음과 같은 조건을 참고할 때, M씨가 주인과 주고받아야 할 금액에 대한 설명으로 옳은 것은? (소수점 이하는 반올림하여 원 단위로 계산함)

- 큰 사무실 임대료 : 54만 원
- 작은 사무실 임대료 : 35만 원
- 오늘까지의 이번 달 사무실 사용일 : 10일
- ☞ 임대료는 부가세(별도)와 함께 입주 전 선불 계산한다.
- ☞ 임대료는 월 단위이며 항상 30일로 계산한다.(단, 임대기간을 채우지 않고 나갈 경우, 사용하지 않은 기간만큼 일할 계산하여 환급한다)
- ☞ 보증금은 부가세 포함하지 않은 1개월 치 임대료이다.

① 주고받을 금액이 정확히 상계 처리된다.

② 사무실 주인으로부터 979,000원을 돌려받는다.

③ 사무실 주인에게 326,333원을 지불한다.

④ 사무실 주인에게 652,667원을 지불한다.

⑤ 사무실 주인으로부터 1,542,667원을 돌려받는다.

7. 다음 빈칸에 공통적으로 들어갈 말로 적절한 것은?

• ( )을 맞추다	• ( )을 씻다
• ( )만 살다	• ( )이 쓰다

① 코   ② 눈

③ 얼굴   ④ 입

⑤ 손

8. 다음에 나열된 숫자의 규칙을 찾아 빈칸에 들어갈 숫자의 합을 구하면?

$\frac{1}{2}$	$\frac{1}{3}$	$\frac{2}{6}$	$\frac{3}{18}$	( )	( )	$\frac{13}{209952}$

① $\frac{8}{83}$

② $\frac{6}{91}$

③ $\frac{5}{108}$

④ $\frac{98}{1944}$

⑤ $\frac{123}{54098}$

9. 다음 빈칸에 들어가기 가장 적절한 문장은?

호랑이는 우리 민족의 건국 신화인 단군 신화에서부터 등장한다. 호랑이는 고려 시대의 기록이나 최근에 조사된 민속자료에서는 산신(山神)으로 나타나는데, '산손님', '산신령', '산군(山君)', '산돌이', '산 지킴이' 등으로 불리기도 하였다. 이처럼 신성시된 호랑이가 우리의 설화 속에서는 여러 가지 모습으로 나타난다. 호랑이는 가축을 해치고 사람을 다치게 하는 일이 많았던 모양이다. 그래서 설화 중에는 ＿＿＿＿＿＿＿＿＿＿＿＿＿＿＿＿. 사냥을 하던 아버지가 호랑이에게 해를 당하자 아들이 원수를 갚기 위해 그 호랑이와 싸워 이겼다는 통쾌한 이야기가 있는가 하면, 밤중에 변소에 갔던 신랑이 호랑이한테 물려 가는 것을 본 신부가 있는 힘을 다하여 호랑이의 꼬리를 붙잡고 매달려 신랑을 구했다는 흐뭇한 이야기도 있다. 이러한 이야기들은 호랑이의 사납고 무서운 성질을 바탕으로 하여 꾸며진 것이다.

① 호랑이가 사람과 마찬가지로 따뜻한 정과 의리를 지니고 있는 것으로 나타나기도 한다.

② 호랑이가 산신 또는 산신의 사자로 나타나는 이야기가 종종 있다.

③ 사람이나 가축이 호랑이한테 해를 당하는 이야기가 많이 있다.

④ 호랑이를 구체적인 설명 없이 신이한 존재로 그리기도 한다.

⑤ 사람이 호랑이 손에 길러지는 장면이 등장하기도 한다.

10. 고 대리, 윤 대리, 염 사원, 서 사원 중 1명은 갑작스런 회사의 사정으로 인해 오늘 당직을 서야 한다. 이들은 논의를 통해 당직자를 결정하였으나, 동료인 최 대리에게 다음 〈보기〉와 같이 말하였고, 이 중 1명만이 진실을 말하고, 3명은 거짓말을 하였다. 당직을 서게 될 사람과 진실을 말한 사람을 순서대로 알맞게 나열한 것은 어느 것인가?

〈보기〉

고 대리: "윤 대리가 당직을 서겠다고 했어."
윤 대리: "고 대리는 지금 거짓말을 하고 있어."
염 사원: "저는 오늘 당직을 서지 않습니다, 최 대리님."
서 사원: "당직을 서는 사람은 윤 대리님입니다."

① 고 대리, 서 사원
② 염 사원, 고 대리
③ 서 사원, 윤 대리
④ 염 사원, 윤 대리
⑤ 서 사원, 염 사원

11. 다음 글의 빈칸에 들어갈 내용으로 가장 적절한 것은?

동양화의 특징인 여백의 표현도 산점 투시(散點透視)와 관련된 것이다. 동양화에서는 산점 투시를 택하여 구도를 융통성 있게 짜기 때문에 유모취신(遺貌取神)적 관찰 내용을 화면에 그대로 표현할 수 있다. 즉 대상 가운데 주제와 사상을 가장 잘 나타낼 수 있는 본질적인 부분만을 취하고, _____ 그 결과 여백이 생기게 된 것이다. 이 여백은 하늘일 수도 있고 땅일 수도 있으며, 혹은 화면에서 제거된 기타 여러 가지일 수도 있다. 그런데 여백은 단순히 비어 있는 공간은 아니다. 그것은 주제를 돋보이게 할 뿐 아니라 동시에 화면의 의경(意境)을 확대시킨다. 당나라 시대 백거이는 '비파행(琵琶行)'이라는 유명한 시에서 악곡이 쉬는 부분을 묘사할 때, "이 때에는 소리를 내지 않는 것이 소리를 내는 것보다 더 낫다."라고 하였다. 여기서 '일시적으로 소리를 쉬는 것'은 악곡 선율의 연속인데, 이는 '뜻은 다 달았으되 붓이 닿지 않은 것'과 같은 뜻이다. 이로 인해 보는 이는 상상력을 발휘할 수 있는 여지를 더 많이 가질 수 있고, 동시에 작품은 예술적 공감대를 확대하게 된다.

① 풍경을 최대한 자세하게 표현한다.
② 주변 인물들의 표정을 과장되게 묘사한다.
③ 주제와 관련 없는 부분을 화면에서 제거한다.
④ 나머지는 추상적으로 표현하여 궁금증을 유발시킨다.
⑤ 화면을 여러 가지 화려한 색으로 채색한다.

12. 다음은 해외이주자의 외화송금에 대한 설명이다. 옳지 않은 것은?

1. 필요서류
   • 여권 또는 여권 사본
   • 비자 사본 또는 영주권 사본
   • 해외이주신고확인서(환전용) – 국내로부터 이주하는 경우
   • 현지이주확인서(이주비환전용) – 현지이주의 경우
   • 세무서장이 발급한 자금출처 확인서 – 해외이주비 총액이 10만불 초과 시
2. 송금한도 등
   한도 제한 없음
3. 송금방법
   농협은행 영업점을 거래외국환은행으로 지정한 후 송금 가능
4. 알아야 할 사항
   • 관련법규에 의해 해외이주자로 인정받은 날로부터 3년 이내에 지정거래외국환은행을 통해 해외이주비를 지급받아야 함
   • 해외이주자에게는 해외여행경비를 지급할 수 없음

① 송금 한도에는 제한이 없다.
② 국내로부터 이주하는 경우 해외이주신고확인서(환전용)가 필요하다.
③ 관련법규에 의해 해외이주자로 인정받은 날로부터 3년 이내에 지정거래외국환은행을 통해 해외이주비를 지급받아야 한다.
④ 농협은행 영업점을 거래외국환은행으로 지정한 후 송금이 가능하다.
⑤ 해외이주자의 외화송금에서 반드시 필요한 서류 중 하나는 세무서장이 발급한 자금출처 확인서다.

13. 다음은 우리나라 주요 과채 재배지의 평년과 2015년 월 평균 기온을 비교한 표이다. 표에 대한 설명으로 옳지 않은 것은?

(단위 : ℃)

구분	3월		4월		5월		6월		7월	
	평년	15년	평년	15년	평년	15년	평년	15년	평년	15년
부산	8.7	9.8	13.6	14.6	17.6	18.7	20.8	21.4	24.3	24.8
울산	7.9	9.5	13.5	14.4	18.0	19.9	21.5	21.7	25.1	25.9
거창	5.4	6.8	11.7	12.5	16.8	17.6	21.0	20.9	24.2	23.9
부여	5.2	7.2	11.6	13.2	17.4	17.8	22.0	22.4	25.1	25.1
안동	4.5	7.5	11.5	13.9	17.3	18.6	21.9	21.7	24.6	25.4
임실	4.2	5.8	10.5	11.7	16.1	16.5	20.6	20.8	24.0	23.5
봉화	3.4	4.2	9.8	19.3	15.2	15.6	19.5	19.6	22.7	22.9
이천	4.9	7.0	11.7	13.2	17.4	17.9	21.8	22.1	24.5	25.0
춘천	4.5	7.0	11.5	13.5	17.3	18.9	21.9	23.1	24.6	25.7
철원	3.4	5.6	10.4	12.3	16.4	17.4	21.0	21.5	23.6	24.5

① 2015년 3월의 경우 크게는 3℃(안동)에서 가장 작게는 0.8℃ (봉화) 가량 평년보다 높은 월 평균 기온을 보이고 있다.

② 2015년 3월 부산의 평균기온은 철원보다 4.2℃ 높다.

③ 2015년 4월에도 평년보다 높은 이상고온이 계속 이어졌 으며 특히 봉화의 경우 그 차이가 9.5℃에 달했다.

④ 2015년 5월, 6월, 7월에도 여전히 관측 대상 전 지역에서 평 년보다 높은 기온을 나타내고 있다.

⑤ 6월, 7월이 되면서 지역적으로 편차는 있지만 2015년과 평년기온은 2.0℃ 이상 차이를 보이지 않는다.

14. 다음 글을 바탕으로 하여 빈칸을 쓰되 예시를 사용하여 구체 적으로 진술하고자 할 때, 가장 적절한 것은?

> 사람들은 경쟁을 통해서 서로의 기술이나 재능을 최대한 발 휘할 수 있는 기회를 갖게 된다. 즉, 개인이나 집단이 남보다 먼저 목표를 성취하려면 가장 효과적으로 목표에 접근하여야 하며 그러한 경로를 통해 경제적으로나 시간적으로 가장 효율 적으로 목표를 성취한다면 사회 전체로 볼 때 이익이 된다. 그 러나 이러한 경쟁에 전제되어야 할 것은 많은 사람들의 합의로 정해진 경쟁의 규칙을 반드시 지켜야 한다는 것이다. 즉,
> _____

① 농구나 축구, 마라톤과 같은 운동 경기에서 규칙과 스포 츠맨십이 지켜져야 하는 것처럼 경쟁도 합법적이고 도덕 적인 방법으로 이루어져야 하는 것이다.

② 21세기의 무한 경쟁 시대에 우리가 살아남기 위해서는 기 초 과학 분야에 대한 육성 노력이 더욱 필요한 것이다.

③ 지구, 금성, 목성 등의 행성들이 태양을 중심으로 공전하 는 것처럼 경쟁도 하나의 목표를 향하여 질서 있는 정진 (精進)이 필요한 것이다.

④ 가수는 가창력이 있어야 하고, 배우는 연기에 대한 재능 이 있어야 하듯이 경쟁은 자신의 적성과 소질을 항상 염 두에 두고 이루어져야 한다.

⑤ 모로 가도 서울만 가면 된다고 어떤 수단과 방법을 쓰든 경쟁에서 이기기만 하면 되는 것이다.

15. 다음 제시된 조건을 보고, 만일 영호와 옥숙을 같은 날 보낼 수 없다면, 목요일에 보내야 하는 남녀사원은 누구인가?

영업부의 박 부장은 월요일부터 목요일까지 매일 남녀 각 한 명씩 두 사람을 회사 홍보 행사 담당자로 보내야 한다. 영업부에는 현재 남자 사원 4명(길호, 철호, 영호, 치호)과 여자 사원 4명(영숙, 옥숙, 지숙, 미숙)이 근무하고 있으며, 다음과 같은 제약 사항이 있다.

㉠ 매일 다른 사람을 보내야 한다.
㉡ 치호는 철호 이전에 보내야 한다.
㉢ 옥숙은 수요일에 보낼 수 없다.
㉣ 철호와 영숙은 같이 보낼 수 없다.
㉤ 영숙은 지숙과 미숙 이후에 보내야 한다.
㉥ 치호는 영호보다 앞서 보내야 한다.
㉦ 옥숙은 지숙 이후에 보내야 한다.
㉧ 길호는 철호를 보낸 바로 다음 날 보내야 한다.

① 길호와 영숙
② 영호와 영숙
③ 치호와 옥숙
④ 길호와 옥숙
⑤ 영호와 미숙

│16~17│ 다음은 ELD 상품설명서의 일부이다. 물음에 답하시오.

〈거래조건〉		
구분		**금리**
적용금리	모집기간 중	큰 만족 실세예금 1년 고시금리
	계약기간 중 중도해지	없음
	만기 후	원금의 연 0.10%
중도해지 수수료율 (원금기준)	예치기간 3개월 미만	• 개인 원금의 0.38% • 법인 원금의 0.38%
	예치기간 3개월 이상~6개월 미만	• 개인 원금의 0.29% • 법인 원금의 0.30%
	예치기간 6개월 이상~9개월 미만	• 개인 원금의 0.12% • 법인 원금의 0.16%
	예치기간 9개월 이상~12개월 미만	원금의 0.00%
이자지급 방식	만기일시지급식	
계약의 해지	영업점에서 해지 가능	

〈유의사항〉
• 예금의 원금보장은 만기 해지 시에만 적용된다.
• 이 예금은 분할해지 할 수 없으며 중도해지 시 중도해지수수료 적용으로 원금손실이 발생할 수 있다. (중도해지수수료는 '가입액 × 중도해지수수료율'에 의해 결정)
• 이 예금은 예금기간 중 지수가 목표지수변동률을 넘어서 지급금리가 확정되더라도 이자는 만기에만 지급한다.
• 지수상승에 따른 수익률(세전)은 실제 지수상승률에도 불구하고 연 4.67%를 최대로 한다.

16. 석준이는 개인이름으로 최초 500만 원의 원금을 가지고 이 상품에 가입했다가 불가피한 사정으로 5개월 만에 중도해지를 했다. 이때 석준이의 중도해지 수수료는 얼마인가?

① 6,000원
② 8,000원
③ 14,500원
④ 15,000원
⑤ 19,000원

17. 상원이가 이 예금에 가입한 후 증시 호재로 인해 지수가 약 29% 상승하였다. 이 경우 상원이의 최대 수익률은 연 몇 %인가? (단, 수익률은 세전으로 한다)

① 연 1.35%
② 연 4.67%
③ 연 14.5%
④ 연 21%
⑤ 연 29%

18. 다음에 주어진 조건이 모두 참일 때 옳은 결론을 고르면?

• 모든 A는 B다.
• 모든 B는 C이다.
• 어떤 D는 B다.
• 어떠한 E도 B가 아니다.

A : 모든 A는 C다.
B : 어떤 C는 B다.

① A만 옳다.
② B만 옳다.
③ A와 B 모두 옳다.
④ A와 B 모두 그르다.
⑤ A와 B 모두 옳은지 그른지 알 수 없다.

19. 입사 2년차인 P씨와 같은 팀원들은 하루에도 수십 개씩의 서류를 받는다. 각자 감당할 수 없을 만큼의 서류가 쌓이다보니 빨리 처리해야 할 업무가 무엇인지 나중에 해도 되는 업무가 무엇인지 확인이 되지 않았다. 이런 상황에서 P씨가 가장 먼저 취해야 할 행동으로 가장 적절한 것은?

① 같은 팀원이자 후배인 K씨에게 서류정리를 시킨다.

② 가장 높은 상사의 일부터 처리한다.

③ 보고서와 주문서 등을 종류별로 정리하고 중요내용을 간추려 메모한다.

④ 눈앞의 급박한 상황들을 먼저 처리한다.

⑤ 가장 오래 전에 받은 것부터 처리한다.

20. 다음은 최근 4년간 산업부문별 부가가치유발계수를 나타낸 표이다. 표에 대한 설명으로 옳지 않은 것은?

구분	2012년	2013년	2014년	2015년
전 부문 평균	0.703	0.679	0.673	0.687
농업	0.796	0.786	0.773	0.777
화학제품 제조업	0.492	0.460	0.448	0.478
기계 및 장비 제조업	0.642	0.613	0.618	0.646
전기 및 전자기기 제조업	0.543	0.495	0.511	0.524
건설업	0.717	0.695	0.696	0.714
음식점 및 숙박업	0.761	0.734	0.733	0.751
정보통신 및 방송업	0.800	0.786	0.781	0.792
금융 및 보험업	0.848	0.843	0.827	0.835

※ 부가가치유발계수란 최종 수요가 한 단위 발생할 경우 국민경제 전체에서 직·간접으로 유발되는 부가가치 단위를 보여주는 계수를 말한다.

① 농업의 부가가치유발계수는 최근 4년간 꾸준히 소폭 하락하고 있다.

② 최근 4년 동안 농업의 부가가치유발계수는 정보통신 및 방송업, 금융 및 보험업의 그것을 제외하고 가장 높은 수치를 나타냈다.

③ 2015년 농업의 부가가치유발계수가 0.777이라는 것은 국산 농산물에 대한 최종 수요가 1,000원 발생할 경우 국가 전체적으로 777원의 부가가치를 발생시켰음을 의미한다.

④ 농업은 최근 4년간 꾸준히 부가가치유발계수가 전 산업부문 평균 대비 높은 수준을 보였다.

⑤ 농업은 다른 산업에 비해 부가가치유발계수가 높은 편에 속한다.

21. 다음은 신입사원 이○○이 작성한 '최근 국내외 여러 상품의 가격 변화 조사 보고서'의 일부이다. 보고서에서 ⑺~⒟에 들어갈 말이 바르게 짝지어진 것은?

〈최근 국내외 여러 상품의 가격 변화 조사 보고서〉

작성자 : 이○○

※ 고려 사항
• 옥수수와 밀의 경작지 면적은 한정되어 있다.
• 옥수수는 바이오 에탄올 생산에 사용된다.
• 밀가루는 라면의 주원료이다.
• 바이오 에탄올은 원유의 대체 에너지로 사용된다.

※ 상품 가격의 변화

국제 유가의 빠른 상승	→	국제 옥수수 가격의 ⑺	→	국제 밀 가격의 ⒝	→	국제 라면 가격의 ⒟

	⑺	⒝	⒟
①	상승	상승	상승
②	상승	상승	하락
③	하락	상승	하락
④	하락	하락	상승
⑤	불변	하락	불변

22. 제시된 자료는 ○○병원 직원의 병원비 지원에 대한 내용이다. 다음 중 A~D 직원 4명의 총 병원비 지원 금액은 얼마인가?

병원비 지원 기준

■ 임직원 본인의 수술비 및 입원비 : 100% 지원
■ 임직원 가족의 수술비 및 입원비
• 임직원의 배우자 : 90% 지원
• 임직원의 직계 존·비속 : 80%
• 임직원의 형제 및 자매 : 50%(단, 직계 존·비속 지원이 우선되며, 해당 신청이 없을 경우에 한하여 지급한다.)
• 병원비 지원 신청은 본인 포함 최대 3인에 한한다.

병원비 신청 내역

A 직원	본인 수술비 300만 원, 배우자 입원비 50만 원
B 직원	배우자 입원비 50만 원, 딸 수술비 200만 원
C 직원	본인 수술비 300만 원, 아들 수술비 400만 원
D 직원	본인 입원비 100만 원, 어머니 수술비 100만 원, 남동생 입원비 50만 원

① 1,200만 원 ② 1,250만 원

③ 1,300만 원 ④ 1,350만 원

⑤ 1,400만 원

23. 다음의 내용을 논리적 흐름이 자연스럽도록 순서대로 배열한 것은?

> ㉠ 사물은 저것 아닌 것이 없고, 또 이것 아닌 것이 없다. 이쪽에서 보면 모두가 저것, 저쪽에서 보면 모두가 이것이다.
> ㉡ 그러므로 저것은 이것에서 생겨나고, 이것 또한 저것에서 비롯된다고 한다. 이것과 저것은 저 혜시(惠施)가 말하는 방생(方生)의 설이다.
> ㉢ 그래서 성인(聖人)은 이런 상대적인 방법에 의하지 않고, 그것을 절대적인 자연의 조명(照明)에 비추어 본다. 그리고 커다란 긍정에 의존한다. 거기서는 이것이 저것이고 저것 또한 이것이다. 또 저것도 하나의 시비(是非)이고 이것도 하나의 시비이다. 과연 저것과 이것이 있다는 말인가. 과연 저것과 이것이 없다는 말인가.
> ㉣ 그러나 그, 즉 혜시(惠施)도 말하듯이 삶이 있으면 반드시 죽음이 있고, 죽음이 있으면 반드시 삶이 있다. 역시 된다가 있으면 안 된다가 있고, 안 된다가 있으면 된다가 있다. 옳다에 의거하면 옳지 않다에 기대는 셈이 되고, 옳지 않다에 의거하면 옳다에 의지하는 셈이 된다.

① ㉠ - ㉡ - ㉢ - ㉣
② ㉠ - ㉡ - ㉣ - ㉢
③ ㉠ - ㉢ - ㉡ - ㉣
④ ㉠ - ㉣ - ㉡ - ㉢
⑤ ㉠ - ㉣ - ㉢ - ㉡

24. 다음은 산업안전관리법에 따른 안전관리자 선임 기준을 나타낸 자료이다. 다음 기준에 근거하여 안전관리자 선임 조치가 법을 위반하지 않은 경우를 〈보기〉에서 모두 고르면? (단, 언급된 모든 공사는 상시 근로자 600명 미만의 건설업이라고 가정한다.)

> 안전관리자(산업안전관리법 제15조)
> 가. 정의
> - 사업장내 산업안전에 관한 기술적인 사항에 대하여 사업주와 관리책임자를 보좌하고 관리감독자에게 지도·조언을 하는 자.
> 나. 안전관리자 선임 대상
> - 공사금액 120억 원(토목공사 150억 원) 이상인 건설현장
> 다. 안전관리자 자격 및 선임 방법
> 　1) 안전관리자의 자격(다음 중 어느 하나에 해당하는 자격 취득 자)
> 　　① 법 제52조의2 제1항의 규정에 의한 산업안전지도사
> 　　② 국가기술자격법에 의한 산업안전산업기사 이상의 자격 취득 자
> 　　③ 국가기술자격법에 의한 건설안전산업기사 이상의 자격 취득 자
> 　　④ 고등교육법에 의한 전문대학 이상의 학교에서 산업안전 관련학과를 전공하고 졸업한 자
> 　　⑤ 건설현장에서 안전보건관리책임자로 10년 이상 재직한 자 등

> 　2) 안전관리자 선임 방법
> 　　① 공사금액 120억 원(토목공사 150억 원) 이상 800억 원 미만 : 안전관리자 유자격자 1명 전담 선임
> 　　② 공사금액 800억 원 이상 : 2명(800억 원을 기준으로 700억 원이 증가할 때마다 1명씩 추가)
>
> [총 공사금액 800억 원 이상일 경우 안전관리자 선임 방법]
> 1. 전체 공사기간을 100으로 하여 공사 시작에서 15에 해당하는 기간
> → 건설안전기사, 건설안전산업기사, 건설업 안전관리자 경험자 중 건설업 안전관리자 경력이 3년 이상인 사람 1명 포함 선임
> 2. 전체 공사기간을 100으로 하여 공사 시작 15에서 공사 종료 전의 15까지에 해당하는 기간
> → 공사금액 800억 원을 기준으로 700억 원이 증가할 때마다 1명씩 추가
> 3. 전체 공사기간을 100으로 하여 공사 종료 전의 15에 해당하는 기간
> → 건설안전기사, 건설안전산업기사, 건설업 안전관리자 경험자 중 건설업 안전관리자 경력이 3년 이상인 사람 1명 포함 선임
> ※ 공사기간 5년 이상의 장기계속공사로서 공사금액이 800억 원 이상인 경우에도 상시 근로자 수가 600명 미만일 때 회계연도를 기준으로 그 회계연도의 공사금액이 전체 공사금액의 5퍼센트 미만인 기간에는 전체 공사금액에 따라 선임하여야 할 안전관리자 수에서 1명을 줄여 선임 가능(건설안전기사, 건설안전산업기사, 건설업 안전관리자 자격자 중 건설업 안전관리자 경력이 3년 이상인 사람 1명 포함)
> ※ 유해·위험방지계획서 제출대상으로서 선임하여야 할 안전관리자의 수가 3명 이상인 사업장의 경우 건설안전기술사(건설안전기사 또는 산업안전기사의 자격을 취득한 사람으로서 10년 이상 건설안전 업무를 수행한 사람이거나 건설안전산업기사 또는 산업안전산업기사의 자격을 취득한 사람으로서 13년 이상 건설안전 업무를 수행한 사람을 포함) 자격을 취득한 사람 1명 포함

> 〈보기〉
> ㈎ A공사는 토목공사 130억 원 규모이며 별도의 안전관리자를 선임하지 않았다.
> ㈏ B공사는 일반공사 150억 원 규모이며 자격증이 없는 산업안전 관련학과 전공자를 1명 선임하였다.
> ㈐ C공사는 1,500억 원 규모이며 공사 기간 내내 산업안전산업기사 자격증 취득 자 1명, 건설현장에서 안전보건관리책임자 12년 경력자 1명, 2년 전 건설안전산업기사 자격증 취득 자 1명 등 3명을 안전관리자로 선임하였다.
> ㈑ D공사는 6년에 걸친 1,600억 원 규모의 장기계속공사이며 1년 차에 100억 원 규모의 공사가 진행될 예정이므로 산업안전지도사 자격증 취득자와 산업안전산업기사 자격증 취득 자 각 1명씩을 안전관리자로 선임하였다.

① ㈎, ㈐
② ㈏, ㈑
③ ㈐, ㈑
④ ㈎, ㈏
⑤ ㈏, ㈐

25. 다음의 명제가 참일 때, 보기 중 항상 참인 것은?

> • 자동차 수리를 잘 하는 사람은 자전거도 잘 고친다.
> • 자동차 수리를 잘 하지 못하는 사람은 가전제품도 잘 고치지 못한다.

① 자동차 수리를 잘 하지 못하는 사람은 자전거도 잘 고치지 못한다.
② 자전거를 잘 고치는 사람은 가전제품을 잘 고친다.
③ 가전제품을 잘 고치지 못하는 사람은 자동차 수리도 잘 하지 못한다.
④ 자전거를 잘 고치는 사람은 자동차 수리를 잘 하지 못한다.
⑤ 가전제품을 잘 고치는 사람은 자전거도 잘 고친다.

26. 당신은 현재 부서에서 약 2년간 근무를 하였다. 그런데 이번 인사를 통하여 기획실로 발령이 났다. 그런데 기획실은 지금까지 일해오던 부서와는 달리 부서원들이 아주 공격적이며 타인에게 무관심하고 부서원들 간 인간적 교류도 거의 없다. 또한 새로운 사람들에게 대단히 배타적이라 당신이 새로운 부서에 적응하는 것을 어렵게 하고 있다. 그렇다면 당신은 어떻게 행동할 것인가?

① 기획실의 분위기를 바꾸기 위해 노력한다.
② 다소 힘이 들더라도 기획실의 분위기에 적응하도록 노력한다.
③ 회사를 그만 둔다.
④ 이전 부서 동료 및 상사에게 상담한다.
⑤ 사내 게시판에 기획실 분위기에 대한 욕을 한다.

27. 수능시험을 자격시험으로 전환하자는 의견에 대한 여론조사 결과 다음과 같은 결과를 얻었다면 이를 통해 내릴 수 있는 결론으로 타당하지 않는 것은?

교육수준	중졸이하		고교중퇴 및 고졸		전문대중퇴 이상		전체	
조사대상지역	A	B	A	B	A	B	A	B
지지율(%)	67.9	65.4	59.2	53.8	46.5	32	59.2	56.8

① 지지율은 학력이 낮을수록 증가한다.
② 조사대상자 중 A지역주민이 B지역주민보다 저학력자의 지지율이 높다.
③ 학력의 수준이 동일한 경우 지역별 지지율에 차이가 나타난다.
④ 조사대상자 중 A지역의 주민 수는 B지역의 주민 수보다 많다.
⑤ 교육수준이 높을수록 A지역과 B지역의 지지율 격차는 벌어진다.

28. 다음 운송비 표를 참고할 때, 박스의 규격이 28 × 10 × 10(inch)인 실제 무게 18파운드짜리 솜 인형을 배송할 경우, A배송사에서 적용하는 운송비는 얼마인가? (1inch = 2.54cm이며, 물품의 무게는 반올림하여 정수로 표시한다. 물품의 무게 이외의 다른 사항은 고려하지 않는다.)

> 항공 배송의 경우, 비행기 안에 많은 공간을 차지하게 되는 물품은 그렇지 않은 물품을 적재할 때보다 비용 면에서 항공사 측에 손해가 발생하게 된다. 비행기 안에 스티로폼 200박스를 적재하는 것과 스마트폰 2,000개를 적재하는 것을 생각해 보면 쉽게 이해할 수 있다. 이 경우 항공사 측에서는 당연히 스마트폰 2,000개를 적재하는 것이 더 경제적일 것이다. 이와 같은 문제로 거의 모든 항공 배송사에선 제품의 무게에 비해 부피가 큰 제품들은 '부피무게'를 따로 정해서 운송비를 계산하게 된다. 이때 사용하는 부피무게 측정 방식은 다음과 같다.
>
> 부피무게(파운드) = 가로(inch) × 세로(inch) × 높이(inch) ÷ 166

A배송사는 물건의 무게에 다음과 같은 규정을 적용하여 운송비를 결정한다.
1. 실제 무게 < 부피무게 → 부피무게
2. 실제 무게 > 부피무게이지만 박스의 어느 한 변의 길이가 50cm 이상인 경우 → (실제 무게 + 부피무게) × 60%

17파운드 미만	14,000원	19~20파운드 미만	17,000원
17~18파운드 미만	15,000원	20~21파운드 미만	18,000원
18~19파운드 미만	16,000원	21~22파운드 미만	19,000원

① 15,000원
② 16,000원
③ 17,000원
④ 18,000원
⑤ 19,000원

29. 다음은 이 대리가 휴가 기간 중 할 수 있는 활동 내역을 정리한 표이다. 집을 출발한 이 대리가 활동을 마치고 다시 집으로 돌아올 경우 전체 소요시간이 가장 짧은 것은 어느 것인가?

활동	이동수단	거리	속력	목적지 체류시간
당구장	전철	12km	120km/h	3시간
한강공원 라이딩	자전거	30km	15km/h	–
파워워킹	도보	5.4km	3km/h	–
북카페 방문	자가용	15km	50km/h	2시간
영화관	버스	20km	80km/h	3시간

① 당구장

② 한강공원 라이딩

③ 파워워킹

④ 북카페 방문

⑤ 영화관

30. 다음 중 아래 시트에서 수식 ‘=MOD(A3:A4)’의 값과 수식 ‘=MODE(A1:A9)’의 값으로 바르게 나열한 것은?

	A
1	6
2	8
3	7
4	6
5	1
6	3
7	4
8	6
9	3

① 1, 3

② 1, 6

③ 1, 8

④ 2, 3

⑤ 2, 6

31. 다음에 주어진 조건이 모두 참일 때 옳은 결론을 고르면?

- 어떤 육식동물은 춤을 잘 춘다.
- 모든 호랑이는 노래를 잘한다.
- 모든 늑대는 춤을 잘 춘다.
- 호랑이와 늑대는 육식동물이다.

A : 어떤 육식동물은 노래를 잘한다.
B : 모든 늑대는 노래를 잘한다.

① A만 옳다.

② B만 옳다.

③ A와 B 모두 옳다.

④ A와 B 모두 그르다.

⑤ A와 B 모두 옳은지 그른지 알 수 없다.

32. 다음은 서원고등학교 A반과 B반의 시험성적에 관한 표이다. 이에 대한 설명으로 옳지 않은 것은?

분류	A반 평균		B반 평균	
	남학생(20명)	여학생(15명)	남학생(15명)	여학생(20명)
국어	6.0	6.5	6.0	6.0
영어	5.0	5.5	6.5	5.0

① 국어과목의 경우 A반 학생의 평균이 B반 학생의 평균보다 높다.

② 영어과목의 경우 A반 학생의 평균이 B반 학생의 평균보다 낮다.

③ 2과목 전체 평균의 경우 A반 여학생의 평균이 B반 남학생의 평균보다 높다.

④ 2과목 전체 평균의 경우 A반 남학생의 평균은 B반 여학생의 평균과 같다.

⑤ A, B반 남학생, 여학생 통틀어 2과목 전체 평균이 가장 높은 그룹은 B반 남학생 그룹이다.

33. 다음에 주어진 조건이 모두 참일 때 옳은 결론을 고르면?

- A는 B의 딸이다.
- E와 G는 부부이다.
- F는 G의 친손녀이다.
- E는 D의 엄마이다.
- C는 A와 D의 아들이다.

A : B는 C의 외할아버지이다.
B : E는 C의 친할머니이다.

① A만 옳다.
② B만 옳다.
③ A와 B 모두 옳다.
④ A와 B 모두 그르다.
⑤ A와 B 모두 옳은지 그른지 알 수 없다.

34. 다음은 아동·청소년의 인구변화에 관한 표이다. 다음 중 비율이 가장 높은 것은?

(단위 : 명)

연령＼연도	2000년	2005년	2010년
전체 인구	44,553,710	45,985,289	47,041,434
0~24세	18,403,373	17,178,526	15,748,774
0~9세	6,523,524	6,574,314	5,551,237
10~24세	11,879,849	10,604,212	10,197,537

① 2000년의 전체 인구 중에서 0~24세 사이의 인구가 차지하는 비율
② 2005년의 0~24세 인구 중에서 10~24세 사이의 인구가 차지하는 비율
③ 2010년의 전체 인구 중에서 0~24세 사이의 인구가 차지하는 비율
④ 2000년의 0~24세 인구 중에서 10~24세 사이의 인구가 차지하는 비율
⑤ 2005년의 0~24세 인구 중에서 0~9세 사이의 인구가 차지하는 비율

35. 다음은 최근 10년 동안 우리나라의 칠레산 농축산물 수입액 추이를 나타낸 표이다. 최근 10년 동안 농산물 수입액은 약 몇 배 증가하였는가?

(단위 : 천 달러, %, 배)

구분	2003년	2008년	2012년	2013년
농산물	21,825(0.4)	109,052(0.8)	222,161(1.2)	268,655(1.4)
포도	13,656(35.1)	64,185(58.2)	117,935(60.3)	167,016(71.1)
키위	1,758(7.8)	3,964(6.9)	12,391(18.5)	11,998(27.6)
축산물	30,530(1.4)	92,492(2.8)	135,707(2.9)	114,442(2.4)
돼지고기	30,237(15.4)	89,508(10.2)	125,860(10.4)	102,477(11.2)
임산물	16,909(0.9)	37,518(1.3)	355,332(5.9)	398,595(6.1)
합계	69,264(0.7)	239,062(1.2)	713,200(2.4)	781,692(2.6)

※ 괄호 안의 숫자는 우리나라 총 수입에서 칠레산이 차지하는 비율이다.

① 약 12.1배
② 약 12.3배
③ 약 12.5배
④ 약 12.7배
⑤ 약 12.9배

36. 농협은행의 PB고객인 두환이는 대출을 받기 위해 농협은행의 '우수고객 인터넷 무보증 신용대출'이란 상품을 알아봤다. 다음은 해당 상품에 대한 간략한 설명으로 두환이는 이 상품을 통해 최대 얼마까지 대출을 받을 수 있는가?

우수고객 인터넷 무보증 신용대출

1. 상품특징
   농협은행 PB고객 및 하나로 가족 고객을 위한 우수고객 전용 인터넷 대출
2. 대출대상
   농협은행 PB고객 및 하나로 가족 고객(탑 클래스 고객, 골드 고객, 로얄 고객)
3. 대출한도
   • PB고객(로얄 프레스티지, 로얄 아너스, 로얄 스페셜) : 최대 6,000만 원 이내
   • 탑 클래스 고객 : 최대 6,000만 원 이내
   • 골드 고객 : 최대 3,000만 원 이내
   • 로얄 고객 : 최대 2,000만 원 이내
   * 대출가능금액 산출 시 농협은행 및 타 금융기관의 대출금액(신용, 담보)을 모두 차감함
4. 상환방법
   종합통장(마이너스 대출) : 1개월 이상 1년 이내(1년 단위로 연장 가능)
5. 담보 및 보증 여부
   무보증 신용

① 최대 6,000만 원 이내

② 최대 5,000만 원 이내

③ 최대 4,000만 원 이내

④ 최대 3,000만 원 이내

⑤ 최대 2,000만 원 이내

37. 다음의 알고리즘에서 인쇄되는 S는?

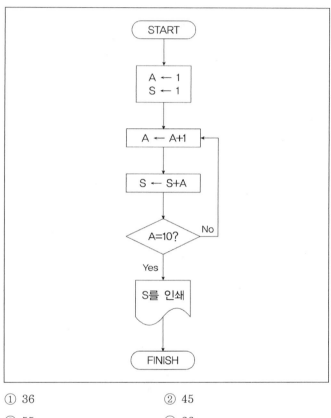

① 36

② 45

③ 55

④ 66

⑤ 77

▌38~40▐ 다음은 GDP와 GNI에 관련된 설명이다. 물음에 답하시오.

'GDP(국내총생산)'는 국민경제 전체의 생산 수준을 파악할 수 있는 지표인데, 한 나라 안에서 일정 기간 동안 새로 생산된 최종 생산물의 가치를 모두 합산한 것이다. GDP를 계산할 때는 총 생산물의 가치에서 중간생산물의 가치를 빼는데, 그 결과는 최종 생산물의 가치의 총합과 동일하다. 다만 GDP를 산출할 때는 그해에 새로 생산된 재화와 서비스 중 화폐로 매매된 것만 계산에 포함하고, 화폐로 매매되지 않은 것은 포함하지 않는다.

그런데 상품 판매 가격은 물가 변동에 따라 오르내리기 때문에 GDP를 집계 당시의 상품 판매 가격으로 산출하면 그 결과는 물가 변동의 영향을 그대로 받는다. 올해에 작년과 똑같은 수준으로 재화를 생산하고 판매했더라도 올해 물가 변동에 따라 상품 판매 가격이 크게 올랐다면 올해 GDP는 가격 상승분만큼 부풀려져 작년 GDP보다 커진다.

이런 까닭으로 올해 GDP가 작년 GDP보다 커졌다 하더라도 생산 수준이 작년보다 실질적으로 올랐다고 볼 수는 없다. 심지어 GDP가 작년보다 커졌더라도 실질적으로 생산 수준이 떨어졌을 수도 있는 것이다.

그래서 실질적인 생산 수준을 판단할 수 있는 GDP를 산출할 필요가 있다. 그러자면 먼저 어느 해를 기준 시점으로 정해 놓고, 산출하고자 하는 해의 가격을 기준 시점의 물가 수준으로 환산해 GDP를 산출하면 된다. 기준 시점의 물가 수준으로 환산해 산출한 GDP를 '실질 GDP'라고 하고, 기준 시점의 물가 수준으로 환산하지 않은 GDP를 실질 GDP와 구분하기 위해 '명목 GDP'라고 부르기도 한다. 예를 들어 기준 시점을 1995년으로 하여 2000년의 실질 GDP를 생각해 보자. 1995년에는 물가 수준이 100이었고 명목 GDP는 3천 원이며, 2000년에는 물가 수준은 200이고 명목 GDP는 6천 원이라고 가정하자. 이 경우 명목 GDP는 3천 원에서 6천 원으로 늘었지만, 물가 수준 역시 두 배로 올랐으므로 결국 실질 GDP는 동일하다.

경제가 실질적으로 얼마나 성장했는지 알려면 실질 GDP의 추이를 보는 것이 효과적이므로 실질 GDP는 경제성장률을 나타내는 공식 경제지표로 활용되고 있다. 금년도의 경제성장률은 아래와 같은 식으로 산출할 수 있다.

$$경제성장률 = \frac{금년도\ 실질GDP - 전년도\ 실질GDP}{전년도\ 실질GDP} \times 100(\%)$$

경제지표 중 GDP만큼 중요한 'GNI(국민총소득)'라는 것도 있다. GNI는 GDP에 외국과 거래하는 교역 조건의 변화로 생기는 실질적 무역 손익을 합산해 집계한다. 그렇다면 ㉠GDP가 있는데도 GNI를 따로 만들어 쓰는 이유는 무엇일까? 만약 수입 상품 단가가 수출 상품 단가보다 올라 대외 교역 조건이 나빠지면 전보다 많은 재화를 생산·수출하고도 제품·부품 수입 비용이 증가하여 무역 손실이 발생할 수도 있다. 이때 GDP는 무역 손실에 따른 실질 소득의 감소를 제대로 반영하지 못하기 때문에 GNI가 필요한 것이다. 결국 GDP가 국민경제의 크기와 생산 능력을 나타내는 데 중점을 두는 지표라면 GNI는 국민경제의 소득 수준과 소비 능력을 나타내는 데 중점을 두는 지표라고 할 수 있다.

38. 위의 설명과 일치하지 않는 것은?

① 상품 판매 가격은 물가 변동의 영향을 받는다.

② GDP는 최종 생산물의 가치의 총합으로 계산할 수 있다.

③ 화폐로 매매되지 않은 것은 GDP 계산에 넣지 않는다.

④ 새로 생산된 재화와 서비스만이 GDP 계산의 대상이 된다.

⑤ GDP는 총 생산물 가치에 중간생산물 가치를 포함하여 산출한다.

39. 위의 설명을 참고하여 다음 상황을 분석한 것으로 적절하지 않은 것은?

아래의 표는 최종 생산물인 X재와 Y재 두 재화만을 생산하는 A국의 연도별 생산액과 물가 수준이다.

	2010년	2011년	2012년
X재의 생산액	2,000원	3,000원	4,000원
Y재의 생산액	5,000원	11,000원	17,000원
물가 수준	100	200	300

※ 기준 연도는 2010년으로 한다.
※ 기준 연도의 실질 GDP는 명목 GDP와 동일한 것으로 간주한다.

① 2012년도의 '명목 GDP'를 산출하면 21,000원이군.
② 2012년도의 '명목 GDP'는 2010년도 대비 3배 늘었군.
③ 2011년도의 '실질 GDP'를 산출하면 7,000원이군.
④ 2012년도는 2010년도보다 실질적으로 생산 수준이 올랐군.
⑤ 2011년도의 경제성장률은 0%이군.

40. ㉠에 대해 문의를 받았을 때, 답변으로 가장 적절한 것은?
① 국가의 총생산 능력을 정확히 재기 위해
② 생산한 재화의 총량을 정확히 재기 위해
③ 생산한 재화의 수출량을 정확히 재기 위해
④ 국가 간의 물가 수준의 차이를 정확히 재기 위해
⑤ 무역 손익에 따른 실질 소득의 증감을 정확히 재기 위해

41. 다음은 대한민국 금융과 유통을 선도하는 농협이 올원카드 고객님께 드리는 특별한 혜택인 '범농협 서비스'에 대한 설명이다. 가장 많은 채움포인트를 적립한 사람은?

▷대상 카드 : NH올원 및 올원 계열상품(올원 하나로, 올원 All100, 올원 Shopping & 11번가, 올원 시럽, 올원 파이)
▷제공 기간 : 2017년 4월 1일~2018년 3월 31일

업종	참여 계열사	주요 서비스
금융	NH농협 (농협은행/ 농·축협)	▶입출식통장 평잔의 0.2% 채움포인트 적립 ▶가계신용대출 납입이자의 1% 채움포인트 적립 ▶환전 및 해외송금 우대환율 80% 적용(농협은행 제공, 농·축협 제외)
	NH농협 투자증권	▶국내 주식 거래 시 순수수료의 0.1% 채움포인트 적립
	NH농협 캐피탈	▶오토리스 실행금액 5천만 원 이상 시 채움포인트 5천점 적립 ▶오토리스 실행금액 5천만 원 미만 시 채움포인트 3천점 적립
	NH농협 저축은행	▶퍼펙트론 및 NH전세론 납입이자의 1% 채움포인트 적립
쇼핑	하나로클럽 ·마트	▶하나로클럽·마트 0.1~0.3% 채움포인트 적립 ▶하나로클럽·마트 5만 원 이상 이용 시 2~3개월 무이자 할부 제공 ▶하나로클럽·마트 매월 특정기간 농산물 및 생활용품 10~30% 현장 할인
	농협a마트	▶농협a마켓 0.2% 채움포인트 적립, 할인 쿠폰 제공
	농협홍삼	▶농협홍삼 0.6% 채움포인트 적립
주유	NH-OIL	▶NH-OIL주유소 기본 0.1% 채움포인트 + 주유소별 최고 0.5% 추가 적립
놀이 공원	안성팜랜드	▶안성팜랜드 입장권 또는 이용액 1만 원 청구 할인 ▶안성팜랜드 입점매장 0.2% 채움포인트 적립
여행/ 렌터카	NH여행	▶농협여행 상품 3% 할인 + 1.5% 채움포인트 적립

① 2017년 3월 14일 NH여행에서 50만 원짜리 농협여행 상품을 올원All100 카드로 결제한 A씨
② 2017년 4월 5일 농협a마켓에서 올원 시럽 카드로 10만 원어치의 장을 본 B씨
③ 2017년 8월 1일 0.3%를 추가로 적립해 주는 NH-OIL주유소에서 주유비로 5만 원을 사용한 C씨

④ 2018년 1월 1일 NH20 해봄 카드로 오토리스 실행금액이 3천만 원인 D씨

⑤ 2018년 2월 14일 안성팜랜드 입점매장에서 올원 하나로 카드로 15만 원어치의 농산물을 구입한 E씨

42. 甲, 乙, 丙은 서울특별시(수도권 중 과밀억제권역에 해당) ○○동 소재 3층 주택 소유자와 각 층별로 임대차 계약을 체결하고 현재 거주하고 있는 임차인들이다. 이들의 보증금은 각각 5,800만 원, 2,000만 원, 1,000만 원이다. 위 주택 전체가 경매절차에서 주택가액 8,000만 원에 매각되었고, 甲, 乙, 丙 모두 주택에 대한 경매신청 등기 전에 주택의 인도와 주민등록을 마쳤다. 乙과 丙이 담보물권자보다 우선하여 변제받을 수 있는 금액의 합은? (단, 확정일자나 경매비용은 무시한다)

제00조
① 임차인은 보증금 중 일정액을 다른 담보물권자(擔保物權者)보다 우선하여 변제받을 권리가 있다. 이 경우 임차인은 주택에 대한 경매신청의 등기 전에 주택의 인도와 주민등록을 마쳐야 한다.
② 제1항에 따라 우선변제를 받을 보증금 중 일정액의 범위는 다음 각 호의 구분에 의한 금액 이하로 한다.
　1. 수도권정비계획법에 따른 수도권 중 과밀억제권역 : 2,000만 원
　2. 광역시(군지역과 인천광역시지역은 제외) : 1,700만 원
　3. 그 밖의 지역 : 1,400만 원
③ 임차인의 보증금 중 일정액이 주택가액의 2분의 1을 초과하는 경우에는 주택가액의 2분의 1에 해당하는 금액까지만 우선변제권이 있다.
④ 하나의 주택에 임차인이 2명 이상이고 그 각 보증금 중 일정액을 모두 합한 금액이 주택가액의 2분의 1을 초과하는 경우, 그 각 보증금 중 일정액을 모두 합한 금액에 대한 각 임차인의 보증금 중 일정액의 비율로 그 주택가액의 2분의 1에 해당하는 금액을 분할한 금액을 각 임차인의 보증금 중 일정액으로 본다.
제00조
전조(前條)에 따라 우선변제를 받을 임차인은 보증금이 다음 각 호의 구분에 의한 금액 이하인 임차인으로 한다.
　1. 수도권정비계획법에 따른 수도권 중 과밀억제권역 : 6,000만 원
　2. 광역시(군지역과 인천광역시지역은 제외) : 5,000만 원
　3. 그 밖의 지역 : 4,000만 원

① 2,200만 원
② 2,300만 원
③ 2,400만 원
④ 2,500만 원
⑤ 2,600만 원

43. 다음 글을 근거로 판단할 때 옳지 않은 것은?

제00조(보증의 방식)
① 보증은 그 의사가 보증인의 기명날인 또는 서명이 있는 서면으로 표시되어야 효력이 발생한다.
② 보증인의 채무를 불리하게 변경하는 경우에도 제1항과 같다.
제00조(채권자의 통지의무 등)
① 채권자는 주채무자가 원본, 이자 그 밖의 채무를 3개월 이상 이행하지 아니하는 경우 또는 주채무자가 이행기에 이행할 수 없음을 미리 안 경우에는 지체 없이 보증인에게 그 사실을 알려야 한다.
② 제1항에도 불구하고 채권자가 금융기관인 경우에는 주채무자가 원본, 이자 그 밖의 채무를 1개월 이상 이행하지 아니할 때에는 지체 없이 그 사실을 보증인에게 알려야 한다.
③ 채권자는 보증인의 청구가 있으면 주채무의 내용 및 그 이행 여부를 보증인에게 알려야 한다.
④ 채권자가 제1항부터 제3항까지의 규정에 따른 의무를 위반한 경우에는 보증인은 그로 인하여 손해를 입은 한도에서 채무를 면한다.
제00조(보증기간 등)
① 보증기간의 약정이 없는 때에는 그 기간을 3년으로 본다.
② 보증기간은 갱신할 수 있다. 이 경우 보증기간의 약정이 없는 때에는 계약체결 시의 보증기간을 그 기간으로 본다.
③ 제1항 및 제2항에서 간주되는 보증기간은 계약을 체결하거나 갱신하는 때에 채권자가 보증인에게 고지하여야 한다.

※ 보증계약은 채무자(乙)가 채권자(甲)에 대한 금전채무를 이행하지 아니하는 경우에 보증인(丙)이 그 채무를 이행하기로 하는 채권자와 보증인 사이의 계약을 말하며, 이때 乙을 주채무자라 한다.

① 보증인 丙이 주채무자 乙의 甲에 대한 금전채무를 보증하기 위해 채권자 甲과 보증계약을 서면으로 체결하지 않으면 그 계약은 무효이다.
② 보증인 丙이 주채무자 乙의 甲에 대한 금전채무를 보증하기 위해 채권자 甲과 보증계약을 체결하면서 보증기간을 약정하지 않으면 그 기간은 3년이다.
③ 주채무자 乙이 원본, 이자 그 밖의 채무를 2개월 이상 이행하지 아니하는 경우, 금융기관이 아닌 채권자 甲은 지체 없이 보증인 丙에게 그 사실을 알려야 한다.
④ 보증인 丙의 청구가 있는데도 채권자 甲이 주채무의 내용 및 그 이행 여부를 丙에게 알려주지 않으면, 丙은 그로 인하여 손해를 입은 한도에서 채무를 면하게 된다.
⑤ 보증인 丙이 주채무자 乙의 甲에 대한 금전채무를 보증하기 위해 채권자 甲과 기간을 2년으로 약정한 보증계약을 체결한 다음, 그 계약을 갱신하면서 기간을 약정하지 않으면 그 기간은 2년이다.

44. 다음은 농협중앙회에서 지원하는 〈귀농인 주택시설 개선사업 개요〉와 〈심사 기초 자료〉이다. 이를 근거로 판단할 때, 지원대상 가구만을 모두 고르면?

〈귀농인 주택시설 개선사업 개요〉
□ 사업목적 : 귀농인의 안정적인 정착을 도모하기 위해 일정 기준을 충족하는 귀농가구의 주택 개·보수 비용을 지원
□ 신청자격 : △△군에 소재하는 귀농가구 중 거주기간이 신청 마감일(2014. 4. 30.) 현재 전입일부터 6개월 이상이고, 가구주의 연령이 20세 이상 60세 이하인 가구
□ 심사기준 및 점수 산정방식
• 신청마감일 기준으로 다음 심사기준별 점수를 합산한다.
• 심사기준별 점수
 (1) 거주기간 : 10점(3년 이상), 8점(2년 이상 3년 미만), 6점(1년 이상 2년 미만), 4점(6개월 이상 1년 미만)
  ※ 거주기간은 전입일부터 기산한다.
 (2) 가족 수 : 10점(4명 이상), 8점(3명), 6점(2명), 4점(1명)
  ※ 가족 수에는 가구주가 포함된 것으로 본다.
 (3) 영농규모 : 10점(1.0ha 이상), 8점(0.5ha 이상 1.0ha 미만), 6점(0.3ha 이상 0.5ha 미만), 4점(0.3ha 미만)
 (4) 주택노후도 : 10점(20년 이상), 8점(15년 이상 20년 미만), 6점(10년 이상 15년 미만), 4점(5년 이상 10년 미만)
 (5) 사업시급성 : 10점(매우 시급), 7점(시급), 4점(보통)
□ 지원내용
• 예산액 : 5,000,000원
• 지원액 : 가구당 2,500,000원
• 지원대상 : 심사기준별 점수의 총점이 높은 순으로 2가구. 총점이 동점일 경우 가구주의 연령이 높은 가구를 지원. 단, 하나의 읍·면당 1가구만 지원 가능

〈심사 기초 자료(2014. 4. 30. 현재)〉

귀농가구	가구주 연령 (세)	주소지 (△△군 읍·면)	전입일	가족 수 (명)	영농 규모 (ha)	주택 노후도 (년)	사업 시급성
甲	49	A	2010. 12. 30	1	0.2	17	매우 시급
乙	48	B	2013. 5. 30	3	1.0	13	매우 시급
丙	56	B	2012. 7. 30	2	0.6	23	매우 시급
丁	60	C	2013. 12. 30	4	0.4	13	시급
戊	33	D	2011. 9. 30	2	1.2	19	보통

① 甲, 乙
② 甲, 丙
③ 乙, 丙
④ 乙, 丁
⑤ 丙, 戊

45. 甲은 가격이 1,000만 원인 자동차 구매를 위해 NH농협은행의 자동차 구매 상품인 A, B, C에 대해서 상담을 받았다. 다음 상담 내용에 따를 때, 〈보기〉에서 옳은 것을 모두 고르면? (단, 총비용으로는 은행에 내야 하는 금액과 수리비만을 고려하고, 등록비용 등 기타 비용은 고려하지 않는다)

• A상품 : 이 상품은 고객님이 자동차를 구입하여 소유권을 취득하실 때, 은행이 자동차 판매자에게 즉시 구입금액 1,000만 원을 지불해 드립니다. 그리고 그 날부터 매월 1,000만 원의 1%를 이자로 내시고, 1년이 되는 시점에 1,000만 원을 상환하시면 됩니다.
• B상품 : 이 상품은 고객님이 원하시는 자동차를 구매하여 고객님께 전달해 드리고, 고객님께서는 1년 후에 자동차 가격에 이자를 추가하여 총 1,200만 원을 상환하시면 됩니다. 자동차의 소유권은 고객님께서 1,200만 원을 상환하시는 시점에 고객님께 이전되며, 그 때까지 발생하는 모든 수리비는 저희가 부담합니다.
• C상품 : 이 상품은 고객님이 원하시는 자동차를 구매하여 고객님께 임대해 드립니다. 1년 동안 매월 90만 원의 임대료를 내시면 1년 후에 그 자동차는 고객님의 소유가 되며, 임대기간 중에 발생하는 모든 수리비는 저희가 부담합니다.

〈보기〉
㉠ 자동차 소유권을 얻기까지 은행에 내야 하는 총금액은 A상품의 경우가 가장 적다.
㉡ 1년 내에 사고가 발생해 50만 원의 수리비가 소요될 것으로 예상한다면 총비용 측면에서 A상품보다 B, C상품을 선택하는 것이 유리하다.
㉢ 최대한 빨리 자동차 소유권을 얻고 싶다면 A상품을 선택하는 것이 가장 유리하다.
㉣ 사고 여부와 관계없이 자동차 소유권 취득 시까지의 총비용 측면에서 B상품보다 C상품을 선택하는 것이 유리하다.

① ㉠, ㉡
② ㉡, ㉢
③ ㉢, ㉣
④ ㉠, ㉡, ㉣
⑤ ㉠, ㉢, ㉣

46. 다음 글과 〈법조문〉을 근거로 판단할 때, 甲이 乙에게 2,000만 원을 1년간 빌려주면서 선이자로 800만 원을 공제하고 1,200만 원만을 준 경우, 乙이 갚기로 한 날짜에 甲에게 전부 변제하여야 할 금액은?

돈이나 물품 등을 빌려 쓴 사람이 돈이나 같은 종류의 물품을 같은 양만큼 갚기로 하는 계약을 소비대차라 한다. 소비대차는 이자를 지불하기로 약정할 수 있고, 그 이자는 일정한 이율에 의하여 계산한다. 이런 이자는 돈을 빌려주면서 먼저 공제할 수도 있는데, 이를 선이자라 한다. 한편 약정 이자의 상한에는 법률상의 제한이 있다.

〈법조문〉

제00조
① 금전소비대차에 관한 계약상의 최고이자율은 연 30%로 한다.
② 계약상의 이자로서 제1항에서 정한 최고이자율을 초과하는 부분은 무효로 한다.
③ 약정금액(당초 빌려주기로 한 금액)에서 선이자를 사전공제한 경우, 그 공제액이 '채무자가 실제 수령한 금액'을 기준으로 하여 제1항에서 정한 최고이자율에 따라 계산한 금액을 초과하면 그 초과부분은 약정금액의 일부를 변제한 것으로 본다.

① 760만 원
② 1,000만 원
③ 1,560만 원
④ 1,640만 원
⑤ 1,800만 원

47. 다음 〈표〉는 2002년부터 2006년까지 NH농협은행이 미국, 호주와 유럽에 투자한 금융자산과 환율을 나타낸 자료이다. 〈표〉를 정리한 것 중 옳지 않은 것은?

〈표1〉 지역별 금융자산 투자규모

연도\지역	미국(억 US$)	호주(억 AU$)	유럽(억 €)
2002	80	70	70
2003	100	65	75
2004	105	60	85
2005	120	80	90
2006	110	85	100

〈표2〉 외국 통화에 대한 환율

연도\환율	₩/US$	₩/AU$	₩/€
2002	1,000	900	800
2003	950	950	850
2004	900	1,000	900
2005	850	950	1,100
2006	900	1,000	1,000

※ ₩/US$는 1미국달러당 원화, ₩/AU$는 1호주달러당 원화, ₩/€는 1유로당 원화

① AU$/US$의 변화 추이

(AU$/US$)

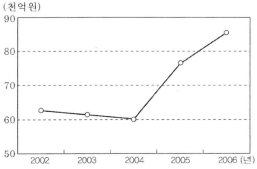

② 원화로 환산한 대호주 금융자산 투자규모 추이

(천억 원)

③ 원화로 환산한 2006년 각 지역별 금융자산 투자비중

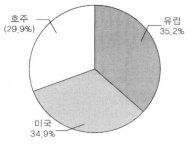

④ 원화로 환산한 대미 금융자산 투자규모 추이

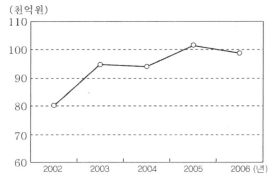

⑤ €/AU$의 변화 추이

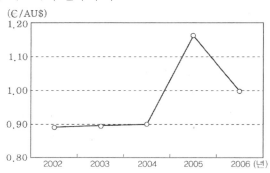

48. 다음 〈그림〉은 A주식에 대한 1~5거래일 동안의 주가자료이다. 이에 대한 〈보기〉의 설명 중 옳은 것을 모두 고르면?

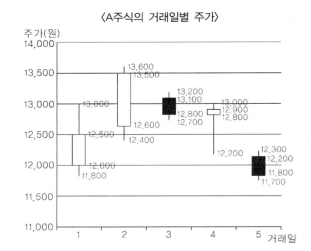

〈A주식의 거래일별 주가〉

1) 시가, 고가, 저가, 종가의 표기 방법

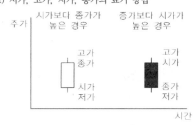

2) 시가 : 주식 거래일의 시작 시점 주가

3) 종가 : 주식 거래일의 마지막 시점 주가

4) 고가 : 주식 거래일의 최고 주가

5) 저가 : 주식 거래일의 최저 주가

6) 주식 거래 수수료 및 세금 등의 제반 비용은 없는 것으로 가정함.

7) 수익률(%) = $\dfrac{\text{매도 시점의 주가} - \text{매입 시점의 주가}}{\text{매입 시점의 주가}} \times 100$

㉠ 1거래일 시가로 매입한 주식을 5거래일 종가로 매도하는 경우 2% 이상 손해를 본다.

㉡ 1~5거래일 동안 1회의 매매를 통해 올릴 수 있는 최대수익률은 15% 이상이다.

㉢ 3거래일 종가로 매입한 주식을 4거래일 종가로 매도하는 경우 수익률은 1% 이상이다.

㉣ 1~5거래일 동안 시가의 최댓값과 최솟값의 차이는 1,100원이다.

① ㉠, ㉡   ② ㉠, ㉢

③ ㉡, ㉢   ④ ㉡, ㉣

⑤ ㉢, ㉣

49. 다음은 NH농협손해보험에서 화재손해 발생 시 지급 보험금 산정방법과 피보험물건(A~E)의 보험금액 및 보험가액을 나타낸 자료이다. 화재로 입은 손해액이 A~E 모두 6천만 원으로 동일할 때, 지급 보험금이 많은 것부터 순서대로 나열하면?

〈표1〉 지급 보험금 산정방법

피보험물건 유형	조건	지급 보험금
일반물건, 창고물건, 주택	보험금액 ≥ 보험가액의 80%	손해액 전액
	보험금액 < 보험가액의 80%	손해액 × $\dfrac{보험금액}{보험가액의\ 80\%}$
공장물건, 동산	보험금액 ≥ 보험가액	손해액 전액
	보험금액 < 보험가액	손해액 × $\dfrac{보험금액}{보험가액}$

1) 보험금액 : 보험사고가 발생한 때에 보험회사가 피보험자에게 지급해야 하는 금액의 최고한도

2) 보험가액 : 보험사고가 발생한 때에 피보험자에게 발생 가능한 손해액의 최고한도

〈표2〉 피보험물건의 보험금액 및 보험가액

피보험물건	피보험물건 유형	보험금액	보험가액
A	주택	9천만 원	1억 원
B	일반물건	6천만 원	8천만 원
C	창고물건	7천만 원	1억 원
D	공장물건	9천만 원	1억 원
E	동산	6천만 원	7천만 원

① A - B - D - C - E

② A - D - B - E - C

③ B - A - C - D - E

④ B - D - A - C - E

⑤ D - B - A - E - C

50. 다음 NH농협은행의 금(金) 관련 금융상품만을 고려할 때 옳지 않은 것은?

A상품 : 2011년 12월 30일에 금 1g 가격(P)이 50,000원 이상이면 NH농협은행은 (P−50,000)원을 A상품 가입자에게 지급하고, 반대의 경우는 A상품 가입자가 (50,000−P)원을 NH농협은행에 납부하는 상품

B상품 : 2011년 12월 30일에 금 1g 가격(P)이 50,000원 이하이면 NH농협은행은 (50,000−P)원을 B상품 가입자에게 지급하고, 반대의 경우는 B상품 가입자가 (P−50,000)원을 NH농협은행에 납부하는 상품

C상품 : 2011년 12월 30일에 금 1g 가격(P)이 50,000원 이상일 경우, 1,000원을 내고 C상품에 가입한 가입자에게 NH농협은행이 (P−50,000)원을 지급하는 상품

D상품 : 2011년 12월 30일에 금 1g 가격(P)이 50,000원 이하일 경우, 1,000원을 내고 D상품에 가입한 가입자에게 NH농협은행이 (50,000−P)원을 지급하는 상품

※ 오늘(2011.2.25) 금 1g의 가격은 50,000원(변동 없음)이고 모든 금융상품은 오늘부터 2011년 12월 29일까지만 가입이 허용된다.

※ 금 가격은 NH농협은행의 영업시작시간 이전에 하루 한 번 변동된다.

※ 이외의 다른 비용은 고려하지 않는다.

① A상품에 가입하는 것은 오늘 금 1g을 샀다가 2011년 12월 30일에 파는 것과 수익이 동일하다.

② 2011년 12월 30일에 금 가격이 50,000원 이상일 것이라고 확신한다면, C상품보다는 A상품에 가입할 것이다.

③ 오늘 B상품에 가입하면서 금 1g을 사고 2011년 12월 30일에 이를 판매한다면, 금 시세와 무관하게 50,000원을 받을 수 있다.

④ C상품과 D상품에 동시에 가입한다면, 2011년 12월 30일에 금 가격과 무관하게 손해를 보지 않는다.

⑤ 오늘 금 1g을 구매하고 D상품에 가입한다면, 2011년 12월 30일에 손해는 최대 1,000원을 넘지 않는다.

NH농협은행
6급

직무능력평가 모의고사

	영 역	의사소통능력, 문제해결능력, 수리능력, 정보능력
제 **4** 회	문항수	50문항
	시 간	60분
	비 고	객관식 5지선다형

SEOWONGAK
(주)서원각

1. 다음의 밑줄 친 부분과 가장 유사한 의미로 사용된 것은?

> 그렇게 강조해서 시험 문제를 짚어 주었는데도 성적이 그 모양이냐.

① 손가락으로 글자를 짚어 가며 가르쳐주었다.

② 이마를 짚어 보니 열이 있었다.

③ 목발을 짚는 것만으로도 그는 감사한 마음으로 쾌유를 기다려야만 했다.

④ 헛다리를 짚었구나.

⑤ 그거야말로 땅 짚고 헤엄치기 아니겠냐.

2. 제품 하나를 만드는 데 A기계와 B기계가 사용된다. A기계만을 사용하면 15일이 걸리고, B기계만을 사용하면 25일이 걸린다. 두 기계 모두 일정한 속도로 일을 진행한다고 할 때, A와 B기계를 동시에 사용하면 하루에 제품이 약 몇 % 만들어지는가?

① 9.8%

② 10.7%

③ 11.2%

④ 11.8%

⑤ 12.3%

3. 다음 표준 임대차 계약서의 일부를 보고 추론할 수 없는 내용은 어느 것인가?

> [임대차계약서 계약조항]
> 제1조[보증금] 을(乙)은 상기 표시 부동산의 임대차보증금 및 차임(월세)을 다음과 같이 지불하기로 한다.
> • 보증금 : 금○○원으로 한다.
> • 계약금 : 금○○원은 계약 시에 지불한다.
> • 중도금 : 금○○원은 2017년 ○월 ○일에 지불한다.
> • 잔 금 : 금○○원은 건물명도와 동시에 지불한다.
> • 차임(월세): 금○○원은 매월 말일에 지불한다.
> 제4조[구조변경, 전대 등의 제한] 을(乙)은 갑(甲)의 동의 없이 상기 표시 부동산의 용도나 구조 등의 변경, 전대, 양도, 담보제공 등 임대차 목적 외에 사용할 수 없다.
> 제5조[계약의 해제] 을(乙)이 갑(甲)에게 중도금(중도금 약정이 없는 경우에는 잔금)을 지불하기 전까지는 본 계약을 해제할 수 있는 바, 갑(甲)이 해약할 경우에는 계약금의 2배액을 상환하며 을(乙)이 해약할 경우에는 계약금을 포기하는 것으로 한다.
> 제6조[원상회복의무] 을(乙)은 존속기간의 만료, 합의 해지 및 기타 해지사유가 발생하면 즉시 원상회복하여야 한다.

① 중도금 약정 없이 계약이 진행될 수도 있다.

② 부동산의 용도를 변경하려면 갑(甲)의 동의가 필요하다.

③ 을(乙)은 계약금, 중도금, 보증금의 순서대로 임대보증금을 지불해야 한다.

④ 중도금 혹은 잔금을 지불하기 전까지만 계약을 해제할 수 있다.

⑤ 원상회복에 대한 의무는 을(乙)에게만 생길 수 있다.

4. 다음 자료에 대한 설명으로 올바른 것은 어느 것인가?

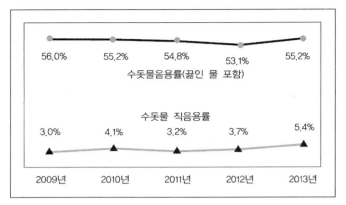

① 수돗물음용률과 수돗물 직음용률은 비교연도에 모두 동일한 증감 추세를 보이고 있다.
② 수돗물음용률은 수돗물 직음용률보다 항상 50%p 이상 많다.
③ 2011년 이후 수돗물을 끓여 마시는 사람들의 비중이 급격이 증가하였다.
④ 두 개 지표의 비중 차이가 가장 작은 해는 2013년이다.
⑤ 수돗물을 직접 마시는 사람들은 2011년 이후 증가 추세에 있다.

5. 다음에 제시된 세 개의 명제가 참이라고 할 때, 결론 A, B에 대한 판단으로 알맞은 것은?

> 명제 1. 강 사원이 외출 중이면 윤 사원도 외출 중이다.
> 명제 2. 윤 사원이 외출 중이 아니면 박 사원도 외출 중이 아니다.
> 명제 3. 박 사원이 외출 중이 아니면 강 사원도 외출 중이 아니다.
>
> 결론 A. 윤 사원이 외출 중이 아니면 강 사원도 외출 중이 아니다.
> 결론 B. 박 사원이 외출 중이면 윤 사원도 외출 중이다.

① A만 옳다.
② B만 옳다.
③ A, B 모두 옳다.
④ A, B 모두 옳지 않다.
⑤ 옳은지 그른지 알 수 없다.

6. 다음 중 어법에 맞는 문장은?

① 정부에서는 청년 실업 문제를 해결하기 위한 대책을 마련하는 중이다.
② 만약 인류가 불을 사용하지 않아서 문명 생활을 지속할 수 없었다.
③ 나는 원고지에 연필로 십 년 이상 글을 써 왔는데, 이제 바뀌게 하려니 쉽지 않다.
④ 풍년 농사를 위한 저수지가 관리 소홀과 무관심으로 올 농사를 망쳐 버렸습니다.
⑤ 내가 말하고 싶은 것은 체력 훈련을 열심히 해야 우수한 성적을 올릴 수 있을 것이다.

7. 450페이지가 되는 소설책이 너무 재미있어서 휴가기간 5일 동안 하루도 빠지지 않고 매일 50페이지씩 읽었다. 휴가가 끝나면 나머지를 모두 읽으려고 한다. 휴가가 끝나면 모두 몇 페이지를 읽어야 하는가?

① 180페이지　　　　② 190페이지
③ 200페이지　　　　④ 210페이지
⑤ 220페이지

8. 다음은 2015년 세계 100대 은행에 포함된 국내 5개 은행의 평균 성과지표를 비교한 표이다. 국내 5개 은행 평균 자산은 세계 10대 은행 평균 자산의 약 몇 %에 해당하는가? (단, 소수점 둘째자리에서 반올림한다)

	자산 (억 달러)	세전이익 (억 달러)	ROA (%)	BIS비율 (%)	자산 대비 대출 비중(%)
세계 10대 은행 평균	23,329	303	1.3	14.6	47.9
국내 5개 은행 평균	2,838	8.1	0.2	13.6	58.9

① 약 12.2%　　　　② 약 12.4%
③ 약 12.6%　　　　④ 약 12.8%
⑤ 약 13.0%

9. 다음 글의 빈칸에 들어갈 내용으로 가장 적절한 것은?

어떠한 의미를 표현하고자 할 때에 마음대로 아무 음이나 사용해서는 안 된다. 그렇게 해서는 남이 알아듣지를 못한다. 언어란 우리의 사상 전달의 수단임에는 틀림없지만 이것이 언어로 인정받으려면 _____ 다른 사람들이 이해한다는 것은 결국 우리 주위에 있는 사회 일반이 공통적으로 인식한다는 것이다. 이러이러한 의미는 이러이러한 음성으로 표현하여야 한다는 사회적 제약을 받지 않으면 안 된다. 이는 언어가 본래 사회적 산물이며, 객관성이 있어야 하기 때문이다. 그러므로 언어는 도저히 주관적으로 좌우할 수 없다.

① 역사적 연마와 도야를 통하지 않으면 안 된다.

② 법령과 같이 시일을 정하여 공표해야 한다.

③ 세월이 지나도 모양이 변하지 않아야 한다.

④ 다른 사람들이 이해해 주지 않으면 안 된다.

⑤ 구체적인 사물만을 표현할 수 있어야 한다.

10. 다음 글의 역할에 대한 설명으로 옳은 것은?

자연은 인간 사이의 갈등을 이용하여 인간의 모든 소질을 계발하도록 한다. 사회의 질서는 이 갈등을 통해 이루어진다. 이 갈등은 인간의 반사회적 사회성 때문에 초래된다. 반사회적 사회성이란 한편으로는 사회를 분열시키려고 끊임없이 위협하고 반항하면서도, 다른 한편으로는 사회를 이루어 살려는 인간의 성향을 말한다. 이러한 성향은 분명 인간의 본성 가운데에 있다.

① 글의 논지와 주요 개념을 제시한다.

② 개념에 대해 구체적 예를 들어 설명한다.

③ 논지를 확대하고 심화한다.

④ 다른 주장과 비교하여 설명한다.

⑤ 의문문을 사용하여 독자로 하여금 궁금증을 유발시키고 있다.

11. 다음은 농협은행에서 판매하는 '아이해피 적금'에 대한 설명이다. 해당 적금에 가입할 수 있는 사람은?

아이해피 적금

1. 상품특징
   임신, 출산, 다자녀 대상으로 우대금리를 제공하는 임산부 또는 예비 임산부를 위한 적금상품
2. 가입대상
   개인
3. 가입기간
   1~5년(연 단위)
4. 가입금액
   초입금 1천 원 이상 매월 3백만 원 이내(1인당) 자유적립
5. 적립방법
   초입금 1천 원 이상 매월 3백만 원 이내(1인당) 자유적립
6. 우대금리
   최고 0.9%p
   아래 요건을 충족하고 이 적금을 만기 해지하는 경우 각 호에서 정한 우대금리를 계약기간동안 합산적용. 단, 중도 인출 시에는 적용하지 않음
   ① (이 적금 가입일부터 만기일까지) 예금주의 임신 또는 출산 : 0.1%p
   ② (이 적금 가입일부터 만기일까지) 다자녀(태아포함) : 최고 0.2%p
   － 2자녀 0.1%p, 3자녀 0.2%p
   ③ (이 적금 가입일부터 만기일까지) 자녀명의의 농협은행 후토스 적금 또는 주택청약(종합)저축 신규 가입 : 0.3%p
   ④ (이 적금 가입일부터 만기 전월말까지) 농협은행 국민행복카드 또는 아이행복카드 200만 원 이상 이용 : 0.3%p

① 올해 여대에 입학한 지혜

② 두 자녀의 어머니인 미림

③ 임신 5개월의 경은

④ 얼마 전 환갑에 이른 할머니 숙영

⑤ 작년에 여고를 졸업한 은지

12. 다음은 NH농협은행의 외화송금 수수료에 대한 규정이다. 수수료 규정을 참고할 때, 외국에 있는 친척과 〈보기〉와 같이 3회에 걸쳐 거래를 한 A씨가 지불한 총 수수료 금액은 얼마인가?

		국내 간 외화송금	실시간 국내송금
외화자금국내이체 수수료(당·타발)		U$5,000 이하 : 5,000원 U$10,000 이하 : 7,000원 U$10,000 초과 : 10,000원	U$10,000 이하 : 5,000원 U$10,000 초과 : 10,000원
		인터넷 뱅킹 : 5,000원 실시간 이체 : 타발 수수료는 없음	
해외로 외화 송금	송금 수수료	U$500 이하 : 5,000원 U$2,000 이하 : 10,000원 U$5,000 이하 : 15,000원 U$20,000 이하 : 20,000원 U$20,000 초과 : 25,000원 * 인터넷 뱅킹 이용 시 건당 3,000~5,000원	
		해외 및 중계은행 수수료를 신청인이 부담하는 경우 국외 현지 및 중계은행의 통화별 수수료를 추가로 징구	
	전신료	8,000원 인터넷 뱅킹 및 자동이체 5,000원	
	조건변경 전신료	8,000원	
해외/타행에서 받은 송금		건당 10,000원	

〈보기〉
1. 외국으로 U$3,500 송금 / 인터넷 뱅킹 최저 수수료 적용
2. 외국으로 U$600 송금 / 은행 창구
3. 외국에서 U$2,500 입금

① 32,000원　　　　② 34,000원
③ 36,000원　　　　④ 38,000원
⑤ 40,000원

｜13~14｜ 다음은 '통일대박 정기예금' 상품설명서 중 일부이다. 물음에 답하시오.

〈거래조건〉

구분	내용		
가입대상	개인(1인 1계좌), 법인(1법인 1계좌 단, 국가 및 지방자치단체, 금융기관 제외)		
계약기간	1년, 2년, 3년 단위(계약기간 연장 불가)		
가입금액	(개인) 100만 원 이상 5억 원 이내 (법인) 300만 원 이상 30억 원 이내		
적용금리 (연 %, 세전)	• 기본금리 – 개인 : 큰만족실세예금 계약기간별 기본금리 – 법인 : 일반정기예금 계약기간별 기본금리 • 우대금리 – 우대금리 적용요건을 충족하고 이 예금을 만기해지하는 경우 해당 우대금리를 기본금리에 추가하여 제공		

우대항목	우대금리 적용요건	우대금리(%p)	
		개인	법인
특별 우대금리	실향민(이북 5도민 포함) 또는 새터민(탈북자) 또는 통일부 허가 법인 임직원 또는 개성공단 입주기업 임직원	0.1	–
통일염원 우대금리	통일염원 활동에 참여 또는 개최(주관)한 개인 및 법인	0.1	0.1
카드거래 우대금리	이 예금 가입월부터 만기 전월말까지 농협은행 체크카드를 월 평균 50만 원 이상 사용	0.2	–
최고 우대금리			

– "특별우대금리"는 다음의 증빙서류를 농협은행 영업점 창구에 제출하는 경우 적용 가능

구분	증빙서류(확인서)
실향민(이북 5도민 포함)	제적초(등)본, 이북 5도 민증 등
새터민(탈북자)	북한 이탈주민 확인서(증명서) 등
통일부허가법인 임직원	재직증명서 등
개성공단입주기업 임직원	재직증명서 등

<유의사항>
• 우대금리는 이 예금을 만기해지하는 경우에만 적용된다.
• 법인은 영업점에서만 신규 가입 및 해지가 가능하다.
• "통일염원우대금리"는 고객이 통일 관련 이벤트(그림그리기, 글짓기, 행진대회, 통일단체 후원 등)에 참여/주관한 객관적인 증빙자료를 제시하는 경우 적용받는다.

13. '통일대박 정기예금' 상품에 가입하려고 하는 새터민 병갑이가 특별우대금리를 적용받기 위해서 농협은행 영업점 창구에 제출해야 하는 증빙서류로 옳은 것은?

① 제적초(등)본
② 이북 5도 민증
③ 통일부허가법인 재직증명서
④ 북한 이탈주민 확인서(증명서)
⑤ 개성공단입주기업 재직증명서

14. 위 상품에 개인으로 가입했을 경우 최고 우대금리는 몇 %p 인가?

① 0.1%p
② 0.2%p
③ 0.3%p
④ 0.4%p
⑤ 0.5%p

15. 다음은 도이치뱅크 기업여신 및 수익지표 추이를 나타낸 표이다. 2015년 총 여신 중 중소기업 여신 비중은 약 몇 %를 차지하는가?

(단위 : %, 백만 유로)

	2013년	2014년	2015년
중소기업 여신	6,657	2,772	2,215
총 여신	45,171	29,050	20,858
총 순이자 수익	20,169	21,583	18,651
기업금융 및 증권수익	10,010	10,729	9,030
기업금융 수익비중	49.6	49.7	48.4

① 약 10.2%
② 약 10.4%
③ 약 10.6%
④ 약 10.8%
⑤ 약 11.0%

16. 다음은 환전에 대한 설명이다. 옳지 않은 것은?

1. 일반 해외여행자(해외체재자 및 해외유학생이 아닌 자)의 해외여행경비
관광, 출장, 방문 등의 목적으로 해외여행 시 아래와 같이 외화를 환전할 수 있다.

환전 한도	제출 서류
금액 제한 없음 * 동일자, 동일인 기준 미화 1만불 초과 환전 시 국세청에 통보됨 * 미화 1만불을 초과하여 휴대 출국 시 출국 전에 관할 세관의 장에게 신고해야 함	• 실명확인증표 • 여권(외국인 거주자의 경우)

2. 해외체재자(해외유학생 포함)의 해외여행경비
상용, 문화, 공무, 기술훈련, 6개월 미만의 국외연수 등으로 외국에 체재하는 기간이 30일을 초과하는 자(해외체재자) 및 외국의 교육기관 등에서 6개월 이상 수학, 연구, 연수목적 등으로 외국에 체재하는 자(해외유학생)에 대해 아래와 같이 외화를 환전할 수 있다.

환전 한도	제출 서류
금액 제한 없음 * 건당 미화 1만불 초과 환전 시 지정거래은행으로부터 "외국환신고(확인)필증"을 발급받기 바람 * 연간 미화 1만불 초과 환전 및 송금 시, 국세청에 통보됨	• 여권 • 입학허가서 등 유학사실 입증 서류(해외유학생) • 소속 단체장 또는 국외연수 기관장의 출장, 파견증명서 (해외체재자)

3. 소지 목적의 외화환전
국민인 거주자는 소지를 목적으로 외국환은행으로부터 금액 제한 없이 외국통화 및 여행자수표를 매입할 수 있다.

환전 한도	제출 서류
금액 제한 없음 * 동일자, 동일인 기준 미화 1만불 초과 환전 시 국세청 및 관세청에 통보됨	• 실명확인증표

① 해외체재자란 외국의 교육기관 등에서 6개월 이상 수학, 연구, 연수목적 등으로 외국에 체재하는 자를 말한다.
② 국민인 거주자는 소지를 목적으로 외국환은행으로부터 금액 제한 없이 외국통화 및 여행자수표를 매입할 수 있다.
③ 일반 해외여행자가 해외여행경비를 목적으로 환전할 경우 실명확인증표를 제출해야 한다.
④ 해외체재자가 해외여행경비를 목적으로 건당 미화 1만불 초과 환전 시 지정거래은행으로부터 "외국환신고(확인)필증"을 발급받아야 한다.
⑤ 해외유학생이 해외여행경비를 목적으로 환전할 경우 여권과 함께 입학허가서 등 유학사실 입증서류를 제출해야 한다.

17. 다음은 외국주화 환전에 대한 설명이다. 옳지 않은 것은?

---

1. 외국주화를 사거나 팔 경우 적용되는 환율
   - 팔 때 : 매매기준률의 50%를 적용한 환율
   - 살 때 : 매매기준률의 70%를 적용한 환율
2. 외국주화 환전 가능영업점
   - 가능 영업점 : 영업부
   - 환전 가능 외국주화 : 미국 달러, 일본 엔화, 유로화
3. 해외여행 시 주화환전 tip
   - 해외여행 전 미리 소량의 주화를 환전해 둔다.
     현지 도착 후 별도 교환절차 없이 교통비와 전화료 등으로 바로 사용이 가능하므로 들고갈 수 있을 정도의 주화는 환전하여 가져가는 것이 유용하다.
   - 주화구입 시 지폐보다 싼 환율 적용이 가능하다.
     – 예를 들면 달러 구입 시 적용되는 환율이 941.28원이라면 미국 주화로 구입할 때는 658.89원이 적용된다.
     – 10달러를 동전으로 환전 시 지폐로 바꿀 때보다 2,800원 정도 비용절감이 가능하다.
   - 입국 전 주화는 해외 현지, 면세점 등에서 다 사용하고 돌아오자.
     주화 구입 시와는 반대로 해외여행 후 남은 주화를 국내에서 환전 시 실재가치의 반 정도 밖에 받을 수 없으므로 입국하기 전에 다 사용하고 오는 것이 손해를 줄이는 방법이다.

---

① 국내에서 환전 시 주화를 구입할 경우 지폐를 구입할 때보다 더 싼 환율 적용을 받을 수 있다.

② 해외여행 전 미리 소량의 주화를 환전해 두는 것이 유용하다.

③ 환전 가능 외국주화로는 미국 달러, 일본 엔화, 유로화, 중국 위안화가 있다.

④ 외국주화를 살 때는 매매기준률의 70%를 적용한 환율을 적용받는다.

⑤ 해외여행 후 남은 주화를 국내에서 환전할 경우 실재가치의 반 정도 밖에 받을 수 없으므로 입국하기 전 다 사용하고 오는 것이 손해를 줄이는 방법이다.

18. 당신은 서울 본사에서 10년째 근무를 하고 있다. 그런데 이번 인사에서 전혀 연고가 없는 지방으로 발령이 났다. 이번의 발령은 좌천이 아닌 회사에서 당신의 능력을 인정하여 그 지방의 시장 확보를 위하여 가는 것이다. 그러나 가족 및 친구들과 떨어져 생활한다는 것이 쉽지 않고 가족 전체가 지방으로 가는 것도 아이들의 학교 때문에 만만치가 않다. 이 경우 당신은 어떻게 할 것인가?

① 가족들과 모두 지방으로 이사간다.

② 가족들의 양해를 구하고 힘들더라도 지방으로 혼자 옮겨 생활한다.

③ 회사 측에 나의 사정을 이야기하고 인사발령의 취소를 권유한다.

④ 현재의 회사를 그만두고 계속 서울에서 근무할 수 있는 다른 회사를 찾아본다.

⑤ 다른 동료와 바꿔달라고 회사 측에 요구한다.

19. 어떤 이동 통신 회사에서는 휴대폰의 사용 시간에 따라 매월 다음과 같은 요금 체계를 적용한다고 한다.

요금제	기본 요금	무료 통화	사용 시간(1분)당 요금
A	10,000원	0분	150원
B	20,200원	60분	120원
C	28,900원	120분	90원

예를 들어, B요금제를 사용하여 한 달 동안의 통화 시간이 80분인 경우 사용 요금은 다음과 같이 계산한다.

$$20,200 + 120 \times (80-60) = 22,600 \text{원}$$

B요금제를 사용하는 사람이 A요금제와 C요금제를 사용할 때 보다 저렴한 요금을 내기 위한 한 달 동안의 통화 시간은 a분 초과 b분 미만이다. 이 때, $b-a$의 값은? (단, 매월 총 사용 시간은 분 단위로 계산한다.)

① 70

② 80

③ 90

④ 100

⑤ 110

20. 다음은 농협은행에서 판매하는 '진짜사나이 적금'에 대한 설명이다. 다음 설명을 바탕으로 이 적금에 가입할 수 없는 사람은?

진짜사나이 적금

1. 상품특징
   의무복무사병의 목돈마련을 위해 높은 우대이율을 제공하는 적금상품

2. 가입대상
   현역복무사병, 전환복무사병(교정시설경비교도, 전투경찰대원, 의무경찰대원, 의무소방원), 공익근무요원 (1인 1계좌)

3. 가입기간
   1년 이상 2년 이내(월 단위)

4. 가입금액
   초입금은 1천 원 이상으로 하며 월 1천 원 이상 5만 원 이내(총 적립한도 120만 원 이내)

5. 적립방법
   자유적립

6. 금리안내
   기본이율+우대이율 최대 3.0%p
   • 기본이율 : 채움적금 기간별 기본이율 적용
   • 우대이율 항목
   – 이 적금 가입일 현재 당행 「주택청약종합저축」을 보유하거나 또는 이 적금 가입일로부터 3개월 이내 당행 「주택청약종합저축」을 신규 가입하고 이 적금 가입기간 동안 계약을 유지하는 경우 : 2.8%
   – 이 적금 가입일로부터 만기일 전월말까지 당행 요구불통장에 연속 또는 비연속으로 3회 이상 급여이체(금액무관) 실적이 있는 경우 : 0.2%
   – 이 적금 가입일 현재 당행의 신용·체크카드, 현금카드 중 1개 이상 가입하고 있는 회원 또는 이 적금 가입일로부터 3개월 이내 신규가입회원으로 이 적금의 만기일 전월말까지 회원자격을 유지하는 경우 : 0.2%
   – 당행 첫 거래 고객 : 0.2%
   – 최대 적용 우대이율 : 3.0%

---

① 의무소방원으로 근무 중인 준형
② 교정시설에서 경비교도로 복무 중인 종성
③ 육군에서 현역으로 근무하는 진영
④ 이제 막 해군 소위로 임관한 규현
⑤ 공익근무요원인 정진

21. 다음 자료를 참고할 때, 기업의 건전성을 파악하는 지표인 금융비용부담률이 가장 낮은 기업과 이자보상비율이 가장 높은 기업을 순서대로 알맞게 짝지은 것은 어느 것인가?

(단위 : 천만 원)

구분	매출액	매출원가	판관비	이자비용
A기업	98	90	2	1.5
B기업	105	93	3	1
C기업	95	82	3	2
D기업	112	100	5	2

※ 영업이익 = 매출액 - 매출원가 - 판관비
※ 금융비용부담률 = 이자비용 ÷ 매출액 × 100
※ 이자보상비율 = 영업이익 ÷ 이자비용 × 100

① A기업, B기업
② B기업, A기업
③ A기업, C기업
④ C기업, B기업
⑤ B기업, B기업

22. A, B, C, D, E 다섯 명의 단원이 점심 식사 후 봉사활동을 하러 가야 한다. 다음의 〈조건〉을 모두 만족할 경우, 옳지 않은 주장은?

〈조건〉
• B는 C보다 먼저 봉사활동을 하러 나갔다.
• A와 B 두 사람이 동시에 가장 먼저 봉사활동을 하러 나갔다.
• E보다 늦게 봉사활동을 하러 나간 사람이 있다.
• D와 동시에 봉사활동을 하러 나간 사람은 없었다.

---

① E가 D보다 먼저 봉사활동을 하러 나가는 경우가 있다.
② C와 D 중, C가 먼저 봉사활동을 하러 나가는 경우가 있다.
③ E가 C보다 먼저 봉사활동을 하러 나가는 경우는 없다.
④ A의 경우 항상 C나 D보다 먼저 봉사활동을 하러 나간다.
⑤ D의 경우 가장 늦게 봉사활동을 하러 나가는 경우가 있다.

23. 시험관에 미생물의 수가 4시간 마다 3배씩 증가한다고 한다. 지금부터 4시간 후의 미생물 수가 270,000이라고 할 때, 지금부터 8시간 전의 미생물 수는 얼마인가?

① 10,000
② 30,000
③ 60,000
④ 90,000
⑤ 120,000

❙24~25❙ 다음 자료를 읽고 이어지는 물음에 답하시오.

증여세는 타인으로부터 무상으로 재산을 취득하는 경우, 취득자에게 무상으로 받은 재산가액을 기준으로 하여 부과하는 세금이다. 특히, 증여세 과세대상은 민법상 증여뿐만 아니라 거래의 명칭, 형식, 목적 등에 불구하고 경제적 실질이 무상 이전인 경우 모두 해당된다. 증여세는 증여받은 재산의 가액에서 증여재산 공제를 하고 나머지 금액(과세표준)에 세율을 곱하여 계산한다.

> 증여재산 − 증여재산공제액 = 과세표준
> 과세표준 × 세율 = 산출세액

증여가 친족 간에 이루어진 경우 증여받은 재산의 가액에서 다음의 금액을 공제한다.

증여자	공제금액
배우자	6억 원
직계존속	5천만 원
직계비속	5천만 원
기타친족	1천만 원

수증자를 기준으로 당해 증여 전 10년 이내에 공제받은 금액과 해당 증여에서 공제받을 금액의 합계액은 위의 공제금액을 한도로 한다.
또한, 증여받은 재산의 가액은 증여 당시의 시가로 평가되며, 다음의 세율을 적용하여 산출세액을 계산하게 된다.

〈증여세 세율〉

과세표준	세율	누진공제액
1억 원 이하	10%	–
1억 원 초과~5억 원 이하	20%	1천만 원
5억 원 초과~10억 원 이하	30%	6천만 원
10억 원 초과~30억 원 이하	40%	1억 6천만 원
30억 원 초과	50%	4억 6천만 원

※ 증여세 자진신고 시 산출세액의 7% 공제함

24. 위의 증여세 관련 자료를 참고할 때, 다음 〈보기〉와 같은 세 가지 경우에 해당하는 증여재산 공제액의 합은 얼마인가?

〈보기〉
• 아버지로부터 여러 번에 걸쳐 1천만 원 이상 재산을 증여받은 경우
• 성인 아들이 아버지와 어머니로부터 각각 1천만 원 이상 재산을 증여받은 경우
• 아버지와 삼촌으로부터 1천만 원 이상 재산을 증여받은 경우

① 5천만 원   ② 6천만 원
③ 1억 원   ④ 1억 5천만 원
⑤ 1억 6천만 원

25. 성년인 김부자 씨는 아버지로부터 1억 7천만 원의 현금을 증여받게 되어, 증여세 납부 고지서를 받기 전 스스로 증여세를 납부하고자 세무사를 찾아 갔다. 세무사가 계산해 준 김부자 씨의 증여세 납부액은 얼마인가?

① 1,400만 원   ② 1,302만 원
③ 1,280만 원   ④ 1,255만 원
⑤ 1,205만 원

26. 다음은 2015년과 2018년 한국, 중국, 일본의 재화 수출액 및 수입액을 정리한 표와 무역수지와 무역특화지수에 대한 용어정리이다. 이에 대한 〈보기〉의 내용 중 옳은 것만 고른 것은?

(단위 : 억 달러)

연도	국가 재화	한국 수출액	한국 수입액	중국 수출액	중국 수입액	일본 수출액	일본 수입액
2015년	원자재	578	832	741	1,122	905	1,707
	소비재	117	104	796	138	305	847
	자본재	1,028	668	955	991	3,583	1,243
2018년	원자재	2,015	3,232	5,954	9,172	2,089	4,760
	소비재	138	375	4,083	2,119	521	1,362
	자본재	3,444	1,549	12,054	8,209	4,541	2,209

[용어정리]
• 무역수지=수출액−수입액
 −무역수지 값이 양(+)이면 흑자, 음(−)이면 적자이다.
• 무역특화지수= $\dfrac{수출액 − 수입액}{수출액 + 수입액}$
 −무역특화지수의 값이 클수록 수출경쟁력이 높다.

〈보기〉
㉠ 2018년 한국, 중국, 일본 각각에서 원자재 무역수지는 적자이다.
㉡ 2018년 한국의 원자재, 소비재, 자본재 수출액은 2015년 비해 각각 50% 이상 증가하였다.
㉢ 2018년 자본재 수출경쟁력은 일본이 한국보다 높다.

① ㉠   ② ㉡
③ ㉠, ㉡   ④ ㉠, ㉢
⑤ ㉡, ㉢

27. 다음에 주어진 조건이 모두 참일 때 옳은 결론을 고르면?

- 파란상자는 노란상자에 들어간다.
- 녹색상자는 분홍상자에 들어간다.
- 주황상자는 노란상자에 들어간다.
- 파란상자와 분홍상자의 크기가 같다.

A : 녹색상자는 노란상자에 들어간다.
B : 가장 큰 상자는 노란상자이다.

① A만 옳다.

② B만 옳다.

③ A와 B 모두 옳다.

④ A와 B 모두 그르다.

⑤ A와 B 모두 옳은지 그른지 알 수 없다.

28. 다음의 워크시트에서 추리영역이 90점 이상인 사람의 수를 구하고자 할 때, [D8] 셀에 입력할 수식으로 옳은 것은?

	A	B	C	D	E	F
1	이름	언어영역	수리영역	추리영역		
2	김철수	72	85	91		추리영역
3	김영희	65	94	88		>=90
4	안영이	95	76	91		
5	이윤희	92	77	93		
6	채준수	94	74	95		
7						
8	추리영역 90점 이상인 사람의 수			4		
9						

① =DSUM(A1:D6,4,F2:F3)

② =DSUM(A1:D6,3,F2:F3)

③ =DCOUNT(A1:D6,3,F2:F3)

④ =DCOUNT(A1:D6,4,F2:F3)

⑤ =DCOUNT(A1:D6,2,F2:F3)

29. 당신은 이제 갓 일주일이 된 신입사원이다. 이 회사에 들어오기 위해 열심히 공부하였지만 영어만큼은 잘 되지 않아 주변의 도움으로 간신히 평균을 넘어서 입사를 하게 되었다. 그런데 갑자기 당신의 상사가 영어로 된 보고서를 주며 내일까지 정리해 오라고 하였다. 여기서 못한다고 한다면 영어실력이 허위인 것이 발각되어 입사가 취소될 지도 모를 상황이다. 그렇다면 당신은 어떻게 할 것인가?

① 솔직히 영어를 못한다고 말한다.

② 동료에게 도움을 요청하여 일을 하도록 한다.

③ 아르바이트를 고용하여 보고서를 정리하도록 한다.

④ 이번 일은 다른 사람의 도움을 받고, 영어공부를 시작한다.

⑤ 회사를 그만 둔다.

30. 다음 표는 어떤 렌터카 회사에서 제시한 차종별 자동차 대여료이다. C동아리 학생 10명이 차량을 대여하여 9박 10일간의 전국일주를 계획하고 있다. 다음 중 가장 경제적인 차량 임대 방법을 고르면?

구분	대여 기간별 1일 요금			대여 시간별 요금	
	1～2일	3～6일	7일 이상	6시간	12시간
소형(4인승)	75,000	68,000	60,000	34,000	49,000
중형(5인승)	105,000	95,000	84,000	48,000	69,000
대형(8인승)	182,000	164,000	146,000	82,000	119,000
SUV(7인승)	152,000	137,000	122,000	69,000	99,000
승합(15인승)	165,000	149,000	132,000	75,000	108,000

① 승합차량 1대를 대여한다.

② 소형차 3대를 대여한다.

③ 중형차 2대를 대여한다.

④ 소형차 1대와 SUV 1대를 대여한다.

⑤ 중형차 1대와 대형차 1대를 대여한다.

31. 다음은 국민연금 보험료를 산정하기 위한 소득월액 산정 방법에 대한 설명이다. 다음 설명을 참고할 때, 김갑동 씨의 신고 소득월액은 얼마인가?

소득월액은 입사(복직) 시점에 따른 근로자간 신고 소득월액 차등이 발생하지 않도록 입사(복직) 당시 약정되어 있는 급여 항목에 대한 1년치 소득총액에 대하여 30일로 환산하여 결정하며, 다음과 같은 계산 방식을 적용한다.
- 소득월액 = 입사(복직) 당시 지급이 약정된 각 급여 항목에 대한 1년간 소득총액 ÷ 365 × 30

〈김갑동 씨의 급여 내역〉
- 기본급 : 1,000,000원
- 교통비 : 월 100,000원
- 고정 시간외 수당 : 월 200,000원
- 분기별 상여금 : 기본급의 100%(1, 4, 7, 10월 지급)
- 하계휴가비(매년 7월 지급) : 500,000원

① 1,645,660원

② 1,652,055원

③ 1,668,900원

④ 1,727,050원

⑤ 1,740,000원

32. 다음 사례에서 박부장이 취할 수 있는 행동으로 적절하지 않은 것은?

○○기업에 다니는 박부장은 최근 경기침체에 따른 회사의 매출부진과 관련하여 근무환경을 크게 변화시키기로 결정하였다. 하지만 그의 부하들은 물론 상사와 동료들조차도 박부장의 결정에 회의적이었고 부정적인 시각을 내보였다. 그들은 변화에 소극적이었으며 갑작스런 변화는 오히려 회사의 존립자체를 무너뜨릴 수 있다고 판단하였다. 하지만 박부장은 갑작스런 변화가 처음에는 회사를 좀 더 어렵게 할 수는 있으나 장기적으로 본다면 틀림없이 회사에 큰 장점으로 작용할 것이라고 확신하고 있었고 여기에는 전 직원의 협력과 노력이 필요하였다.

① 직원들의 감정을 세심하게 살핀다.

② 변화의 긍정적인 면을 강조한다.

③ 주관적인 자세를 유지한다.

④ 변화에 적응할 시간을 준다.

⑤ 개방적인 분위기를 조성한다.

33. 다음 워크시트에서 연봉이 3천만원 이상인 사원들의 총 연봉액을 구하는 함수식으로 옳은 것은?

	A	B
1	사원	연봉
2	한길동	25,000,000
3	이미순	30,000,000
4	소순미	18,000,000
5	김동준	26,000,000
6	김사라	27,000,000
7	나미수	19,000,000
8	전진연	40,000,000
9	김연지	26,000,000
10	채지수	31,000,000

① =SUMIF(B2:B10,">30000000")

② =SUMIF(B2:B10,">=30000000")

③ =SUMIF(A2:A10,">=30000000")

④ =SUM(B2:B10,">=30000000")

⑤ =SUM(A2:A10,">=30000000")

34. 빈칸에 들어갈 내용으로 가장 적절한 것은?

동물 권리 옹호론자들의 주장과는 달리, 동물과 인류의 거래는 적어도 현재까지는 크나큰 성공을 거두었다. 소, 돼지, 개, 고양이, 닭은 번성해 온 반면, 야생에 남은 그들의 조상은 소멸의 위기를 맞았다. 북미에 현재 남아 있는 늑대는 1만 마리에 불과하지만, 개는 5,000만 마리다. 이들 동물에게는 자율성의 상실이 큰 문제가 되지 않는 것처럼 보인다. 동물 권리 옹호론자들의 말에 따르면, _____ 하지만 개의 행복은 인간에게 도움을 주는 수단 역할을 하는 데 있다. 이런 동물은 결코 자유나 해방을 원하지 않는다.

① 가축화는 인간이 강요한 것이 아니라 동물들이 선택한 것이다.

② 동물들이 야생성을 버림으로써 비로소 인간과 공생관계를 유지해 왔다.

③ 동물을 목적이 아니라 수단으로 다루는 것은 잘못된 일이다.

④ 동물들에게 자율성을 부여할 때 동물의 개체는 더 늘어날 수 있다.

⑤ 동물들을 번성시키기 위해서는 가축화시키는 것이 필수적이다.

35. 지문에 대한 반론으로 부적절한 것은?

사람들이 '영어 공용화'의 효용성에 대해서 말하면서 가장 많이 언급하는 것이 영어 능력의 향상이다. 그러나 영어 공용화를 한다고 해서 그것이 바로 영어 능력의 향상으로 이어지는 것은 아니다. 영어 공용화의 효과는 두 세대 정도 지나야 드러나며 교육제도 개선 등 부단한 노력이 필요하다. 오히려 영어를 공용화하지 않은 노르웨이, 핀란드, 네덜란드 등에서 체계적인 영어 교육을 통해 뛰어난 영어 구사자를 만들어 내고 있다.

① 필리핀, 싱가포르 등 영어 공용화 국가에서는 영어 교육의 실효성이 별로 없다.

② 우리나라는 노르웨이, 핀란드, 네덜란드 등과 언어의 문화나 역사가 다르다.

③ 영어 공용화를 하지 않으면 영어 교육을 위해 훨씬 많은 비용을 지불해야 한다.

④ 체계적인 영어 교육을 하는 일본에서는 뛰어난 영어 구사자를 발견하기 힘들다.

⑤ 영어는 이미 세계 공통 언어의 지위에 있으므로 세계적 흐름을 따를 필요가 있다.

36. 다음에 주어진 조건이 모두 참일 때 옳은 결론을 고르면?

> • 모든 사이다는 주스다.
> • 모든 주스는 물이다.
> • 어떤 콜라도 물이 아니다.
> • 모든 물은 우유다.

> A : 어떤 사이다는 콜라다.
> B : 어떤 콜라는 물이다.

① A만 옳다.

② B만 옳다.

③ A와 B 모두 옳다.

④ A와 B 모두 그르다.

⑤ A와 B 모두 옳은지 그른지 알 수 없다.

37. 다음 워크시트에서 매출액[B3:B9]을 이용하여 매출 구간별 빈도수를 [F3:F6] 영역에 계산하고자 한다. 다음 중 이를 위한 배열 수식으로 옳은 것은?

	A	B	C	D	E	F
1						
2		매출액		매출구간		빈도수
3		75		0	50	1
4		93		51	100	2
5		130		101	200	3
6		32		201	300	1
7		123				
8		257				
9		169				

① {=PERCENTILE(B3:B9, E3:E6)}

② {=PERCENTILE(E3:E6, B3:B9)}

③ {=FREQUENCY(B3:B9, E3:E6)}

④ {=FREQUENCY(E3:E6, B3:B9)}

⑤ {=PERCENTILE(E3:E9, B3:B9)}

┃38~41┃ 다음은 선물 거래에 관련된 설명이다. 물음에 답하시오.

선물 거래는 경기 상황의 변화에 의해 자산의 가격이 변동하는 데서 올 수 있는 경제적 손실을 피하려는 사람과 그 위험을 대신 떠맡으면서 그것이 기회가 될 수 있는 상황을 기대하며 경제적 이득을 얻으려는 사람 사이에서 이루어지는 것이다.

[A] 배추를 경작하는 농민이 주변 여건에 따라 가격이 크게 변동하는 데서 오는 위험에 대비해 3개월 후 수확하는 배추를 채소 중개상에게 1포기당 8백 원에 팔기로 미리 계약을 맺었다고 할 때, 이와 같은 계약을 선물 계약, 8백 원을 선물 가격이라고 한다. 배추를 경작하는 농민은 선물 계약을 맺음으로써 3개월 후의 배추 가격이 선물 가격 이하로 떨어지더라도 안정된 소득을 확보할 수 있게 된다. 그렇다면 채소 중개상은 왜 이와 같은 계약을 한 것일까? 만약 배추 가격이 선물 가격 이상으로 크게 뛰어오르면 그는 이 계약을 통해 많은 이익을 챙길 수 있기 때문이다. 즉 배추를 경작한 농민과는 달리 3개월 후의 배추 가격이 뛰어오를지도 모른다는 기대에서 농민이 우려하는 위험을 대신 떠맡는 데 동의한 것이다.

선물 거래의 대상에는 농산물이나 광물 외에 주식, 채권, 금리, 외환 등도 있다. 이 중 거래 규모가 비교적 크고 그 방식이 좀 더 복잡한 외환 즉, 통화 선물 거래의 경우를 살펴보자. 세계 기축 통화인 미국 달러의 가격, 즉 달러 환율은 매일 변동하기 때문에 달러로 거래 대금을 주고받는 수출입 기업의 경우 뜻하지 않은 손실의 위험이 있다. 따라서 달러 선물 시장에서 약정된 가격에 달러를 사거나 팔기로 계약해 환율 변동에 의한 위험에 대비하는 방법을 활용한다.

미국에서 밀가루를 수입해 식품을 만드는 A 사는 7월 25일에 20만 달러의 수입 계약을 체결하고 2개월 후인 9월 25일에 대금을 지급하기로 하였다. 7월 25일 현재 원/달러 환율은 1,300원/US$이고 9월에 거래되는 9월물 달러 선물의 가격은 1,305원/US$이다. A 사는 2개월 후에 달러 환율이 올라 손실을 볼 경우를 대비해 선물 거래소에서 9월물 선물 20만 달러어치를 사기로 계약하였다. 그리고 9월 25일이 되자 A 사가 우려한 대로 원/달러 환율은 1,350원/US$, 9월물 달러 선물의 가격은 1,355원/US$으로 올랐다. A 사는 아래의 〈표〉와 같이 당장 미국의 밀가루 제조 회사에 지급해야 할 20만 달러를 준비하는 데 2개월 전에 비해 1천만 원이 더 들어가는 손실을 보았다. 하지만 선물 시장에서 달러당 1,305원에 사서 1,355원에 팔 수 있으므로 선물 거래를 통해 1천만 원의 이익을 얻어 현물 거래에서의 손실을 보전할 수 있게 된다.

외환 거래	환율 변동에 의한 손익 산출	손익
현물	−50원(1,300원−1,350원) × 20만 달러	−1,000만 원
선물	50원(1,355원−1,305원) × 20만 달러	1,000만 원

〈표〉 A 사의 외환 거래로 인한 손익

반대로 미국에 상품을 수출하고 그 대금을 달러로 받는 기업의 경우 받은 달러의 가격이 떨어지면 손해이므로, 특정한 시점에 달러 선물을 팔기로 계약하여 선물의 가격 변동을 이용함으로써 손실에 대비하게 된다.

㉠선물이 자산 가격의 변동으로 인한 손실에 대비하기 위해 약정한 시점에 약정한 가격으로 사거나 팔기로 한 것이라면, 그 약정한 시점에 사거나 파는 것을 선택할 수 있는 권리를 부여하는 계약이 있는데 이를 ㉡옵션(option)이라고 한다. 계약을 통해 옵션을 산 사람은 약정한 시점, 즉 만기일에 상품을 사거나 파는 것이 유리하면 그 권리를 행사하고, 그렇지 않으면 그 권리를 포기할 수 있다. 그런데 포기하면 옵션 계약을 할 때 지불했던 옵션 프리미엄이라는 일종의 계약금도 포기해야 하므로 그 금액만큼의 손실은 발생한다. 만기일에 약정한 가격으로 상품을 살 수 있는 권리를 콜옵션, 상품을 팔 수 있는 권리를 풋옵션이라고 한다. 콜옵션을 산 사람은 상품의 가격이 애초에 옵션에서 약정한 것보다 상승하게 되면, 그 권리 행사를 통해 가격 변동 폭만큼 이익을 보게 되고 이 콜옵션을 판 사람은 그만큼의 손실을 보게 된다. 마찬가지로 풋옵션을 산 사람은 상품의 가격이 애초에 옵션에서 약정한 것보다 하락하게 되면, 그 권리 행사를 통해 가격 변동 폭만큼 이익을 보게 되고 이 풋옵션을 판 사람은 그만큼의 손실을 보게 된다.

선물이나 옵션은 상품의 가격 변동에서 오는 손실을 줄여 시장의 안정성을 높이고자 하는 취지에서 만들어진 것이다. 하지만 이것이 시장 내에서 손실 그 자체를 줄이는 것은 아니고 새로운 부가가치를 창출하는 것도 아니다. 또한 위험을 무릅쓰고 높은 수익을 노리고자 하는 투기를 조장한다는 점에서 오히려 시장의 안정성을 저해한다는 비판도 제기되고 있다.

38. [A]의 거래 방식을 바르게 평가한 사람은?

① 甲 : 안정된 소득을 거래 당사자 모두에게 보장해 주기 위한 것이군.

② 乙 : 상품의 수요와 공급이 불균형한 상태를 극복하기 위한 경제 활동인 것이군.

③ 丙 : 가격 변동에 따른 위험 부담을 거래 당사자의 어느 한쪽에 전가하는 것이군.

④ 丁 : 서로의 이익을 극대화하기 위해 거래 당사자 간에 손실을 나누어 가지는 것이군.

⑤ 戊 : 소득이 균형 있게 분배되도록 거래 당사자의 소득에 따라 가격을 달리하는 것이군.

39. ㉠, ㉡에 대한 설명으로 적절하지 않은 것은?

① ㉠은 ㉡과 달리 가격 변동의 폭에 따라 손익의 규모가 달라진다.

② ㉡은 ㉠과 달리 약정한 상품에 대한 매매의 실행 여부를 선택할 수 있다.

③ ㉡은 ㉠의 거래로 인해 발생하는 손실에 대비하기 위해 활용될 수 있다.

④ ㉠, ㉡은 모두 계약 시점과 약정한 상품을 매매할 수 있는 시점이 서로 다르다.

⑤ ㉠, ㉡은 모두 위험 요소로 인한 시장 내의 경제적 손실 자체를 제거하지는 못한다.

40. 다음은 환율 변동에 대비하는 회의이다. 위 설명을 바탕으로 할 때 적절하지 않은 결론을 도출한 사람은?

상황 보고 : 우리 회사는 오늘 3월 25일에 미국 회사에 LCD 패널 100만 달러어치를 수출하기로 계약하고 대금을 2개월 후인 5월 25일에 받기로 하였습니다. 환율 변동성이 커진 최근의 경제 상황에 대비하기 위해 우리 금융 대응팀에서 여러 경제적인 요인을 분석하여 3월 25일부터의 환율 및 달러 선물 가격의 변동을 아래와 같이 예측했습니다. 3월 25일 현재 원/달러 환율은 1,250원/US$이고, 5월물 달러 선물의 가격은 1,260원/US$입니다.

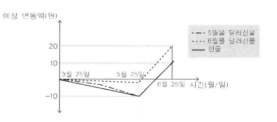

김 대리 : 달러 현물 가격의 추이로 볼 때 5월 25일에 현물로 대금을 받는다면 손실이 발생할 것이 분명하네요.

최 과장 : 5월 25일에 거래되는 5월물 달러 선물 100만 달러어치를 팔기로 계약한다면 현물로 받은 대금의 손실을 보전할 수 있을 것 같습니다.

이 차장 : 전례가 있으니 미국 회사의 동의를 얻어 대금을 받는 날짜를 1개월 더 늦춰 6월 25일로 연기한다면 굳이 5월물 달러 선물을 계약할 필요가 없을 것 같습니다.

고 대리 : 말씀하신 대로 대금을 받는 날짜를 6월 25일로 1개월 더 연기할 수 있다면 현물 거래로도 우리 회사는 이익을 얻을 수 있습니다.

박 대리 : 현재 6월물 달러 선물 가격은 1,280원입니다. 따라서 대금을 받는 날짜를 1개월 더 연기하고, 6월 25일에 거래되는 6월물 달러 선물 100만 달러어치를 팔기로 계약하면 추가 이익이 발생해 회사에 도움이 될 것 같습니다.

① 김 대리   ② 최 과장

③ 이 차장   ④ 고 대리

⑤ 박 대리

41. 위 설명을 바탕으로 다음의 상황을 이해한 것으로 적절한 것은?

> 옵션 거래의 대상인 상품 Ⓐ, Ⓑ가 계약일에 약정한 가격 대비 만기일의 가격이 ㅁ는 상승하였고, Ⓑ는 하락하였다. 이에 Ⓐ, Ⓑ에 대한 옵션을 거래한 사람들은 손익으로 인해 희비가 엇갈리게 되었다.

① Ⓐ에 대한 콜옵션을 판 사람은 만기일에 이익을 보았겠군.

② Ⓐ에 대한 풋옵션을 산 사람은 만기일에 이익을 보았겠군.

③ Ⓑ에 대한 콜옵션을 산 사람은 만기일에 손실을 보았겠군.

④ Ⓑ에 대한 풋옵션을 포기한 사람은 만기일에 이익을 보았겠군.

⑤ Ⓑ에 대한 콜옵션을 포기한 사람은 만기일에 손실을 보지 않았겠군.

42. 다음은 NH농협은행의 고객 신용등급 변화 확률 자료이다. 이에 대한 〈보기〉의 설명 중 옳지 않은 것을 모두 고르면?

구분		t + 1년			
		A	B	C	D
t년	A	0.70	0.20	0.08	0.02
	B	0.14	0.65	0.16	0.05
	C	0.05	0.15	0.55	0.25

1) 고객 신용등급은 매년 1월 1일 0시에 연 1회 산정되며, A등급이 가장 높고 B, C, D순임.

2) 한 번 D등급이 되면 고객 신용등급은 5년 동안 D등급을 유지함.

3) 고객 신용등급 변화 확률은 매년 동일함.

〈보기〉

㉠ 2010년에 B등급 고객이 2012년까지 D등급이 될 확률은 0.08 이상이다.

㉡ 2010년에 C등급 고객의 신용등급이 2013년까지 변화할 수 있는 경로는 모두 40가지이다.

㉢ B등급 고객의 신용등급이 1년 뒤에 하락할 확률은 C등급 고객의 신용등급이 1년 뒤에 상승할 확률보다 낮다.

① ㉠   ② ㉡

③ ㉢   ④ ㉠, ㉡

⑤ ㉡, ㉢

43. 다음은 외환위기 전후 우리나라의 경제상황을 나타낸 자료이다. 이에 대한 설명 중 옳은 것은?

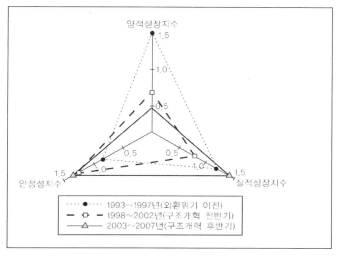

① 1993년 이후 양적성장지수가 감소함에 따라 안정성지수 또한 감소하였다.

② 외환위기 이전에 비해 구조개혁 전반기에는 양적성장지수와 질적성장지수 모두 50% 이상 감소하였다.

③ 세 지수 모두에서 구조개혁 전반기의 직전기간 대비 증감폭보다 구조개혁 후반기의 직전기간 대비 증감폭이 크다.

④ 구조개혁 전반기와 후반기 모두에서 양적성장지수의 직전기간 대비 증감폭보다 안정성지수의 직전기간 대비 증감폭이 크다.

⑤ 안정성지수는 구조개혁 전반기와 구조개혁 후반기에 직전기간 대비 모두 증가하였으나, 구조개혁 후반기의 직전기간 대비 증가율은 구조개혁 전반기의 직전기간 대비 증가율보다 낮다.

44. 다음 〈표〉는 어느 지역의 친환경농산물 인증심사에 대한 자료이다. 2009년부터 인증심사원 1인당 연간 심사할 수 있는 농가수가 상근직은 400호, 비상근직은 250호를 넘지 못하도록 규정이 바뀐다고 할 때, 〈조건〉을 근거로 예측한 내용 중 옳지 않은 것은?

〈2008년 인증기관별 인증현황〉

(단위 : 호, 명)

인증기관	심사 농가수	승인 농가수	인증심사원		
			상근	비상근	합
A	2,540	542	4	2	6
B	2,120	704	2	3	5
C	1,570	370	4	3	7
D	1,878	840	1	2	3
계	8,108	2,456	11	10	21

〈조건〉

• 인증기관의 수입은 인증수수료가 전부이고, 비용은 인증심사원의 인건비가 전부라고 가정한다.
• 인증수수료: 승인농가 1호당 10만 원
• 인증심사원의 인건비는 상근직 연 1,800만 원, 비상근직 연 1,200만 원이다.
• 인증기관별 심사 농가수, 승인 농가수, 인증심사원 인건비, 인증수수료는 2008년과 2009년에 동일하다.

※ 인증심사원은 인증기관 간 이동이 불가능하고 추가고용을 제외한 인원변동은 없음.

※ 각 인증기관은 추가고용 시 최소인원만 고용함.

① 2008년에 인증기관 B의 수수료 수입은 인증심사원 인건비보다 적다.

② 2009년 인증기관 A가 추가로 고용해야 하는 인증심사원은 최소 2명이다.

③ 인증기관 D가 2009년에 추가로 고용해야 하는 인증심사원을 모두 상근으로 충당한다면 적자이다.

④ 만약 2009년 인증수수료 부과기준이 '승인 농가'에서 '심사 농가'로 바뀐다면, 인증수수료 수입액이 가장 많이 증가하는 인증기관은 A이다.

⑤ 만약 정부가 이 지역에 2009년 추가로 필요한 인증심사원을 모두 상근으로 고용하게 하고 추가로 고용되는 상근심사원 1인당 보조금을 연 600만 원씩 지급한다면 보조금액수는 연간 5,000만 원 이상이다.

45. 다음은 금융기관별, 개인신용등급별 햇살론 보증잔액 현황에 관한 자료이다. 〈그림〉은 〈표〉를 이용하여 6개 금융기관 중 2개 금융기관의 개인신용등급별 햇살론 보증잔액 구성비를 나타낸 것이다. 〈그림〉의 금융기관 A와 B를 바르게 나열한 것은?

〈금융기관별, 개인신용등급별 햇살론 보증잔액 현황〉

(단위 : 백만원)

개인신용등급 \ 금융기관	농협	수협	축협	신협	새마을금고	저축은행	합
1	2,425	119	51	4,932	7,783	3,785	19,095
2	6,609	372	77	14,816	22,511	16,477	60,862
3	8,226	492	176	18,249	24,333	27,133	78,609
4	20,199	971	319	44,905	53,858	72,692	192,944
5	41,137	2,506	859	85,086	100,591	220,535	450,714
6	77,749	5,441	1,909	147,907	177,734	629,846	1,040,586
7	58,340	5,528	2,578	130,777	127,705	610,921	935,849
8	11,587	1,995	738	37,906	42,630	149,409	244,265
9	1,216	212	75	1,854	3,066	1,637	8,060
10	291	97	2	279	539	161	1,369
계	227,779	17,733	6,784	486,711	560,750	1,732,596	3,032,353

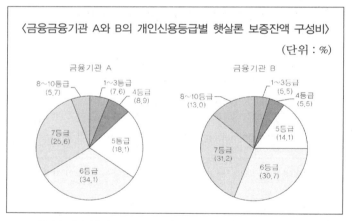

〈금융금융기관 A와 B의 개인신용등급별 햇살론 보증잔액 구성비〉

(단위 : %)

금융기관 A
8~10등급 (5.7)
1~3등급 (7.6)
4등급 (8.9)
5등급 (18.1)
6등급 (34.1)
7등급 (25.6)

금융기관 B
1~3등급 (5.5)
4등급 (5.5)
5등급 (14.1)
6등급 (30.7)
7등급 (31.2)
8~10등급 (13.0)

※ '1~3등급'은 개인신용등급 1, 2, 3등급을 합한 것이고, '8~10등급'은 개인신용등급 8, 9, 10등급을 합한 것임.

※ 보증잔액 구성비는 소수점 둘째 자리에서 반올림한 값임.

	A	B
①	농협	수협
②	농협	축협
③	수협	신협
④	저축은행	수협
⑤	저축은행	축협

| 46~48 | 다음은 통화 정책에 대한 설명이다. 물음에 답하시오.

통화 정책은 중앙은행이 물가 안정과 같은 경제적 목적의 달성을 위해 이자율이나 통화량을 조절하는 것이다. 대표적인 통화 정책 수단인 '공개 시장 운영'은 중앙은행이 민간 금융기관을 상대로 채권을 매매해 금융 시장의 이자율을 정책적으로 결정한 기준 금리 수준으로 접근시키는 것이다. 중앙은행이 채권을 매수하면 이자율은 하락하고, 채권을 매도하면 이자율은 상승한다. 이자율이 하락하면 소비와 투자가 확대되어 경기가 활성화되고 물가 상승률이 오르며, 이자율이 상승하면 경기가 위축되고 물가 상승률이 떨어진다. 이와 같이 공개 시장 운영의 영향은 경제 전반에 파급된다.

중앙은행의 통화 정책이 의도한 효과를 얻기 위한 요건 중에는 '선제성'과 '정책 신뢰성'이 있다. 먼저 통화 정책이 선제적이라는 것은 중앙은행이 경제 변동을 예측해 이에 미리 대처한다는 것이다. 기준 금리를 결정하고 공개 시장 운영을 실시하여 그 효과가 실제로 나타날 때까지는 시차가 발생하는데 이를 '정책 외부 시차'라 하며, 이 때문에 선제성이 문제가 된다. 예를 들어 중앙은행이 경기 침체 국면에 들어서야 비로소 기준 금리를 인하한다면, 정책 외부 시차로 인해 경제가 스스로 침체 국면을 벗어난 다음에야 정책 효과가 발현될 수도 있다. 이 경우 경기 과열과 같은 부작용이 수반될 수 있다. 따라서 중앙은행은 통화 정책을 선제적으로 운용하는 것이 바람직하다.

또한 통화 정책은 민간의 신뢰가 없이는 성공을 거둘 수 없다. 따라서 중앙은행은 정책 신뢰성이 손상되지 않게 유의해야 한다. 그런데 어떻게 통화 정책이 민간의 신뢰를 얻을 수 있는지에 대해서는 견해 차이가 있다. 경제학자 프리드먼은 중앙은행이 특정한 정책 목표나 운용 방식을 '준칙'으로 삼아 민간에 약속하고 어떤 상황에서도 이를 지키는 ㉠'준칙주의'를 주장한다. 가령 중앙은행이 물가 상승률 목표치를 민간에 약속했다고 하자. 민간이 이 약속을 신뢰하면 물가 불안 심리가 진정된다. 그런데 물가가 일단 안정되고 나면 중앙은행으로서는 이제 경기를 부양하는 것도 고려해 볼 수 있다. 문제는 민간이 이 비일관성을 인지하면 중앙은행에 대한 신뢰가 훼손된다는 점이다. 준칙주의자들은 이런 경우에 중앙은행이 애초의 약속을 일관되게 지키는 편이 바람직하다고 주장한다.

그러나 민간이 사후적인 결과만으로는 중앙은행이 준칙을 지키려 했는지 판단하기 어렵고, 중앙은행에 준칙을 지킬 것을 강제할 수 없는 것도 사실이다. 준칙주의와 대비되는 ㉡'재량주의'에서는 경제 여건 변화에 따른 신축적인 정책 대응을 지지하며 준칙주의의 엄격한 실천은 현실적으로 어렵다고 본다. 아울러 준칙주의가 최선인지에 대해서도 물음을 던진다. 예상보다 큰 경제 변동이 있으면 사전에 정해 둔 준칙이 장애물이 될 수 있기 때문이다. 정책 신뢰성은 중요하지만, 이를 위해 중앙은행이 반드시 준칙에 얽매일 필요는 없다는 것이다.

46. 윗글에서 사용한 설명 방식에 해당하지 않는 것은?

① 통화 정책의 목적을 유형별로 나누어 제시하고 있다.

② 통화 정책에서 선제적 대응의 필요성을 예를 들어 설명하고 있다.

③ 공개 시장 운영이 경제 전반에 영향을 미치는 과정을 인과적으로 설명하고 있다.

④ 관련된 주요 용어의 정의를 바탕으로 통화 정책의 대표적인 수단을 설명하고 있다.

⑤ 통화 정책의 신뢰성 확보를 위해 준칙을 지켜야 하는지에 대한 두 견해의 차이를 드러내고 있다.

47. 윗글을 바탕으로 〈보기〉를 이해할 때 '경제학자 병'이 제안한 내용으로 가장 적절한 것은?

어떤 가상의 경제에서 20○○년 1월 1일부터 9월 30일까지 3개 분기 동안 중앙은행의 기준 금리가 4%로 유지되는 가운데 다양한 물가 변동 요인의 영향으로 물가 상승률은 아래 표와 같이 나타났다. 단, 각 분기의 물가 변동 요인은 서로 관련이 없다고 한다.

기간	1/1~3/31	4/1~6/30	7/1~9/30
	1분기	2분기	3분기
물가 상승률	2%	3%	3%

경제학자 병은 1월 1일에 위 표의 내용을 예측할 수 있었고 국민들의 생활 안정을 위해 물가 상승률을 매 분기 2%로 유지해야 한다고 주장하였다. 이를 위해 다음 사항을 고려한 선제적 통화 정책을 제안했으나 받아들여지지 않았다.

[경제학자 병의 고려 사항]

기준 금리가 4%로부터 1.5%p*만큼 변하면 물가 상승률은 위 표의 각 분기 값을 기준으로 1%p만큼 달라지며, 기준 금리 조정과 공개 시장 운영은 1월 1일과 4월 1일에 수행된다. 정책 외부 시차는 1개 분기이며 기준 금리 조정에 따른 물가 상승률 변동 효과는 1개 분기 동안 지속된다.

※ %p는 퍼센트 간의 차이를 말한다. 예를 들어 1%에서 2%로 변화하면 이는 1%p 상승한 것이다.

① 중앙은행은 기준 금리를 1월 1일에 2.5%로 인하하고 4월 1일에도 이를 2.5%로 유지해야 한다.

② 중앙은행은 기준 금리를 1월 1일에 2.5%로 인하하고 4월 1일에는 이를 4%로 인상해야 한다.

③ 중앙은행은 기준 금리를 1월 1일에 4%로 유지하고 4월 1일에는 이를 5.5%로 인상해야 한다.

④ 중앙은행은 기준 금리를 1월 1일에 5.5%로 인상하고 4월 1일에는 이를 4%로 인하해야 한다.

⑤ 중앙은행은 기준 금리를 1월 1일에 5.5%로 인상하고 4월 1일에도 이를 5.5%로 유지해야 한다.

48. 윗글의 ㉠과 ㉡에 대한 설명으로 가장 적절한 것은?

① ㉠에서는 중앙은행이 정책 운용에 관한 준칙을 지키느라 경제 변동에 신축적인 대응을 못해도 이를 바람직하다고 본다.

② ㉡에서는 중앙은행이 스스로 정한 준칙을 지키는 것은 얼마든지 가능하다고 본다.

③ ㉠에서는 ㉡과 달리, 정책 운용에 관한 준칙을 지키지 않아도 민간의 신뢰를 확보할 수 있다고 본다.

④ ㉡에서는 ㉠과 달리, 통화 정책에서 민간의 신뢰 확보를 중요하게 여기지 않는다.

⑤ ㉡에서는 ㉠과 달리, 경제 상황 변화에 대한 통화 정책의 탄력적 대응이 효과적이지 않다고 본다.

▌49~50▌ 다음은 NH농협은행 기업고객인 7개 기업의 1997년도와 2008년도의 주요 재무지표를 나타낸 자료이다. 물음에 답하시오.

〈7개 기업의 1997년도와 2008년도의 주요 재무지표〉

(단위 : %)

재무지표 연도 기업	부채비율		자기자본비율		영업이익률		순이익률	
	1997	2008	1997	2008	1997	2008	1997	2008
A	295.6	26.4	25.3	79.1	15.5	11.5	0.7	12.3
B	141.3	25.9	41.4	79.4	18.5	23.4	7.5	18.5
C	217.5	102.9	31.5	49.3	5.7	11.7	1.0	5.2
D	490.0	64.6	17.0	60.8	7.0	6.9	4.0	5.4
E	256.7	148.4	28.0	40.3	2.9	9.2	0.6	6.2
F	496.6	207.4	16.8	32.5	19.4	4.3	0.2	2.3
G	654.8	186.2	13.2	34.9	8.3	8.7	0.3	6.7
7개 기업의 산술평균	364.6	108.8	24.7	53.8	11.0	10.8	2.0	8.1

1) 총자산 = 부채 + 자기자본

2) 부채구성비율(%) = $\dfrac{부채}{총자산} \times 100$

3) 부채비율(%) = $\dfrac{부채}{자기자본} \times 100$

4) 자기자본비율(%) = $\dfrac{자기자본}{총자산} \times 100$

5) 영업이익률(%) = $\dfrac{영업이익}{매출액} \times 100$

6) 순이익률(%) = $\dfrac{순이익}{매출액} \times 100$

49. 위 자료에 대한 설명 중 옳은 것을 모두 고르면?

㉠ 1997년도 부채구성비율이 당해년도 7개 기업의 산술평균보다 높은 기업은 3개이다.

㉡ 1997년도 대비 2008년도 부채비율의 감소율이 가장 높은 기업은 A이다.

㉢ 기업의 매출액이 클수록 자기자본비율이 동일한 비율로 커지는 관계에 있다고 가정하면, 2008년도 순이익이 가장 많은 기업은 A이다.

㉣ 2008년도 순이익률이 가장 높은 기업은 1997년도 영업이익률도 가장 높았다.

① ㉠, ㉡

② ㉡, ㉢

③ ㉢, ㉣

④ ㉠, ㉡, ㉢

⑤ ㉠, ㉡, ㉣

50. 위 자료를 그래프로 표시한 것 중 옳지 않은 것은?

① 1997년도와 2008년도 B 기업의 부채비율, 자기자본비율, 영업이익률, 순이익률

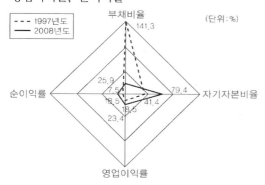

② 1997년도와 2008년도 7개 기업의 영업이익률

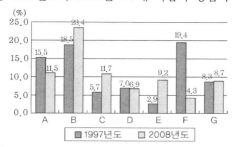

③ 1997년도 C기업의 총자산 구성현황

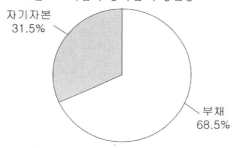

④ 1997년도 영업이익률 상위 3개 기업의 영업이익률 변화

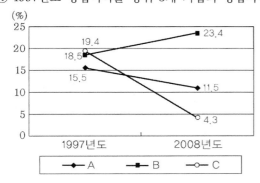

⑤ 1997년도 대비 2008년도 7개 기업의 순이익 변화율

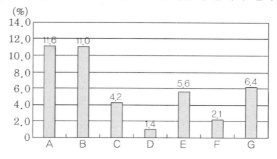

NH농협은행 6급

직무능력평가 모의고사

	영 역	의사소통능력, 문제해결능력, 수리능력, 정보능력
제 5 회	문항수	50문항
	시 간	60분
	비 고	객관식 5지선다형

SEOWONGAK
(주)서원각

1. 다음의 밑줄 친 단어와 의미상 쓰임새가 다른 것은?

> 전동차를 운행하던 기관사는 출입문 바깥쪽에 녹이 <u>생긴</u> 걸 알게 되었다.

① 선로 공사를 하다가 바닥 자갈 더미에 커다란 구멍이 <u>생기게</u> 되었다.

② 서울역 앞길에는 어제 밤 내린 눈으로 거대한 빙판길이 <u>생겼다</u>.

③ 지난주에는 2등에 당첨되었어도 큰돈이 <u>생기지는</u> 않았을 것이다.

④ 열차 한 대가 갑자기 정지하니 뒤따르던 다른 열차 운행 계획에도 차질이 <u>생겼다</u>.

⑤ 화재 시의 행동요령 매뉴얼이 없으면 자칫 대형 사고가 <u>생길</u> 수 있다.

2. 다음 조건을 만족할 때, 민 대리가 설정해 둔 비밀번호는?

> • 민 대리가 설정한 비밀번호는 0~9까지의 숫자를 이용한 4자 리수이며, 같은 수는 연달아 한 번 반복된다.
> • 4자리의 수를 모두 더한 수는 11이며, 모두 곱한 수는 20보 다 크다.
> • 4자리의 수 중 가장 큰 수와 가장 작은 수는 5만큼의 차이가 난다.
> • 비밀번호는 첫 번째 자릿수인 1을 시작으로 오름차순으로 설 정하였다.

① 1127   ② 1226

③ 1235   ④ 1334

⑤ 1136

3. 다음 밑줄 친 부분과 의미적인 쓰임새가 가장 다른 것은?

> 정책결정의 전 과정을 <u>한</u>눈에 쉽게 확인할 수 있으며, 참여 자 등이 정책반영 과정을 지속적으로 공유할 수 있게 된다.

① 그는 <u>한</u> 달 월급을 술값으로 모두 써 버렸다.

② 헤어지기 전에 마지막으로 <u>한</u> 잔 합시다.

③ 시골의 <u>한</u> 마을에서 연쇄 살인 사건이 발생했다.

④ 노래 <u>한</u> 곡 불러 주시겠어요?

⑤ 그녀는 적어도 <u>한</u> 달에 책 <u>한</u> 권은 읽는다.

4. 다음 숫자들의 배열 규칙을 참고할 때, 빈칸에 들어갈 알맞은 숫자는 무엇인가?

> 2, 5, 11, 23   2, 7, 22, 67   1, 5, 21, 85
> 1, 6, 31, 156   1, 7, 43, ( )

① 245   ② 252

③ 259   ④ 264

⑤ 272

5. 김 사원, 이 사원, 박 사원, 정 사원, 최 사원은 신입사원 오 리엔테이션을 받으며 왼쪽부터 순서대로 앉아 강의를 들었다. 각기 다른 부서로 배치된 이들은 4년 후 신규 대리 진급자 시험을 보기 위해 다시 같은 강의실에 모이게 되었다. 다음의 〈조건〉을 모두 만 족할 때, 어떤 경우에도 바로 옆에 앉는 두 사람은 누구인가?

> 〈조건〉
> A. 신규 대리 진급자 시험에 응시하는 사람은 김 사원, 이 사 원, 박 사원, 정 사원, 최 사원뿐이다.
> B. 오리엔테이션 당시 앉았던 위치와 같은 위치에 앉아서 시 험을 보는 직원은 아무도 없다.
> C. 김 사원과 박 사원 사이에는 1명이 앉아 있다.
> D. 이 사원과 정 사원 사이에는 2명이 앉아 있다.

① 김 사원, 최 사원   ② 이 사원, 박 사원

③ 김 사원, 이 사원   ④ 정 사원, 최 사원

⑤ 정 사원, 박 사원

6. 다음 글의 중심내용으로 가장 적절한 것은?

행랑채가 퇴락하여 지탱할 수 없게끔 된 것이 세 칸이었다. 나는 마지못하여 이를 모두 수리하였다. 그런데 그중의 두 칸은 앞서 장마에 비가 샌 지가 오래되었으나, 나는 그것을 알면서도 이럴까 저럴까 망설이다가 손을 대지 못했던 것이고, 나머지 한 칸은 비를 한 번 맞고 샜던 것이라 서둘러 기와를 갈았던 것이다. 이번에 수리하려고 본즉 비가 샌 지 오래된 것은 그 서까래, 추녀, 기둥, 들보가 모두 썩어서 못 쓰게 되었던 까닭으로 수리비가 엄청나게 들었고, 한 번밖에 비를 맞지 않았던 한 칸의 재목들은 완전하여 다시 쓸 수 있었던 까닭으로 그 비용이 많이 들지 않았다.

나는 이에 느낀 것이 있었다. 사람의 몫에 있어서도 마찬가지라는 사실을. 잘못을 알고서도 바로 고치지 않으면 곧 그 자신이 나쁘게 되는 것이 마치 나무가 썩어서 못 쓰게 되는 것과 같으며, 잘못을 알고 고치기를 꺼리지 않으면 해(害)를 받지 않고 다시 착한 사람이 될 수 있으니, 저 집의 재목처럼 말끔하게 다시 쓸 수 있는 것이다. 뿐만 아니라 나라의 정치도 이와 같다. 백성을 좀먹는 무리들을 내버려두었다가는 백성들이 도탄에 빠지고 나라가 위태롭게 된다. 그런 연후에 급히 바로잡으려 하면 이미 썩어 버린 재목처럼 때는 늦은 것이다. 어찌 삼가지 않겠는가.

① 모든 일에 기초를 튼튼히 해야 한다.
② 청렴한 인재 선발을 통해 정치를 개혁해야 한다.
③ 잘못을 알게 되면 바로 고쳐 나가는 자세가 중요하다.
④ 훌륭한 위정자가 되기 위해서는 매사 삼가는 태도를 지녀야 한다.
⑤ 모든 일에는 순서가 있는 법이다.

7. 다음은 우리나라 1차 에너지 소비량 자료이다. 자료 분석 결과로 옳은 것은?

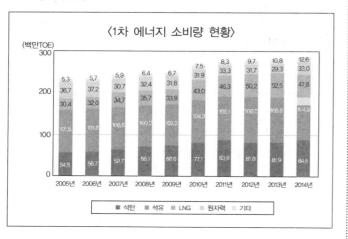

〈1차 에너지 소비량 현황〉

① 석유 소비량이 나머지 에너지 소비량의 합보다 많다.
② 석탄 소비량이 완만한 하락세를 보이고 있다.
③ 기타 에너지 소비량이 지속적으로 감소하는 추세이다.
④ 원자력 소비량은 증감을 거듭하고 있다.
⑤ 최근 LNG 소비량의 증가 추세는 그 정도가 심화되었다.

8. 다음의 업무제휴협약서를 보고 이해한 내용을 기술한 것 중 가장 적절하지 않은 것을 고르면?

〈업무제휴협약〉

㈜○○○과 ★★ CONSULTING(이하 ★★)는 상호 이익 증진을 목적으로 신의성실의 원칙에 따라 다음과 같이 업무협약을 체결합니다.

1. 목적
양사는 각자 고유의 업무영역에서 최선을 다하고 영업의 효율적 진행과 상호 관계의 증진을 통하여 상호 발전에 기여하고 편의를 적극 도모하고자 한다.

2. 업무내용
① ㈜○○○의 A제품 관련 홍보 및 판매
② ★★ 온라인 카페에서 A제품 안내 및 판매
③ A제품 관련 마케팅 제반 정보 상호 제공
④ A제품 판매에 대한 합의된 수수료 지급
⑤ A제품 관련 무료 A/S 제공

3. 업체상호사용
양사는 업무제휴의 목적에 부합하는 경우에 한하여 상대의 상호를 마케팅에 사용 가능하나 사전에 협의된 내용을 변경할 수 없다.

4. 공동마케팅
양사는 상호 이익 증진을 위하여 공동으로 마케팅을 할 수 있다. 공동마케팅을 필요로 할 경우 그 일정과 방법을 상호 협의하여 진행하여야 한다.

5. 협약기간
본 협약의 유효기간은 1년으로 하며, 양사는 매년 초 상호 합의에 의해 유효기간을 1년 단위로 연장할 수 있고 필요 시 업무제휴 내용의 변경이 가능하다.

6. 기타사항
① 양사는 본 협약의 권리의무를 타인에게 양도할 수 없다.
② 양사는 상대방의 상호, 지적재산권 및 특허권 등을 절대 보장하며 침해할 수 없다.
③ 양사는 업무제휴협약을 통해 알게 된 정보에 대해 정보보안을 요청할 경우, 대외적으로 비밀을 유지하여야 한다.

2018년 1월 1일

㈜○○○   ★★ CONSULTING
대표이사 김XX   대표이사 이YY

① 해당 문서는 두 회사의 업무제휴에 대한 전반적인 사항을 명시하기 위해 작성되었다.

② ★★은 자사의 온라인 카페에서 ㈜○○○의 A제품을 판매하고 이에 대해 합의된 수수료를 지급 받는다.

③ ★★은 업무 제휴의 목적에 부합하는 경우에 ㈜○○○의 상호를 마케팅에 사용할 수 있으며 사전에 협의된 내용을 변경할 수 있다.

④ 협약기간에 대한 상호 합의가 없다면, 본 계약은 2018년 12월 31일부로 만료된다.

⑤ ★★은 ㈜○○○의 지적재산권 및 특허권을 절대 보장하며 침해할 수 없다.

┃9~10┃ H공사 홍보팀에 근무하는 이 대리는 사내 홍보 행사를 위해 행사 관련 준비를 진행하고 있다. 다음을 바탕으로 물음에 답하시오.

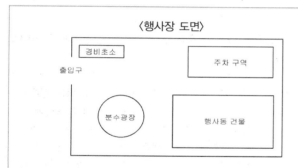

〈행사장 도면〉

〈행사 장소〉
행사동 건물 1층 회의실

〈추가 예상 비용〉
• 금연 표지판 설치
– 단독 입식 : 45,000원
– 게시판 : 120,000원
• 쓰레기통 설치
– 단독 설치 : 25,000원/개
– 벤치 2개 + 쓰레기통 1개 : 155,000원
• 안내 팸플릿 제작

구분	단면	양면
2도 인쇄	5,000원/100장	10,000원/100장
5도 인쇄	1,300원/100장	25,000원/100장

9. 행사를 위해 홍보팀에서 추가로 설치해야 할 물품이 다음과 같을 때, 추가 물품 설치에 필요한 비용은 총 얼마인가?

• 금연 표지판 설치
– 분수대 후면 1곳
– 주차 구역과 경비초소 주변 각 1곳
– 행사동 건물 입구 1곳
※ 실외는 게시판 형태로 설치하고 행사장 입구에는 단독 입식 형태로 설치
• 쓰레기통
– 분수광장 금연 표지판 옆 1곳
– 주차 구역과 경비초소 주변 각 1곳
※ 분수광장 쓰레기통은 벤치와 함께 설치

① 550,000원
② 585,000원
③ 600,000원
④ 610,000원
⑤ 625,000원

10. 이 대리는 추가 비용을 정리하여 팀장에게 보고하였다. 이를 검토한 팀장은 다음과 같이 별도의 지시사항을 전달하였다. 팀장의 지시사항에 따른 팸플릿의 총 인쇄에 소요되는 비용은 얼마인가?

"이 대리, 아무래도 팸플릿을 별도로 준비하는 게 좋겠어. 한 800명 정도 참석할 거 같으니 인원수대로 준비하고 2도 단면과 5도 양면 인쇄를 반씩 섞도록 하게."

① 98,000원
② 99,000원
③ 100,000원
④ 110,000원
⑤ 120,000원

11. 띄어쓰기를 포함하여 맞춤법이 모두 옳은 것은?

① 그는∨가만히∨있다가∨모임에∨온∨지∨두∨시간∨만에∨돌아가∨버렸다.

② 옆집∨김씨∨말로는∨개펄이∨좋다는데∨우리도∨언제∨한∨번∨같이∨갑시다.

③ 그가∨이렇게∨늦어지는∨걸∨보니∨무슨∨큰∨일이∨난∨게∨틀림∨없다.

④ 하늘이∨뚫린∨것인지∨몇∨날∨몇∨일을∨기다려도∨비는∨그치지∨않았다.

⑤ 그냥∨모르는∨척∨살만도∨한데∨말이다.

12. 동근이는 동료들과 함께 공원을 산책하였다. 공원에는 동일한 크기의 벤치가 몇 개 있다. 한 벤치에 5명씩 앉았더니 4명이 앉을 자리가 없어서 6명씩 앉았더니 남는 자리 없이 딱 맞았다. 동근이는 몇 명의 동료들과 함께 공원을 갔는가?

① 16명
② 20명
③ 24명
④ 38명
⑤ 32명

13. 다음은 일일환율동향에 대한 설명이다. 밑줄 친 단어의 의미로 옳지 않은 것은?

> 1. <u>산유국</u>의 감산 합의가 이루어지지 않으며 유가 및 뉴욕 <u>증시</u>가 하락하고 위험회피 심리가 강화되었다.
> 2. 따라서 환율은 상승 압력 속에 1,150원 재진입 시도가 가능할 것으로 보이며 대기 중인 외국인의 <u>배당금</u> 역송금 수요도 하단 지지력으로 작용할 것이다.
> 3. 그러나 <u>G20</u> 회의 결과 달러 약세 전망이 높아지고 있고 한국은행 총재도 재차 금리인하에 대해 매파적 스탠스 확인을 함에 따라 1,150원 선에서는 상승 탄력이 둔화될 것으로 보인다.
> 4. 일본 지진에 따른 아시아 <u>금융시장</u> 흐름과 역외 움직임을 주시하며 박스권 움직임을 전망한다.

① 산유국 : 자국의 영토 및 영해에서 원유를 생산하는 나라
② 증시 : 증명하여 내보임
③ 배당금 : 주식 소유자에게 주는 회사의 이익 분배금
④ G20 : 세계경제 현안을 논의하고 해결점을 모색하기 위해 세계경제의 큰 축을 맡고 있는 20개 국가의 정상이나 재무장관, 중앙은행총재가 갖는 모임
⑤ 금융시장 : 자금의 수요와 공급이 만나 금리 체계가 결정되고, 자금 거래가 이루어지는 추상적인 시장을 통틀어 이르는 말

14. 다음의 워크시트에서 2학년의 평균점수를 구하고자 할 때 [F5] 셀에 입력할 수식으로 옳은 것은?

	A	B	C	D	E	F
1	이름	학년	점수			
2	윤성희	1학년	100			
3	이지연	2학년	95			
4	유준호	3학년	80		학년	평균점수
5	송민기	2학년	80		2학년	
6	유시준	1학년	100			
7	임정순	4학년	85			
8	김정기	2학년	95			
9	신길동	4학년	80			

① =DAVERAGE(A1:C9,3,E4:E5)
② =DAVERAGE(A1:C9,2,E4:E5)
③ =DAVERAGE(A1:C9,3,E4:E4)
④ =DMAX(A1:C9,3,E4:E5)
⑤ =DMAX(A1:C9,2,E4:E5)

15. 다음 글을 통하여 추리할 때, 이 글의 앞에 나왔을 내용으로 맞는 것은?

> 하지만 헌법상 예외적으로 특별한 대우가 인정되는 경우도 있다. 정당은 다른 단체보다 존립과 해산에 있어서 특별한 취급을 받는다. 대통령은 그의 직책을 수행하는 동안에는 형사소추를 받지 않는 특권을 가지며, 국회의원은 직무상 행한 발언에 대하여 책임을 지지 않는다. 또한 국가유공자와 상이군경은 취업에서 우선권이 보장된다.

① 평등권은 법률로 제한가능하다.
② 우리 헌법은 자유권을 보장하고 있다.
③ 인간의 존엄성은 인간이 태어날 때부터 가지는 고유한 권리이다.
④ 누구든지 합리적 이유 없는 차별대우를 받지 아니할 권리를 가진다.
⑤ 모든 민주주의 국가에서는 국민들의 권리를 법으로 명시하고 있다.

16. 다음 글의 빈칸에 들어갈 내용으로 가장 적절한 것은?

> 지구에 저장되어 있는 에너지원의 총량은 얼마나 될까? 1990년 한 해 동안 쓴 양을 기준으로 보면, 석탄은 200년, 석유는 50년, 가스는 70년, 우라늄은 50년 정도 더 쓸 수 있다고 알려졌다. 만일 에너지원을 캐어 내는 기술이 발전하여 최대한 이용한다고 하면, 석탄은 400년, 석유는 200년, 가스는 200년, 핵 원료는 170년 정도 더 쓸 수 있다고 한다. 핵에너지는 그 사용 방법이 많이 발전할 가능성이 있어서, 100세기는 더 사용할 수 있다. 결국, 핵에너지를 뺀 나머지 에너지원은 200~300년 정도밖에 쓸 수 없다. 따라서 인류는 _____

① 빠른 시일 안에 새로운 에너지원을 발견해야 하는 과제에 당면하고 있다.

② 핵에너지의 사용을 최대한 자제해야 한다.

③ 핵폐기물에 대한 연구를 장려해야 한다.

④ 실생활의 문제를 해결할 수 있는 응용 분야의 과학 연구를 소홀히 하지 않아야 한다.

⑤ 앞으로 핵에너지 위주의 산업을 육성시켜야 한다.

17. 다음 표에 대한 설명으로 옳지 않은 것은?

〈표 1〉 국내 통화량 변화 추이

(단위 : 조원, %)

구분	2007년	2008년	2009년	2010년	2011년	2012년	2013년	2014년
본원통화 (증가율)	56.4 (8.7)	64.8 (14.9)	67.8 (4.6)	74.5 (9.9)	80.1 (7.5)	88.3 (10.2)	104.3 (18.1)	106.2 (1.8)
M1 (증가율)	316.4 (-14.7)	330.6 (4.5)	389.4 (17.8)	427.8 (9.9)	442.1 (3.3)	470.0 (6.3)	515.6 (9.7)	531.3 (3.0)
M2 (증가율)	1,273 (10.8)	1,425 (12.0)	1,566 (9.9)	1,660 (6.0)	1,751 (5.5)	1,835 (4.8)	1,920 (4.6)	2,016 (5.0)
통화승수	22.6	22.0	23.1	22.3	21.9	20.8	18.4	19.0
GDP 대비 M2	122.1	129.1	136.1	131.2	131.4	133.3	134.5	138.7

〈표 2〉 국내 외국인투자 변동 추이

(단위 : 억 달러, %)

구분	2007년	2008년	2009년	2010년	2011년	2012년	2013년	2014년
외인투자	7,824	6,065	7,302	8,282	8,405	9,554	9,967	10,519
직접투자 (비중)	1,219 (15.6)	947.2 (15.6)	1,219 (16.7)	1,355 (16.4)	1,351 (16.1)	1,578 (16.5)	1,745 (17.5)	1,811 (17.2)
증권투자 (비중)	4,566 (58.4)	2,521 (41.6)	3,915 (53.6)	4,891 (59.1)	4,770 (56.8)	5,781 (60.5)	6,160 (61.8)	6,471 (61.5)
파생금융상품 (비중)	49.1 (0.6)	753.2 (12.4)	326.0 (4.5)	273.6 (3.3)	290.7 (3.5)	309.1 (3.2)	261.8 (2.6)	246.6 (2.3)
GDP 대비 외인투자 비중	69.7	60.6	80.9	75.7	69.9	78.2	76.4	79.2

① 2014년 M2(광의통화)는 전년 대비 약 5.0% 증가하였다.

② 2014년 국내 외국인투자 규모는 전년 대비 약 5.5% 상승하였다.

③ 2014년 M1(협의통화)은 전년 대비 약 3.0% 증가하였다.

④ 글로벌 금융위기(2008년) 이후 국내 외국인투자 규모는 꾸준한 상승 추세를 유지하고 있다.

⑤ 2014년 GDP 대비 M2의 비율은 2007년에 비해 13.6%p 상승하였다.

18. 다음은 거주자가 지급증빙서류를 제출하지 않은 경우의 해외 송금에 대한 설명이다. 옳지 않은 것은?

---

1. 필요서류
   - 연간 미화 5만불 이하의 지급
     실명확인증표(주민등록증, 운전면허증, 여권, 사업자등록증 등)
   - 연간 미화 5만불 초과의 지급
     – 실명확인증표(주민등록증, 운전면허증, 여권, 사업자등록증 등)
     – 지급확인서
     – 거래 또는 행위 사실을 확인할 수 있는 서류
     – 거주자의 관할세무서장이 발급한 납세증명서
     – 받는 분의 실체를 확인할 수 있는 서류
2. 송금한도 등
   - 한도 제한 없음(단, 인터넷 송금 거래 시 건별 1만불 이내로 제한)
   - 지급인별 연간 송금합계금액이 미화 1만불 초과할 경우 국세청장, 건당 미화 2천불을 초과하는 경우에는 관세청장 및 금융감독원장 통보대상임
   - 건당 미화 2천불 이하의 지급은 거래외국환은행지정, 국세청장(관세청장, 금융감독원장 포함) 통보대상 및 연간 지급한도 관리대상에서 제외된다.
3. 송금을 보내는 방법
   은행 영업점을 거래외국환은행으로 지정하고 송금 가능

종류	내용
전신송금(T/T)	은행이 고객 요청에 따라 해외 환거래은행과 전신을 통해 받는 분 계좌에 입금하는 가장 일반적인 방법으로 긴급한 자금의 송금에 편리함
송금수표(D/D)	은행에서 수표를 발급받아 고객이 직접 받는 분에게 전달하는 경우로 소액송금에 편리한 방법

---

① 연간 미화 5만불 초과의 지급일 경우 거주자의 관할세무서장이 발급한 납세증명서가 필요하다.

② 전신송금은 은행이 고객 요청에 따라 해외 환거래은행과 전신을 통해 받는 분 계좌에 입금하는 가장 일반적인 방법으로 긴급한 자금의 송금에 편리하다.

③ 실명확인증표로는 주민등록증, 운전면허증, 여권, 사업자등록증 등이 있다.

④ 위 해외 송금의 경우 인터넷 송금 거래 시 건별 1만불 이내로 제한된다.

⑤ 건당 미화 2천불을 초과하는 경우에는 국세청장과 금융감독원장 통보대상이 된다.

---

19. 다음은 '외국인우대통장' 상품설명서 중 거래조건에 대한 내용이다. 우대조건을 충족시키지 못한 사람은 누구인가?

〈거래조건〉

구분	내용
가입자격	외국인(1인 1계좌)
대상예금	저축예금
적용금리 (세전)	연 0.1%
이자지급방식	해당 예금의 결산일 익일에 지급
우대서비스	전월말 기준 우대조건 2가지 이상을 충족하는 고객을 대상으로 이번 달 11일부터 다음 달 10일까지 면제(이 통장으로 거래 시) 및 우대 • 신규 및 전환일로부터 다음 다음 달 10일까지 조건 없이 우대내용 ①, ② 면제

우대조건	우대내용
① 이 통장에 월 50만 원 이상 급여이체 실적이 있는 경우	① 당행 인터넷(스마트) · 텔레 · 모바일 뱅킹 타행 이체 수수료 면제
② 이 통장의 월 평균 잔액이 50만 원 이상인 경우	② 당행 CD/ATM기 당행 이체 및 출금 수수료 면제
③ 건당 미화 500불 상당액 이상의 외화송금 또는 건당 미화 500불 상당액 이상의 환전 실적이 있는 경우	③ 해외송금수수료 60% 우대
④ 당행을 외국환지정은행으로 등록한 경우	④ 외화현찰환전환율 수수료 50% 우대
⑤ 외국인우대적금 전월 납입 실적이 있는 경우	

• 우대내용 ①, ②는 이 통장 거래 시 월 20회(합산) 이내에서 면제
• 우대내용 ③, ④는 이 통장 실명확인번호로 창구거래 시에만 횟수 제한 없이 면제

계약의 해지	영업점에서 해지 가능

---

① 외국인우대통장에 월 30만 원의 급여이체 실적이 있는 외국인 A씨

② 외국인우대통장의 월 평균 잔액이 65만원인 외국인 B씨

③ 건당 미화 700불의 외화송금 실적이 있는 외국인 C씨

④ 농협은행을 외국환지정은행으로 등록한 외국인 D씨

⑤ 외국인우대적금 전월 납입 실적이 있는 외국인 E씨

┃20~21┃ 다음은 '진짜사나이 적금'의 상품설명서 중 일부이다. 물음에 답하시오.

〈거래조건〉

구분	내용
가입자격	신규 임관 군 간부(장교, 부사관, 군의관, 법무관, 공중보건의 등) (* 신규 임관 기준 : 군 신분증의 임관일로부터 익년 도말까지)
예금종류	자유로우대적금
가입기간	12개월 이상 24개월 이내(월 단위)
적립방식	자유적립식
가입금액	초입금 및 매회 입금 1만원 이상, 1인당 월 20만 원 이내 자유적립
기본금리 (연 %, 세전)	자유로우대적금 가입기간별 금리에 따름
우대금리 (%p, 세전)	아래 우대조건을 만족하는 경우 가입일 현재 기본금리에 가산하여 만기해지 시 적용

세부조건	우대금리
이 적금 가입기간 중 만기 전월까지 "6개월 이상" 농협은행에 급여이체 시	0.2
가입월부터 만기 전월까지 기간 중 농협은행 채움카드(개인 신용·체크) 월 평균 20만 원 이상 이용 시	0.2
만기일 전월말 기준으로 농협은행의 주택청약종합저축(청약저축 포함) 가입 시	0.2

20. 다음 중 위 적금에 가입할 수 없는 사람은?

① 육군 장교로 임관한 권 소위
② 공군에 입대한 전 이병
③ 군의관으로 임관한 빈 소위
④ 해병대 부사관으로 임관한 송 하사
⑤ 법무관으로 임관한 장 소위

21. 다음 중 위 적금의 우대금리를 받을 수 있는 사람은?

① 적금 가입기간 중 만기 전월까지 5개월 동안 농협은행에 급여이체를 한 철재
② 가입월부터 만기 전월까지의 기간 중 농협은행 채움카드로 월 평균 15만 원을 이용한 영재
③ 적금 만기 후 농협은행의 주택청약종합저축에 가입한 정호
④ 가입월부터 만기 전월까지의 기간 중 농협은행 채움카드로 월 평균 10만 원을 이용한 대근
⑤ 적금 가입기간 중 만기 전월까지 7개월 동안 농협은행에 급여이체를 한 문식

22. 다음은 농협은행에서 판매하는 '채움스마티통장'에 대한 설명이다. 이 통장에 가입할 수 없는 사람은?

채움스마티통장

1. 상품특징
   만 14세~33세 대학생 등 젊은 고객을 대상으로 우대서비스를 제공하는 요구불 상품
2. 가입대상
   만 14세~33세 개인(1인 1통장)
3. 가입기간
   제한 없음
4. 금리안내
   기본금리 연 1.5%(일별잔액 100만 원 한도, 100만 원 초과 시 0.1%)
5. 우대금리
   (세전)
   당행 최초 거래 고객 : 연 0.5%p(일별 잔액 100만 원 이하)
   (우대금리 적용요건) : 농협은행 글로벌체크카드 또는 스마티신용카드 가입고객이 본 상품을 결제계좌로 사용하는 경우로서 요건에 해당하는 경우
   채움스마티통장 가입일이 농협은행에 고객정보 최초 등록일과 동일한 경우

① 고등학교에 갓 입학한 만 17세 영재
② 직장에 다니는 만 35세 종엽
③ 갓 대학교에 입학한 만 20세 재영
④ 회사에 취직한 만 27세 희진
⑤ 대학을 막 졸업한 만 24세 하나

23. 다음에 주어진 조건이 모두 참일 때 옳은 결론을 고르면?

> • 넷 중에 철수는 영희보다 빠르고 지혜보다 느리다.
> • 넷 중에 지혜는 혜미보다 느리고 영희보다 빠르다.

> A : 혜미는 철수보다 느리다.
> B : 영희는 혜미보다 느리다.

① A만 옳다.
② B만 옳다.
③ A와 B 모두 옳다.
④ A와 B 모두 그르다.
⑤ A와 B 모두 옳은지 그른지 알 수 없다.

24. 다음 표는 A지역 전체 가구를 대상으로 원자력발전소 사고 전·후 식수 조달원 변경에 대해 사고 후 설문조사한 결과이다. 사고 전에 비해 사고 후에 이용 가구 수가 감소한 식수 조달원의 수는 몇 개인가? (단, A지역 가구의 식수 조달원은 수돗물, 정수, 약수, 생수로 구성되며, 각 가구는 한 종류의 식수 조달원만 이용한다.)

〈원자력발전소 사고 전·후 A지역 조달원별 가구 수〉

(단위 : 가구)

사고 전 조달원 \ 사고 후 조달원	수돗물	정수	약수	생수
수돗물	40	30	20	30
정수	10	50	10	30
약수	20	10	10	40
생수	10	10	10	40

① 0개
② 1개
③ 2개
④ 3개
⑤ 4개

25. 고객으로부터의 급한 연락이 왔다. 그러나 당신은 지금 중요 거래처 사람과의 약속장소로 가고 있다. 그런데 약속한 상대방과 연락이 되지 않고 있다면 당신은 어떻게 할 것인가?

① 동료에게 고객을 응대해 줄 것을 부탁한다.
② 고객에게 양해를 구하고 약속장소로 간다.
③ 동료에게 거래처 사람과 만날 것을 부탁하고 고객을 응대한다.
④ 거래처 사람에게 음성이나 문자를 남기고 고객을 응대한다.
⑤ 고객을 먼저 응대하고 약속장소로 간다.

26. 다음은 신입사원 300명을 대상으로 어떤 스포츠에 관심이 있는지 조사한 표이다. 두 종목 이상의 스포츠에 관심이 있는 사원의 수는?

스포츠 종목	비율	스포츠 종목	비율
야구	30%	축구와 농구	7%
농구	20%	야구와 축구	9%
축구	25%	농구와 야구	6%
−	−	야구, 농구, 축구	3%

① 25명
② 50명
③ 75명
④ 100명
⑤ 125명

27. 다음은 국내 5대 은행의 당기순이익 및 당기순이익 점유비 추이를 나타낸 표이다. 2015년 농협은행의 당기순이익 점유비는 전년 대비 약 몇 %p 감소하였는가?

(단위 : 억원, %)

구분	2013년	2014년	2015년
농협은행(점유비)	2,106(4.1)	1,624(4.7)	1,100( )
국민은행(점유비)	12,996(25.8)	8,775(25.6)	5,512(21.3)
우리은행(점유비)	13,429(26.6)	3,943(11.5)	5,024(19.4)
신한은행(점유비)	16,496(32.7)	13,414(39.1)	8,507(32.9)
하나은행(점유비)	5,434(10.8)	6,552(19.1)	5,701(22.1)

① 약 0.1%p
② 약 0.2%p
③ 약 0.3%p
④ 약 0.4%p
⑤ 약 0.5%p

28. 다음 워크시트는 학생들의 수리영역 성적을 토대로 순위를 매긴 것이다. 다음 중 [C2] 셀의 수식으로 옳은 것은?

	A	B	C
1		수리영역	순위
2	이순자	80	3
3	이준영	95	2
4	정소이	50	7
5	금나라	65	6
6	윤민준	70	5
7	도성민	75	4
8	최지애	100	1

① =RANK(B2,$B$2:$B$8)

② =RANK(B2,$B$2:$B$8,1)

③ =RANK(C2,$B$2:$B$8)

④ =RANK(C2,$B$2:$B$8,0)

⑤ =RANK(C2,$B$2:$B$8,1)

29. 다음에 주어진 조건이 모두 참일 때 옳은 결론을 고르면?

- 과일 A에는 씨가 2개, 과일 B에는 씨가 1개 있다.
- 철수와 영수는 각각 과일 4개씩을 먹었다.
- 철수는 영수보다 과일 A를 1개 더 먹었다.
- 철수는 같은 수로 과일 A와 B를 먹었다.

A : 영수는 B과일을 3개 먹었다.
B : 두 사람이 과일을 다 먹고 나온 씨의 개수 차이는 1개이다.

① A만 옳다.

② B만 옳다.

③ A와 B 모두 옳다.

④ A와 B 모두 그르다.

⑤ A와 B 모두 옳은지 그른지 알 수 없다.

30. 다음 시트에서 수식 '=COUNTIFS(B2:B12,B3,D2:D12,D2)'의 결과 값은?

	A	B	C	D
1	성명	소속	근무연수	직급
2	윤한성	영업팀	3	대리
3	김영수	편집팀	4	대리
4	이준석	전산팀	1	사원
5	강석현	총무팀	5	과장
6	이진수	편집팀	3	대리
7	이하나	편집팀	10	팀장
8	전아미	영상팀	5	과장
9	임세미	편집팀	1	사원
10	김강우	영업팀	7	팀장
11	이동진	영업팀	1	사원
12	김현수	편집팀	4	대리
13				

① 1 ② 2

③ 3 ④ 4

⑤ 5

31. 서울시 유료 도로에 대한 자료이다. 산업용 도로 3km의 건설비는 얼마가 되는가?

분류	도로수	총길이	건설비
관광용 도로	5	30km	30억
산업용 도로	7	55km	300억
산업관광용 도로	9	198km	400억
합계	21	283km	730억

① 약 5.5억 원 ② 약 11억 원

③ 약 16.5억 원 ④ 약 22억 원

⑤ 약 25.5억 원

32. 다음 글에 대한 설명으로 적절하지 않은 것은?

요즘 시청자들은 자신도 모르는 사이에 간접 광고에 수시로 노출되어 광고와 더불어 살아가는 환경에 놓이게 되었다. 방송 프로그램의 앞과 뒤에 붙어 방송되는 직접 광고와 달리 PPL이라고도 하는 간접 광고는 프로그램 내에 상품을 배치해 광고 효과를 거두려 하는 광고 형태이다. 간접광고는 직접광고에 비해 시청자가 리모컨을 이용해 광고를 회피하기가 상대적으로 어려워 시청자에게 노출될 확률이 더 높다.

광고주들은 광고를 통해 상품의 인지도를 높이고 상품에 대한 호의적 태도를 확산시키려 한다. 간접 광고에서는 이러한 광고 효과를 거두기 위해 주류적 배치와 주변적 배치를 활용한다. 주류적 배치는 출연자가 상품을 사용·착용하거나 대사를 통해 상품을 언급하는 것이고 주변적 배치는 화면 속 배경을 통해 상품을 노출하는 것인데 시청자들은 주변적 배치보다 주류적 배치에 더 주목하게 된다. 또 간접 광고를 통해 배치되는 상품이 자연스럽게 활용되어 프로그램의 맥락에 잘 부합하면 해당 상품에 대한 광고 효과가 커지는데 이를 맥락효과라 한다.

① 간접 광고의 개념과 특성을 밝히고 있다.
② 간접 광고와 관련된 제도를 소개하고 있다.
③ 간접 광고 제도에 대한 비판적 견해를 소개하고 있다.
④ 간접 광고에 관한 이론의 발전 과정을 분석하고 있다.
⑤ 방송 프로그램 내에서의 간접 광고 활용방안에 대해 소개하고 있다.

33. 다음에 주어진 조건이 모두 참일 때 옳은 결론을 고르면?

- 40살 미만의 사람들은 인터넷을 즐겨 한다.
- 40살 미만까지의 사람들만 모두 자동차에 관심이 있다.
- 40살 이상의 남자들은 모두 모든 종류의 술을 좋아한다.
- 40살 이상이 되면 여자들은 모두 와인만을 좋아한다.
- 민재는 인터넷을 즐겨 하지 않으며 소주를 좋아한다.
- 지우는 와인을 좋아하지 않는다.

A : 민재는 남자이다.
B : 지우는 남자이다.

① A만 옳다.
② B만 옳다.
③ A와 B 모두 옳다.
④ A와 B 모두 그르다.
⑤ A와 B 모두 옳은지 그른지 알 수 없다.

34. T회사에서 근무하고 있는 N씨는 엑셀을 이용하여 작업을 하고자 한다. 엑셀에서 바로 가기 키에 대한 설명이 다음과 같을 때 괄호 안에 들어갈 내용으로 알맞은 것은?

통합 문서 내에서 (㉠) 키는 다음 워크시트로 이동하고 (㉡) 키는 이전 워크시트로 이동한다.

	㉠	㉡
①	〈Ctrl〉+〈Page Down〉	〈Ctrl〉+〈Page Up〉
②	〈Shift〉+〈Page Down〉	〈Shift〉+〈Page Up〉
③	〈Tab〉+←	〈Tab〉+→
④	〈Alt〉+〈Shift〉+↑	〈Alt〉+〈Shift〉+↓
⑤	〈Ctrl〉+〈Alt〉+〈Page Down〉	〈Ctrl〉+〈Alt〉+〈Page Up〉

35. 표준 업무시간이 80시간인 업무를 각 부서에 할당해 본 결과, 다음과 같은 표를 얻었다. 어느 부서의 업무효율이 가장 높은가?

부서명	투입인원(명)	개인별 업무시간 (시간)	회의	
			횟수(회)	소요시간 (시간/회)
A	2	41	3	1
B	3	30	2	2
C	4	22	1	4
D	3	27	2	1

※ 1) 업무효율= 표준 업무시간 / 총 투입시간
2) 총 투입시간은 개인별 투입시간의 합임.
   개인별 투입시간 = 개인별 업무시간 + 회의 소요시간
3) 부서원은 업무를 분담하여 동시에 수행할 수 있음.
4) 투입된 인원의 업무능력과 인원당 소요시간이 동일하다고 가정함.

① A
② B
③ C
④ D
⑤ A와 C

36. 다음은 2015 ~ 2017년 동안 ○○지역의 용도별 물 사용량 현황을 나타낸 표이다. 이에 대한 설명으로 옳지 않은 것을 모두 고른 것은?

(단위 : m³, %, 명)

연도\구분\용도	2015 사용량	2015 비율	2016 사용량	2016 비율	2017 사용량	2017 비율
생활용수	136,762	56.2	162,790	56.2	182,490	56.1
가정용수	65,100	26.8	72,400	25.0	84,400	26.0
영업용수	11,000	4.5	19,930	6.9	23,100	7.1
업무용수	39,662	16.3	45,220	15.6	47,250	14.5
욕탕용수	21,000	8.6	25,240	8.7	27,740	8.5
농업용수	45,000	18.5	49,050	16.9	52,230	16.1
공업용수	61,500	25.3	77,900	26.9	90,300	27.8
총 사용량	243,262	100.0	289,740	100.0	325,020	100.0
사용인구	379,300		430,400		531,250	

※ 1명당 생활용수 사용량(m³/명) = $\dfrac{\text{생활용수 총 사용량}}{\text{사용인구}}$

ⓐ 총 사용량은 2016년과 2017년 모두 전년대비 15% 이상 증가하였다.
ⓑ 1명당 생활용수 사용량은 매년 증가하였다.
ⓒ 농업용수 사용량은 매년 증가하였다.
ⓓ 가정용수와 영업용수 사용량의 합은 업무용수와 욕탕용수 사용량의 합보다 매년 크다.

---

① ㉠, ㉡
② ㉡, ㉢
③ ㉡, ㉣
④ ㉠, ㉡, ㉣
⑤ ㉠, ㉢, ㉣

37. 다음 중 아래 시트에서 야근일수를 구하기 위해 [B9] 셀에 입력할 함수로 옳은 것은?

	A	B	C	D	E
1			4월 야근 현황		
2	날짜	도준영	전아롱	이진주	강석현
3	4월15일		V		V
4	4월16일	V		V	
5	4월17일	V	V	V	
6	4월18일		V	V	V
7	4월19일	V		V	
8	4월20일	V			
9	야근일수				
10					

① =COUNTBLANK(B3:B8)
② =COUNT(B3:B8)
③ =COUNTA(B3:B8)
④ =SUM(B3:B8)
⑤ =AVERAGE(B3:B8)

|38~39| 다음은 환율과 오버슈팅에 대한 설명이다. 물음에 답하시오.

외국 통화에 대한 자국 통화의 교환 비율을 의미하는 환율은 장기적으로 한 국가의 생산성과 물가 등 기초 경제 여건을 반영하는 수준으로 수렴된다. 그러나 단기적으로 환율은 이와 괴리되어 움직이는 경우가 있다. 만약 환율이 예상과는 다른 방향으로 움직이거나 또는 비록 예상과 같은 방향으로 움직이더라도 변동 폭이 예상보다 크게 나타날 경우 경제 주체들은 과도한 위험에 노출될 수 있다. 환율이나 주가 등 경제 변수가 단기에 지나치게 상승 또는 하락하는 현상을 오버슈팅(overshooting)이라고 한다. 이러한 오버슈팅은 물가 경직성 또는 금융 시장 변동에 따른 불안 심리 등에 의해 촉발되는 것으로 알려져 있다. 여기서 물가 경직성은 시장에서 가격이 조정되기 어려운 정도를 의미한다.

물가 경직성에 따른 환율의 오버슈팅을 이해하기 위해 통화를 금융 자산의 일종으로 보고 경제 충격에 대해 장기와 단기에 환율이 어떻게 조정되는지 알아보자. 경제에 충격이 발생할 때 물가나 환율은 충격을 흡수하는 조정 과정을 거치게 된다. 물가는 단기에는 장기 계약 및 공공요금 규제 등으로 인해 경직적이지만 장기에는 신축적으로 조정된다. 반면 환율은 단기에서도 신축적인 조정이 가능하다. 이러한 물가와 환율의 조정 속도 차이가 오버슈팅을 초래한다. 물가와 환율이 모두 신축적으로 조정되는 장기에서의 환율은 구매력 평가설에 의해 설명되는데, 이에 의하면 장기의 환율은 자국 물가 수준을 외국 물가 수준으로 나눈 비율로 나타나며, 이를 균형 환율로 본다. 가령 국내 통화량이 증가하여 유지될 경우 장기에서는 자국 물가도 높아져 장기의 환율은 상승한다. 이때 통화량을 물가로 나눈 실질 통화량은 변하지 않는다.

그런데 단기에는 물가의 경직성으로 인해 구매력 평가설에 기초한 환율과는 다른 움직임이 나타나면서 오버슈팅이 발생할 수 있다. 가령 국내 통화량이 증가하여 유지될 경우, 물가가 경직적이어서 ㉠실질 통화량은 증가하고 이에 따라 시장 금리는 하락한다. 국가 간 자본 이동이 자유로운 상황에서, ㉡시장 금리 하락은 투자의 기대 수익률 하락으로 이어져, 단기성 외국인 투자 자금이 해외로 빠져나가거나 신규 해외 투자 자금 유입을 위축시키는 결과를 초래한다. 이 과정에서 자국 통화의 가치는 하락하고 ㉢환율은 상승한다. 통화량의 증가로 인한 효과는 물가가 신축적인 경우에 예상되는 환율 상승에, 금리 하락에 따른 자금의 해외 유출이 유발하는 추가적인 환율 상승이 더해진 것으로 나타난다. 이러한 추가적인 상승 현상이 환율의 오버슈팅인데, 오버슈팅의 정도 및 지속성은 물가 경직성이 클수록 더 크게 나타난다. 시간이 경과함에 따라 물가가 상승하여 실질 통화량이 원래 수준으로 돌아오고 해외로 유출되었던 자금이 시장 금리의 반등으로 국내로 복귀하면서, 단기에 과도하게 상승했던 환율은 장기에는 구매력 평가설에 기초한 환율로 수렴된다.

38. 위 내용을 바탕으로 A국 경제 상황에 대한 경제학자 甲의 견해를 추론한 것으로 적절하지 않은 것은?

A국 경제학자 甲은 자국의 최근 경제 상황을 다음과 같이 진단했다.

금융 시장 불안의 여파로 A국의 주식, 채권 등 금융 자산의 가격 하락에 대한 우려가 확산되면서 안전 자산으로 인식되는 B국의 채권에 대한 수요가 증가하고 있다. 이로 인해 외환 시장에서는 A국에 투자되고 있던 단기성 외국인 자금이 B국으로 유출되면서 A국의 환율이 급등하고 있다.

B국에서는 해외 자금 유입에 따른 통화량 증가로 B국의 시장 금리가 변동할 것으로 예상된다. 이에 따라 A국의 환율 급등은 향후 다소 진정될 것이다. 또한 양국 간 교역 및 금융 의존도가 높은 현실을 감안할 때, A국의 환율 상승은 수입품의 가격 상승 등에 따른 부작용을 초래할 것으로 예상되지만 한편으로는 수출이 증대되는 효과도 있다. 그러므로 정부는 시장 개입을 가능한 한 자제하고 환율이 시장 원리에 따라 자율적으로 균형 환율 수준으로 수렴되도록 두어야 한다.

① A국에 환율의 오버슈팅이 발생한 상황에서 B국의 시장 금리가 하락한다면 오버슈팅의 정도는 커질 것이다.

② A국에 환율의 오버슈팅이 발생하였다면 이는 금융 시장 변동에 따른 불안 심리에 의해 촉발된 것으로 볼 수 있다.

③ A국에 환율의 오버슈팅이 발생할지라도 시장의 조정을 통해 환율이 장기에는 균형 환율 수준에 도달할 수 있을 것이다.

④ A국의 환율 상승이 수출을 증대시키는 긍정적인 효과도 동반하므로 A국의 정책 당국은 외환 시장 개입에 신중해야 한다.

⑤ A국의 환율 상승은 B국으로부터 수입하는 상품의 가격을 인상시킴으로써 A국의 내수를 위축시키는 결과를 초래할 수 있다.

39. 다음에 제시된 그래프의 세로축 a, b, c는 ⊙~ⓒ과 하나씩 대응된다. 이를 바르게 짝지은 것은?

다음 그래프들은 국내 통화량이 t 시점에서 증가하여 유지된 경우 예상되는 ⊙~ⓒ의 시간에 따른 변화를 순서 없이 나열한 것이다.

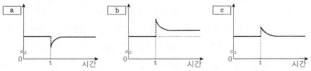

(단, t 시점 근처에서 그래프의 형태는 개략적으로 표현하였으며, t 시점 이전에는 모든 경제 변수들의 값이 일정한 수준에서 유지되어 왔다고 가정한다. 장기 균형으로 수렴되는 기간은 변수마다 상이하다.)

	⊙	ⓒ	ⓒ
①	a	c	b
②	b	a	c
③	b	c	a
④	c	a	b
⑤	c	b	a

40. 다음은 무농약농산물과 저농약농산물 인증기준에 대한 자료이다. 자신이 신청한 인증을 받을 수 있는 사람을 모두 고르면?

무농약농산물과 저농약농산물의 재배방법은 각각 다음과 같다.
1) 무농약농산물의 경우 농약을 사용하지 않고, 화학비료는 권장량의 2분의 1 이하로 사용하여 재배한다.
2) 저농약농산물의 경우 화학비료는 권장량의 2분의 1 이하로 사용하고, 농약은 살포시기를 지켜 살포 최대횟수의 2분의 1 이하로 사용하여 재배한다.

〈농산물별 관련 기준〉

종류	재배기간 내 화학비료 권장량(kg/ha)	재배기간 내 농약살포 최대횟수	농약 살포시기
사과	100	4	수확 30일 전까지
감	120	4	수확 14일 전까지
복숭아	50	5	수확 14일 전까지

※ 1ha=10,000㎡, 1t=1,000kg

甲 : 5㎢의 면적에서 재배기간 동안 농약을 전혀 사용하지 않고 20t의 화학비료를 사용하여 사과를 재배하였으며, 이 사과를 수확하여 무농약농산물 인증신청을 하였다.

乙 : 3ha의 면적에서 재배기간 동안 농약을 1회 살포하고 50kg의 화학비료를 사용하여 복숭아를 재배하였다. 하지만 수확시기가 다가오면서 병충해 피해가 나타나자 농약을 추가로 1회 살포하였고, 열흘 뒤 수확하여 저농약농산물 인증신청을 하였다.

丙 : 가로와 세로가 각각 100m, 500m인 과수원에서 감을 재배하였다. 재배기간 동안 총 2회(올해 4월 말과 8월 초) 화학비료 100kg씩을 뿌리면서 병충해 방지를 위해 농약도 함께 살포하였다. 추석을 맞아 9월 말에 감을 수확하여 저농약농산물 인증신청을 하였다.

① 甲　　　　　　　　② 甲, 乙
③ 甲, 丙　　　　　　④ 乙, 丙
⑤ 甲, 乙, 丙

41. 신입사원 A는 상사로부터 아직까지 '올해의 농협인상' 투표에 참여하지 않은 사원들에게 투표 참여 안내 문자를 발송하라는 지시를 받았다. 다음에 제시된 내용을 바탕으로 할 때, A가 문자를 보내야하는 사원은 몇 명인가?

'올해의 농협인상' 후보에 총 5명(甲~戊)이 올랐다. 수상자는 120명의 신입사원 투표에 의해 결정되며 투표규칙은 다음과 같다.

- 투표권자는 한 명당 한 장의 투표용지를 받고, 그 투표용지에 1순위와 2순위 각 한 명의 후보자를 적어야 한다.
- 투표권자는 1순위와 2순위로 동일한 후보자를 적을 수 없다.
- 투표용지에 1순위로 적힌 후보자에게는 5점이, 2순위로 적힌 후보자에게는 3점이 부여된다.
- '올해의 농협인상'은 개표 완료 후, 총 점수가 가장 높은 후보자가 수상하게 된다.
- 기권표와 무효표는 없다.

현재 투표까지 중간집계 점수는 다음과 같다.

후보자	중간집계 점수
甲	360점
乙	15점
丙	170점
丁	70점
戊	25점

① 50명   ② 45명

③ 40명   ④ 35명

⑤ 30명

42. 다음은 A카페의 커피 판매정보에 대한 자료이다. 한 잔만을 더 판매하고 영업을 종료한다고 할 때, 총이익이 정확히 64,000원이 되기 위해서 판매해야 하는 메뉴는?

(단위 : 원, 잔)

구분 / 메뉴	판매가격 (1잔)	현재까지 판매량	한 잔당 재료				
			원두 (200)	우유 (300)	바닐라 (100)	초코 (150)	캐러멜 (250)
아메리카노	3,000	5	○	×	×	×	×
카페라떼	3,500	3	○	○	×	×	×
바닐라라떼	4,000	3	○	○	○	×	×
카페모카	4,000	2	○	○	×	○	×
캐러멜라떼	4,300	6	○	○	○	×	○

※ 메뉴별 이익=(메뉴별 판매가격−메뉴별 재료비)×메뉴별 판매량
※ 총이익은 메뉴별 이익의 합이며, 다른 비용은 고려하지 않음.
※ A카페는 5가지 메뉴만을 판매하며, 메뉴별 1잔 판매가격과 재료비는 변동 없음.
※ ○ : 해당 재료 한 번 사용, × : 해당 재료 사용하지 않음.

① 아메리카노   ② 카페라떼

③ 바닐라라떼   ④ 카페모카

⑤ 캐러멜라떼

43. 다음은 우리나라의 시·군 중 2016년 경지 면적, 논 면적, 밭 면적 상위 5개 시·군에 대한 자료이다. 이에 대한 설명 중 옳은 것을 모두 고르면?

(단위 : ha)

구분	순위	시·군	면적
경지 면적	1	해남군	35,369
	2	제주시	31,585
	3	서귀포시	31,271
	4	김제시	28,501
	5	서산시	27,285
논 면적	1	김제시	23,415
	2	해남군	23,042
	3	서산시	21,730
	4	당진시	21,726
	5	익산시	19,067
밭 면적	1	제주시	31,577
	2	서귀포시	31,246
	3	안동시	13,231
	4	해남군	12,327
	5	상주시	11,047

※ 경지 면적 = 논 면적 + 밭 면적

㉠ 해남군의 논 면적은 해남군 밭 면적의 2배 이상이다.
㉡ 서귀포시의 논 면적은 제주시 논 면적보다 크다.
㉢ 서산시의 밭 면적은 김제시 밭 면적보다 크다.
㉣ 상주시의 밭 면적은 익산시 논 면적의 90% 이하이다.

① ㉡, ㉢   ② ㉡, ㉣

③ ㉠, ㉢, ㉣   ④ ㉡, ㉢, ㉣

⑤ ㉠, ㉡, ㉢, ㉣

44. 다음은 한 외국계 은행의 연도별 임직원 현황에 관한 자료이다. 이에 대한 설명 중 옳은 것을 모두 고르면?

구분	연도	2013	2014	2015
국적	한국	9,566	10,197	9,070
	중국	2,636	3,748	4,853
	일본	1,615	2,353	2,749
	대만	1,333	1,585	2,032
	기타	97	115	153
	계	15,247	17,998	18,857
고용형태	정규직	14,173	16,007	17,341
	비정규직	1,074	1,991	1,516
	계	15,247	17,998	18,857
연령	20대 이하	8,914	8,933	10,947
	30대	5,181	7,113	6,210
	40대 이상	1,152	1,952	1,700
	계	15,247	17,998	18,857
직급	사원	12,365	14,800	15,504
	간부	2,801	3,109	3,255
	임원	81	89	98
	계	15,247	17,998	18,857

ⓐ 매년 일본, 대만 및 기타 국적 임직원 수의 합은 중국 국적 임직원 수보다 많다.
ⓑ 매년 전체 임직원 중 20대 이하 임직원이 차지하는 비중은 50% 이상이다.
ⓒ 2014년과 2015년에 전년대비 임직원수가 가장 많이 증가한 국정은 모두 중국이다.
ⓓ 2014년에 국적이 한국이면서 고용형태가 정규직이고 직급이 사원인 임직원은 5,000명 이상이다.

① ㉠, ㉡
② ㉠, ㉢
③ ㉡, ㉣
④ ㉠, ㉢, ㉣
⑤ ㉠, ㉡, ㉢, ㉣

45. 다음은 손해배상금 책정과 관련된 규정과 업무 중 사망사건에 대한 자료이다. 빈칸 A, B에 들어갈 값으로 옳은 것은?

손해배상책임의 여부 또는 손해배상액을 정할 때에 피해자에게 과실이 있으면 그 과실의 정도를 반드시 참작하여야 하는데 이를 '과실상계(過失相計)'라고 한다. 예컨대 택시의 과속운행으로 승객이 부상당하여 승객에게 치료비 등 총 손해가 100만 원이 발생하였지만, 사실은 승객이 빨리 달리라고 요구하여 사고가 난 것이라고 하자. 이 경우 승객의 과실이 40%이면 손해액에서 40만 원을 빼고 60만 원만 배상액으로 정하는 것이다. 이는 자기 과실로 인한 손해를 타인에게 전가하는 것이 부당하므로 손해의 공평한 부담이라는 취지에서 인정되는 제도이다.

한편 손해가 발생하였어도 손해배상 청구권자가 손해를 본 것과 같은 원인에 의하여 이익도 보았을 때, 손해에서 그 이익을 공제하는 것을 '손익상계(損益相計)'라고 한다. 예컨대 타인에 의해 자동차가 완전 파손되어 자동차 가격에 대한 손해배상을 청구할 경우, 만약 해당 자동차를 고철로 팔아 이익을 얻었다면 그 이익을 공제하는 것이다. 주의할 것은, 국가배상에 의한 손해배상금에서 유족보상금을 공제하는 것과 같이 손해를 일으킨 원인으로 인해 피해자가 이익을 얻은 경우이어야 손익상계가 인정된다는 점이다. 따라서 손해배상의 책임 원인과 무관한 이익, 예컨대 사망했을 경우 별도로 가입한 보험계약에 의해 받은 생명보험금이나 조문객들의 부의금 등은 공제되지 않는다.

과실상계를 할 사유와 손익상계를 할 사유가 모두 있으면 과실상계를 먼저 한 후에 손익상계를 하여야 한다.

회사원 김 씨는 업무 중 사망하였다. 법원이 인정한 바에 따르면 회사와 김 씨 모두에게 과실이 있고, 손익상계와 과실상계를 하기 전 김 씨의 사망에 의한 손해액은 6억 원이었다. 김 씨의 유일한 상속인 아내는 김 씨의 사망으로 유족보상금 3억 원과 김 씨가 개인적으로 가입했던 보험계약에 의해 생명보험금 6천만 원을 수령하였다. 그 밖에 다른 사정은 없었다.

법원은 김 씨의 과실을 (A)%, 회사의 과실을 (B)%로 판단하여 회사가 김 씨의 상속인 아내에게 배상할 손해배상금을 1억 8천만 원으로 정하였다.

① A : 20, B : 80
② A : 25, B : 75
③ A : 30, B : 70
④ A : 35, B : 65
⑤ A : 40, B : 60

┃46~47┃ 해외에서 진행하는 프로젝트를 위해 출장 예정인 사원 L은 출장에 앞서 유의사항을 정리하여 팀원들에게 알리라는 지시를 받았다. 다음의 내용을 바탕으로 물음에 답하시오.

〈여권 분실〉

· 여권 분실 시, 분실 발견 즉시 가까운 현지 경찰서를 찾아가 여권 분실 증명서를 만듭니다. 재외공관에 분실 증명서, 사진 2장(여권용 컬러사진), 여권번호, 여권발행일 등을 기재한 서류를 제출합니다. 급히 귀국해야 할 경우 여행증명서를 발급받습니다.

※ 여권 분실의 경우를 대비해 여행 전 여권을 복사해 두거나, 여권번호, 발행연월일, 여행지 우리 공관 주소 및 연락처 등을 메모해 둡니다. 단, 여권을 분실했을 경우 해당 여권이 위·변조되어 범죄에 악용될 수 있다는 점에 유의바랍니다.

〈현금 및 수표 분실〉

· 여행경비를 분실하거나 도난당한 경우, 신속해외송금지원제도를 이용합니다.(재외공관 혹은 영사콜센터 문의)

· 여행자 수표를 분실한 경우, 경찰서에 바로 신고한 후 분실 증명서를 발급 받습니다. 여권과 여행자 수표 구입 영수증을 가지고 수표 발행은행의 지점에 가서 분실 신고서를 작성하면, 여행자 수표를 재발행 받을 수 있습니다. 이 때 여행자 수표의 고유번호, 종류, 구입일, 은행점명을 알려줘야 합니다.

※ 수표의 상, 하단 모두에 사인한 경우, 둘 중 어디에도 사인하지 않은 경우, 수표의 번호를 모르는 경우, 분실 후 즉시 신고하지 않은 경우에는 재발급이 되지 않으므로 주의해야 합니다.

〈항공권 분실〉

· 항공권을 분실한 경우, 해당 항공사의 현지 사무실에 신고하고, 항공권 번호를 알려줍니다.

※ 분실에 대비해 항공권 번호가 찍혀 있는 부분을 미리 복사해두고, 구입한 여행사의 연락처도 메모해 둡니다.

〈수하물 분실〉

· 수하물을 분실한 경우, 화물인수증을 해당 항공사 직원에게 제시하고 분실 신고서를 작성합니다. 공항에서 짐을 찾을 수 없게 되면, 항공사에서 책임을 지고 배상합니다.

※ 현지에서 여행 중 물품을 분실한 경우, 현지 경찰서에 잃어버린 물건에 대해 신고를 하고 해외여행자 보험에 가입한 경우, 현지 경찰서로부터 도난 신고서를 발급받은 뒤, 귀국 후 해당 보험회사에 청구합니다.

---

46. L이 팀원들에게 출장 전 공지할 사항으로 적절하지 않은 내용은?

출장 전 안내할 사항은 다음과 같습니다. 먼저, ① 여권 분실을 대비하여 여권용 컬러사진 2장과 여권 복사본을 준비하고, 출장지 우리 공관 주소 및 연락처를 알아두는 것이 좋습니다.

혹시 여행자수표를 가져가실 분은 ② 수표의 상단 혹은 하단 중 한 군데에만 사인을 하고, 여행자수표 구입 영수증을 반드시 챙겨주십시오.

항공권 분실에 관해서는 단체로 E-TICKET을 발급할 예정입니다. ③ 제가 항공권 번호를 따로 정리해가고 구입한 여행사의 연락처 역시 제가 적어갈 테니 이 부분은 따로 준비하지 않으셔도 됩니다.

수하물에 관해서는 ④ 공항에서 받은 화물인수증을 짐을 찾을 때까지 꼭 소지하고 계셔야 하고, ⑤ 해외여행자 보험에 가입을 한 상태여야 공항에서 수하물 분실 시 항공사에서 책임지고 배상하기 때문에 미리 가입을 해두시기 바랍니다.

47. L은 팀원들과 공유하기 위해 유의사항을 간단한 Q&A형식으로 만들었다. 다음 중 옳은 것은?

Q) 여권을 분실했는데, 급하게 귀국해야 할 때는 어떻게 해야 하나요?

A) ① 가까운 현지 경찰서에서 여행증명서를 발급받습니다. 이때, 여권 번호, 여권 발행일 등을 미리 알고 있어야 합니다.

Q) 출장지에서 현금을 잃어버렸을 때 어떻게 해야 하나요?

A) ② 분실한 액수를 정확히 파악한 후, 재외공관 혹은 영사콜센터를 통해 신속해외송금지원제도를 이용하여 분실 금액을 돌려받을 수 있습니다.

Q) 항공권을 분실했을 때에 어떻게 해야 하나요?

A) ③ 항공권은 구입한 여행사에 연락하여 분실 사항을 신고한 뒤 복사해놓은 항공권 번호가 찍혀 있는 부분을 여행사 현지 사무실로 보내야 합니다.

Q) 출장지에서 물품을 분실했습니다. 어떻게 해야 하나요?

A) ④ 현지 경찰서에 신고를 하여 도난 신고서를 발급받되, 해외여행자 보험에 가입되어 있는 경우에 한하여 한국에서 보험회사를 통해 비용 청구가 가능합니다.

Q) 분실한 여행자 수표를 재발급 받고자 할 때 수표 발행은행의 지점에 알려줘야 하는 것은 무엇인가요?

A) ⑤ 여행자 수표의 고유번호, 종류, 분실일, 은행점명을 알려줘야 합니다.

▎48~50 ▎ 다음은 해시 함수에 대한 설명이다. 물음에 답하시오.

온라인을 통한 통신, 금융, 상거래 등은 우리에게 편리함을 주지만 보안상의 문제도 안고 있는데, 이런 문제를 해결하기 위하여 암호 기술이 동원된다. 예를 들어 전자 화폐의 일종인 비트코인은 해시 함수를 이용하여 화폐 거래의 안전성을 유지한다. 해시 함수란 입력 데이터 x에 대응하는 하나의 결과 값을 일정한 길이의 문자열로 표시하는 수학적 함수이다. 그리고 입력 데이터 x에 대하여 해시 함수 H를 적용한 수식을 H(x) = k라 할 때, k를 해시 값이라 한다. 이때 해시 값은 입력 데이터의 내용에 미세한 변화만 있어도 크게 달라진다. 현재 여러 해시 함수가 이용되고 있는데, 해시 값을 표시하는 문자열의 길이는 각 해시 함수마다 다를 수 있지만 특정 해시 함수에서의 그 길이는 고정되어 있다.

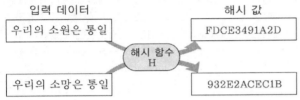

[해시 함수의 입·출력 동작의 예]

이러한 특성을 갖고 있기 때문에 해시 함수는 데이터의 내용이 변경되었는지 여부를 확인하는 데 이용된다. 가령, 상호 간에 동일한 해시 함수를 사용한다고 할 때, 전자 문서와 그 문서의 해시 값을 함께 전송하면 상대방은 수신한 전자 문서에 동일한 해시 함수를 적용하여 결과 값을 얻은 뒤 전송받은 해시 값과 비교함으로써 문서가 변경되었는지 확인할 수 있다.

그런데 해시 함수가 ㉠일방향성과 ㉡충돌회피성을 만족시키면 암호 기술로도 활용된다. 일방향성이란 주어진 해시 값에 대응하는 입력 데이터의 복원이 불가능하다는 것을 말한다. 특정 해시 값 k가 주어졌을 때 H(x) = k를 만족시키는 x를 계산하는 것이 매우 어렵다는 것이다. 그리고 충돌회피성이란 특정 해시 값을 갖는 서로 다른 데이터를 찾아내는 것이 현실적으로 불가능하다는 것을 의미한다. 서로 다른 데이터 x, y에 대해서 H(x)와 H(y)가 각각 도출한 값이 동일하면 이것을 충돌이라 하고, 이때의 x와 y를 충돌쌍이라 한다. 충돌회피성은 이러한 충돌쌍을 찾는 것이 현재 사용할 수 있는 모든 컴퓨터의 계산 능력을 동원하더라도 그것을 완료하기가 사실상 불가능하다는 것이다.

[A] ┌ 해시 함수는 온라인 경매에도 이용될 수 있다. 예를 들어 ○○ 온라인 경매 사이트에서 일방향성과 충돌회피성을 만족시키는 해시 함수 G가 모든 경매 참여자와 운영자에게 공개되어 있다고 하자. 이때 각 입찰 참여자는 자신의 입찰가를 감추기 위해 논스*의 해시 값과, 입찰가에 논스를 더한 것의 해시 값을 함께 게시판에 게시한다. 해시 값 게시 기한이 지난 후 각 참여자는 본인의 입찰가와 논스를 운영자에게 전송하고 운영자는 최고 입찰가를 제출한 사람을 낙찰자로 선정한다. 이로써 온라인 경매 진행 시 발생할 수 있는 다양한 보안상의 문제를 해결할 수 있다.

* 논스 : 입찰가를 추측할 수 없게 하기 위해 입찰가에 더해지는 임의의 숫자

48. 위 내용의 '해시 함수'에 대한 이해로 적절하지 않은 것은?

① 전자 화폐를 사용한 거래의 안전성을 위해 해시 함수가 이용될 수 있다.

② 특정한 해시 함수는 하나의 입력 데이터로부터 두 개의 서로 다른 해시 값을 도출하지 않는다.

③ 입력 데이터 x를 서로 다른 해시 함수 H와 G에 적용한 H(x)와 G(x)가 도출한 해시 값은 언제나 동일하다.

④ 입력 데이터 x, y에 대해 특정한 해시 함수 H를 적용한 H(x)와 H(y)가 도출한 해시 값의 문자열의 길이는 언제나 동일하다.

⑤ 발신자가 자신과 특정 해시 함수를 공유하는 수신자에게 어떤 전자 문서와 그 문서의 해시 값을 전송하면 수신자는 그 문서의 변경 여부를 확인할 수 있다.

49. 윗글의 ㉠과 ㉡에 대하여 추론한 내용으로 가장 적절한 것은?

① ㉠을 지닌 특정 해시 함수를 전자 문서 x, y에 각각 적용하여 도출한 해시 값으로부터 x, y를 복원할 수 없다.

② 입력 데이터 x, y에 특정 해시 함수를 적용하여 도출한 문자열의 길이가 같은 것은 해시 함수의 ㉠ 때문이다.

③ ㉡을 지닌 특정 해시 함수를 전자 문서 x, y에 각각 적용하여 도출한 해시 값의 문자열의 길이는 서로 다르다.

④ 입력 데이터 x, y에 특정 해시 함수를 적용하여 도출한 해시 값이 같은 것은 해시 함수의 ㉡ 때문이다.

⑤ 입력 데이터 x, y에 대해 ㉠과 ㉡을 지닌 서로 다른 해시 함수를 적용하였을 때 도출한 결과 값이 같으면 이를 충돌이라고 한다.

50. [A]에 따라 다음의 사례를 이해한 내용으로 가장 적절한 것은?

온라인 미술품 경매 사이트에 회화 작품 △△이 출품되어 A와 B만이 경매에 참여하였다. A, B의 입찰가와 해시 값은 다음과 같다. 단, 입찰 참여자는 논스를 임의로 선택한다.

입찰 참여자	입찰가	논스의 해시 값	'입찰가 + 논스'의 해시 값
A	a	r	m
B	b	s	n

① A는 a, r, m 모두를 게시 기한 내에 운영자에게 전송해야 한다.

② 운영자는 해시 값을 게시하는 기한이 마감되기 전에 최고가 입찰자를 알 수 없다.

③ m과 n이 같으면 r과 s가 다르더라도 A와 B의 입찰가가 같다는 것을 의미한다.

④ A와 B 가운데 누가 높은 가격으로 입찰하였는지는 r과 s를 비교하여 정할 수 있다.

⑤ B가 게시판의 m과 r을 통해 A의 입찰가 a를 알아낼 수도 있으므로 게시판은 비공개로 운영되어야 한다.

NH농협은행 6급

직무능력평가 모의고사

정답 및 해설

SEOWONGAK

(주)서원각

1 ③

흩으러지고 → 흐트러지고

'흩어지게 하다'는 뜻으로 '흩뜨리다' 또는 거센말 '흩트리다'를 사용한다. 만약 동사가 보조 동사 '−지다'와 결합하면 '흐트러지다'라는 형태로 바뀜에 주의하여야 한다.

2 ④

불량률을 x라고 하면, 정상품이 생산되는 비율은 $100 - x$

$5,000 \times \dfrac{100 - x}{100} - 10,000 \times \dfrac{x}{100} = 3,500$

$50(100 - x) - 100x = 3,500$

$5,000 - 50x - 100x = 3,500$

$150x = 1,500$

$x = 10$

3 ④

④ ㉣ – 滿期

• 滿期 … 어음 금액의 지급일로서 어음에 적힌 날짜

• 晚期 … 만년(晚年)의 시기. 말기(末期)

4 ②

한 셀에 두 줄 이상 입력하려고 하는 경우 줄을 바꿀 때는 ⟨Alt⟩＋⟨Enter⟩를 눌러야 한다.

5 ①

제시된 지문은 공문서의 한 종류인 보도자료에 해당한다. 마지막 문단에 밑줄 친 '거쳐'의 앞뒤 문맥을 파악해 보면, 지방재정협의회에서 논의한 지역 현안 사업은 각 부처의 검토 단계를 밟은 뒤 기재부에 신청되고, 이후 관계 기관의 협의를 거쳐 내년도 예산안에 반영함을 알 수 있다. 즉, 밑줄 친 '거쳐'는 '어떤 과정이나 단계를 겪거나 밟다.'의 의미로 사용되었다. 보기 중 이와 동일한 의미로 쓰인 것은 ①이다.

② 마음에 거리끼거나 꺼리다.

③ 오가는 도중에 어디를 지나거나 들르다.

④ 무엇에 걸리거나 막히다.

⑤ ('손을'과 함께 쓰여) 검사하거나 살펴보다.

6 ⑤

① 눈쌀 → 눈살

② 닥달하였다 → 닦달하였다

③ 졸였다 → 조렸다

④ 조랐다 → 졸았다

※ '졸이다'와 '조리다'

　㉠ 졸이다 : 찌개, 국, 한약 따위의 물이 증발하여 분량이 적어지다. 또는 속을 태우다시피 초조해하다.

　㉡ 조리다 : 양념을 한 고기나 생선, 채소 따위를 국물에 넣고 바짝 끓여서 양념이 배어들게 하다.

7 ①

미지항은 좌변으로 상수항은 우변으로 이동시켜 정리하면 $3x - 2x = -3 + 5$이므로(∵이동 시 부호가 반대) $x = 2$이다.

8 ③

A사는 대규모기업에 속하므로 양성훈련의 경우 총 필요 예산인 1억 3,000만 원의 60%를 지원받을 수 있다. 따라서 1억 3,000만 원 × 0.6 = 7,800만 원이 된다.

9 ①

자음과 모음은 소리를 구성하는 요소로서 대등한 관계이다. 인간은 서로 대등한 실체인 정신과 육체로 구성되어 있다.

10 ①

① **순망치한** : 입술이 없으면 이가 시리다는 뜻으로, 서로 이해관계가 밀접한 사이에 어느 한쪽이 망하면 다른 한쪽도 그 영향을 받아 온전하기 어려움을 이르는 말

② **이열치열** : 열은 열로써 다스림. 더위를 뜨거운 차를 마셔서 이긴다든지, 힘은 힘으로 물리친다는 따위를 이를 때에 흔히 쓰는 말

③ **상부상조** : 서로 의지하고 도움을 이르는 말

④ **유유상종** : 같은 성격이나 성품을 가진 무리끼리 모이고 사귀는 모습을 이르느 말

⑤ **상선약수** : 최고의 선은 물과 같다는 뜻으로, 노자의 사상에서, 물을 이 세상에서 으뜸가는 선의 표본으로 여기어 이르던 말

11 ⑤

작자는 오래된 물건의 가치를 단순히 기능적 편리함 등의 실용적인 면에 두지 않고 그것을 사용해온 시간, 그 동안의 추억 등에 두고 있으며 그렇기 때문에 오래된 물건이 아름답다고 하였다.

12 ②

② 2014년 3분기 중국 상하이종합 지수는 전분기 대비 약 15.70% 상승하였다.

13 ④

④ 가입 당시 직전년도 금융소득종합과세자는 가입대상에서 제외된다.

14 ①

첫 번째와 두 번째 조건을 정리해 보면, 세 사람은 모두 각기 다른 건물에 연구실이 있으며, 오늘 갔던 서점도 서로 겹치지 않는 건물에 있다.

세 번째 조건에서 최 교수와 김 교수는 오늘 문학관 서점에 가지 않았다고 하였으므로 정 교수가 문학관 서점에 간 것을 알 수 있다. 즉, 정 교수는 홍보관에 연구실이 있고 문학관 서점에 갔다.

네 번째 조건에서 김 교수는 정 교수가 오늘 갔던 서점이 있는 건물에 연구실이 있다고 하였으므로 김 교수의 연구실은 문학관에 있고, 따라서 최 교수는 경영관에 연구실이 있다.

두 번째 조건에서 자신의 연구실이 있는 건물이 아닌 다른 건물에 있는 서점에 갔다고 했으므로, 김 교수가 경영관 서점을 갔고 최 교수가 홍보관 서점을 간 것이 된다. 이를 표로 나타내면 다음과 같다.

교수	정 교수	김 교수	최 교수
연구실	홍보관	문학관	경영관
서점	문학관	경영관	홍보관

15 ②

① 분할상환금을 상환하기로 한 날에 1회 상환하지 아니한 때에 해당한다.

③ 금리인하를 요구할 경우에 해당한다.

④ 채무자인 고객 소유의 예금, 담보 부동산에 법원이나 세무서 등으로부터의 (가)압류명령 등이 있는 때에 해당한다.

⑤ 이자를 납입하기로 약정한 날에 납입하지 아니한 때에 해당한다.

16 ③

• 연체발생 ~ 14일분 : 지체된 약정이자(62만 5천 원)×연 11%(5% + 6%)×14/365 = 2,636원

• 연체 15일 ~ 30일분 : 원금(1억 5천만 원)×연 11%(5% + 6%)×16/365 = 723,287원

• 연체이자 : 2,636 + 723,287 = 725,923(원)

실제 납부금액은 연체이자에 약정이자를 포함하여 계산되므로 725,923+625,000=1,350,923(원)이 된다.

17 ②

실제 전투능력을 정리하면 경찰(3), 헌터(4), 의사(2), 사무라이(8), 폭파전문가(2)이다.

이를 토대로 탈출 통로의 좀비수와 처치 가능 좀비수를 계산해 보면

• 동쪽 통로 11마리 좀비
폭파전문가(2), 사무라이(8)하면 10마리의 좀비를 처치 가능

• 서쪽 통로 7마리 좀비
헌터(4), 경찰(3)하면 7마리의 좀비 모두 처치 가능

• 남쪽 통로 11마리 좀비
  헌터(4), 폭파전문가(2) 6마리의 좀비 처치 가능
• 북쪽 통로 9마리 좀비
  경찰(3), 의사(2)−전투력 강화제(1) 6마리의 좀비 처치 가능

18 ①

다음과 같은 배치로 생각할 수 있다. A와 D는 서로 붙어 있다.

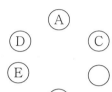

19 ③

$n=0$, $S=1$

$n=1$, $S=1+1^2$

$n=2$, $S=1+1^2+2^2$

...

$n=7$, $S=1+1^2+2^2+\cdots+7^2$

∴ 출력되는 S의 값은 141이다.

20 응시자의 태도/가치에 따라 적합도를 선별하므로 별도의 정답이 존재하지 않습니다.

21 ③
• 영업팀 : 영어 능통자→미국에 5년 동안 거주한 丁
  대인관계 원만한 자→폭넓은 대인관계를 가진 乙
• 인사팀 : 논리 활용 프로그램 사용 적합자→컴퓨터 활용능력 2급 자격증을 보유하고 논리적·수학적 사고력이 우수한 丙
• 홍보팀 : 홍보 관련 업무 적합자, 외향적 성격 소유자→광고학을 전공하고 융통성 있는 사고를 하는 戊, 서비스업 관련 아르바이트 경험이 많은 甲
따라서 보기 ③과 같은 인력 배치가 자질과 능력에 따른 적재적소에 인력을 배치한 것이 된다.

22 ②

6월 초에는 4월 재고분과 5월 입고분이 함께 창고에 있게 된다. 따라서 수량은 SS 품목이 4,295장으로 2,385장인 FW 품목보다 많지만, 재고 금액은 FW 품목이 더 큰 것을 알 수 있다.

① 각각 380, 195, 210장이 입고되어 모두 SS 품목의 수량보다 많다.

③ SS와 FW 모두 Apparel, Footwear, Equipment의 순으로 평균 단가가 높다.

④ 재고와 입고 수량 간의 비례 또는 반비례 관계가 성립하지 않으므로 입고 수량이 많거나 적은 것이 재고 수량의 많고 적음에 의해 결정된 것이 아님을 알 수 있다.

⑤ 4월 재고분과 5월 입고분 모두 전 품목에서 FW의 평균 단가가 SS보다 더 높은 것을 알 수 있다.

23 ③

제시된 문장에서 '에서'는 앞말이 근거의 뜻을 갖는 부사어임을 나타내는 격조사로 쓰였다.

① 앞말이 행동이 이루어지고 있는 처소의 부사어임을 나타내는 격조사

② 앞말이 출발점의 뜻을 갖는 부사어임을 나타내는 격조사

④ (단체를 나타내는 명사 뒤에 붙어) 앞말이 주어임을 나타내는 격조사

⑤ 앞말이 어떤 일의 출처임을 나타내는 격조사

24 ②

㈎ 충전시간 당 통화시간은 A모델 6.8H > D모델 5.9H > B모델 4.8H > C모델 4.0H 순이다. 음악재생시간은 D모델 > A모델 > C모델 > B모델 순으로 그 순위가 다르다. (X)

㈏ 충전시간 당 통화시간이 5시간 이상인 것은 A모델 6.8H과 D모델 5.9H이다. (O)

㈐ 통화 1시간을 감소하여 음악재생 30분의 증가 효과가 있다는 것은 음악재생에 더 많은 배터리가 사용된다는 것을 의미하므로 A모델은 음악재생에, C모델은 통화에 더 많은 배터리가 사용된다. (X)

㈑ B모델은 통화시간 1시간 감소 시 음악재생시간 30분이 증가한다. 현행 12시간에서 10시간으로 통화시간을 2시간 감소시키면 음악재생시간이 1시간 증가하여 15시간이 되므로 C모델과 동일하게 된다. (O)

25 ③

두 개의 제품 모두 무게가 42g 이하여야 하므로 B모델은 제외된다. K씨는 충전시간이 짧고 통화시간이 길어야 한다는 조건만 제시되어 있으므로 나머지 세 모델 중 A모델이 가장 적절하다.
친구에게 선물할 제품은 통화시간이 16시간이어야 하므로 통화시간을 더 늘릴 수 없는 A모델은 제외되어야 한다. 나머지 C모델, D모델은 모두 음악재생시간을 조절하여 통화시간을 16시간으로 늘릴 수 있으며 이때 음악재생시간 감소는 C, D모델이 각각 8시간(통화시간 4시간 증가)과 6시간(통화시간 3시간 증가)이 된다. 따라서 두 모델의 음악재생 가능시간은 15 − 8 = 7시간, 18 − 6 = 12시간이 된다. 그런데 일주일 1회 충전하여 매일 1시간씩의 음악을 들을 수 있으면 된다고 하였으므로 7시간 이상의 음악재생시간이 필요하지는 않으며, 7시간만 충족될 경우 고감도 스피커 제품이 더 낫다고 요청하고 있다. 따라서 D모델보다 C모델이 더 적절하다는 것을 알 수 있다.

26 ③

$$층수 = \frac{연면적}{건축면적} = \frac{연면적 \times 100(\%)}{건폐율 \times 대지면적}$$

㉠ A의 층수 : $\frac{1,200m^2 \times 100\%}{50\% \times 400m^2} = 6층$

㉡ B의 층수 : $\frac{840m^2 \times 100\%}{70\% \times 300m^2} = 4층$

㉢ C의 층수 : $\frac{1,260m^2 \times 100\%}{60\% \times 300m^2} = 7층$

㉣ D의 층수 : $\frac{1,440m^2 \times 100\%}{60\% \times 400m^2} = 6층$

27 ②

인간은 매체를 사용하여 타인과 소통하는데 그 매체는 음성 언어에서 문자로 발전했으며 책이나 신문, 라디오나 텔레비전, 영화, 인터넷 등으로 발전해 왔다. 매체의 변화는 사람들 간의 소통양식은 물론 문화 양식에까지 영향을 미친다. 현대에는 음성, 문자, 이미지, 영상, 음악 등이 결합된 매체 환경이 생기고 있다. 이 글에서는 텔레비전 드라마가 인터넷, 영화, 인쇄매체 등과 연결되어 복제되는 형상을 낳기도 하고 수용자의 욕망이 매체에 드러난다고 언급한다. 즉 디지털 매체 시대의 독자는 정보를 수용하기도 하지만 생산자가 될 수도 있음을 언급하고 있다고 볼 수 있다.

28 ②

터미널노드(Terminal Node)는 자식이 없는 노드로서 이 트리에서는 D, I, J, F, G, H 6개이다.

29 응시자의 태도/가치에 따라 적합도를 선별하므로 별도의 정답이 존재하지 않습니다.

30 ②

맨 오른쪽에 서 있던 것은 영수이고, 민지는 맨 왼쪽에 있지 않았으므로, 경호, 민지, 영수의 순으로 서 있었다는 것을 알 수 있다. 5층에서 영수가 내리고 엘리베이터가 다시 올라갈 때 경호는 맨 왼쪽에 서 있게 된다.

31 ③

2015년 1월 7일 코스닥 지수 : 561.32
2014년 12월 30일 코스닥 지수 : 542.97
2014년 12월 30일 코스닥 지수를 100%로 봤을 때 2015년 1월 7일 코스닥 지수는 103.37956 … %이므로 약 3.38% 상승했음을 알 수 있다.

32 ③

① 외국인과의 결혼 비율은 점점 증가하고 있다.
② 1990년부터 1998년까지는 총 결혼건수가 감소하고 있었다.
④ 한국 남자와 외국인 여자의 결혼건수 증가율이 한국 여자와 외국인 남자의 결혼건수 증가율보다 훨씬 높다.
⑤ 최근 16년 동안 총 결혼건수는 약 16.7% 감소하였다.

33 ②

㈏ 부분의 선택 – 처리 과정이 잘못되었다.
'구슬 개수 나누기 2의 나머지
= 0' → (참) → 정답을 '짝수'로 정하기
'구슬 개수 나누기 2의 나머지
= 0' → (거짓) → 정답을 '홀수'로 정하기

34 ③

B는 한국인도 중국인도 아니고, A가 일본인이므로 B는 독일인이다. B가 독일인이므로 C는 한국인이다. D는 중국인이다.

35 ①

㉠ : $\dfrac{33,600}{24,000} \times 100 = 140$

㉡ : $\dfrac{50,600}{220} \times 100 = 23,000$

36 ②

① 연도별 자동차 수
$$= \frac{\text{사망자 수}}{\text{차 1만대당 사망자 수}} \times 10,000$$

② 운전자수가 제시되어 있지 않아서 운전자 1만 명당 사고 발생 건수는 알 수 없다.

③ 자동차 1만대당 사고율 $= \dfrac{\text{발생건수}}{\text{자동차 수}} \times 10,000$

④ 자동차 1만대당 부상자 수 $=$
$$\frac{\text{부상자 수}}{\text{자동차 수}} \times 10,000$$

⑤ 최근 5년간 사망자수의 증감률
$$= \frac{\text{2001년도 사망자 수}}{\text{1997년도 사망자 수}} \times 100$$

37 ③

빈칸 이후의 문장에서 단기 이익의 극대화가 장기 이익의 극대화와 상충될 때에는 단기 이익을 과감하게 포기하기도 한다고 제시되어 있으므로 ③이 가장 적절하다.

38 ③

버블 정렬은 서로 이웃한 데이터들을 비교하여 가장 큰 데이터를 가장 뒤로 보내는 정렬이다.

㉠ 1회전

9↔6	7	3	5
6	9↔7	3	5
6	7	9↔3	5
6	7	3	9↔5
6	7	3	5	9

㉡ 2회전

6	7↔3	5	9
6	3	7↔5	9
6	3	5	7	9

㉢ 3회전

6↔3	5	7	9
3	6↔5	7	9
3	5	6	7	9

39 ④

④ 가구주 연령이 40대인 귀촌 가구는 2012~2014년 기간 동안 약 123.1% 증가하였다.

40 ②

② 수요와 공급 중 보다 탄력적인 쪽이 세금을 더 적게 부담한다.

41 ④

④ 세 번째 문단에서 알 수 있듯이 세금을 구입자에게 부과할 경우 공급 곡선은 이동하지 않는다.

42 ③

③ 여행해봄 Type의 서비스 조건은 '전월 이용실적 50만 원 이상 시 제공'이고, 놀이해봄 Type의 서비스 조건은 '전월 이용실적 30만 원 이상 시 제공'으로 서로 다르다.

① W(JCB) 브랜드의 연회비는 8,000원이고, MasterCard 브랜드의 연회비는 10,000원이다.

② 해봄 선택 서비스는 카드발급 신청 시 선택하며 발급 후에는 변경이 불가하다.

④ 온라인 쇼핑몰에서 건당 이용금액 2만 원 이상 사용 시 10%의 청구할인이 가능하므로 3만 원짜리 쌀을 구매할 경우 3,000원 할인받을 수 있다.

⑤ 에버랜드는 본인 자유이용권 50% 현장할인이므로 25,000원을 할인받고, 전주시 동물원은 본인 무료 입장이므로 30,000원을 할인받는다.

43 ④

① 만 18세 이상 개인(개인 사업제 제외)이면 가입할 수 있다.

② 가입금액은 초입금 및 매회 입금 1만 원 이상 원 단위, 1인당 분기별 3백만 원 이내이며, 계약기간 3/4 경과 후 적립할 수 있는 금액은 이전 적립누계액의 1/2 이내이다.

③ 가입기간 동안 1회 이상 당행에 건별 50만 원 이상 급여를 이체한 고객에 해당해야 한다.

⑤ 급여이체일 등록 시 재직증명서, 근로소득원천징수영수증, 급여명세표 중 하나를 지참하여야 한다.

44 ③

㉠ 직원들의 평균 실적은 $\dfrac{2+6+4+8+10}{6} = 5$건이다.

㉣ 여자 직원이거나 실적이 7건 이상인 직원은 C, E, F로 전체 직원 수의 50% 이상이다.

㉡ 남자이면서 실적이 5건 이상인 직원은 F뿐이므로 전체 남자 직원 수의 50% 이하이다.

㉢ 실적이 2건 이상인 직원은 5명으로 이 중 남자 직원의 비율은 $\dfrac{3}{5}$이다. 이는 전체 직원 중 여자 직원 비율인 $\dfrac{2}{6}$의 2배 이하이다.

45 ①

① 우대금리는 가입 월부터 만기일 전월 말까지 조건 충족 시 적용되는 것으로 발급된 적금 통장에는 기본금리가 기록된다. 가입기간 36개월에 해당하는 기본금리는 1.5%이다.

46 ③

업무단계별 총 처리비용을 계산하면 다음과 같다.

업무단계	처리비용(원)
접수확인	(신입 20건 + 경력 18건 + 인턴 16건) × 500원 = 27,000원
인적성(Lv1)평가	신입 20건 × 2,000원 = 40,000원
인적성(Lv2)평가	(신입 20건 + 경력 18건) × 1,000원 = 38,000원
직무능력평가	인턴 16건 × 1,500원 = 24,000원
합격여부통지	(신입 20건 + 경력 18건 + 인턴 16건) × 400원 = 21,600원

따라서 총 처리비용이 두 번째로 큰 업무단계는 인적성(Lv2)평가이다.

47 ⑤

⑤ 보고서에 따르면 농어촌의 57개 지역과 대도시의 14개 지역은 기초노령연금 수급률이 80%를 넘었다고 하였다. 그러나 그래프 상에서 기초노령연금 수급률이 80%를 넘는 대도시는 없는 것으로 나타났다.

48 ④

㉠ 2001년에 '갑'이 x원어치의 주식을 매수한 뒤 같은 해에 동일한 가격으로 전량 매도했다고 하면, 주식을 매수할 때의 주식거래 비용은 $0.1949x$원이고 주식을 매도할 때의 주식거래 비용은 $0.1949x + 0.3x = 0.4949x$원으로 총 주식거래 비용의 합은 $0.6898x$원이다. 이 중 증권사 수수료는 $0.3680x$원으로 총 주식거래 비용의 50%를 넘는다.

㉢ 금융투자협회의 2011년 수수료율은 0.0008%로 2008년과 동일하다.

49 ⑤

⑤ 공정한 보험에서는 보험료율과 사고 발생 확률이 같아야 하므로 A와 B에서의 보험료가 서로 같다면 A의 보험금이 2배이다. 따라서 A와 B에서의 보험금에 대한 기댓값은 서로 같다.

① A에서 보험료를 두 배로 높이면 보험금과 보험금에 대한 기댓값이 모두 두 배가 된다.

② B에서 보험금을 두 배로 높이면 보험료와 보험금에 대한 기댓값이 모두 두 배가 된다.

③ 공정한 보험에서는 보험료율과 사고 발생 확률이 같아야 하므로 A에 적용되는 보험료율과 B에 적용되는 보험료율은 서로 다르다.

④ A와 B에서의 보험금이 서로 같다면 사고 발행 확률이 2배인 B에서의 보험료가 A에서의 보험료의 두 배이다.

50 ④

① 중대한 과실로 인해 알지 못한 경우에는 보험 가입자가 고지 의무를 위반했어도 보험사의 해지권은 배제되며 보험금은 돌려받을 수 없다.

② 이미 보험금을 지급했더라도 계약을 해지할 수 있고 보험금에 대한 반환을 청구할 수 있다.

③ 보험 가입자의 잘못보다 보험사의 잘못에 더 책임을 둔다.

⑤ 고지 의무는 보험 계약 체결 전을 기준으로 한다. 따라서 보험 계약 체결 뒤 보험 사고가 발생한 후에 알렸더라고 고지 의무를 위반한 것이다.

1 ②

주창(主唱) … 주의나 사상을 앞장서서 주장함, 또는 노래나 시 따위를 앞장서서 부름의 의미가 있다.

① 자기의 의견이나 주의를 굳게 내세움, 또는 그런 의견이나 주의를 이른다.

③ 전에 없던 것을 처음으로 만듦, 또는 새로운 성과나 업적 따위를 이룩함을 의미한다.

④ 새로 시작하거나 섬, 또는 그렇게 세움을 의미한다.

⑤ 예술 작품을 독창적으로 지어냄을 이른다.

2 ②

전항의 일의 자리 숫자를 전항에 더한 결과 값이 후항의 수가 되는 규칙이다.

$93 + 3 = 96$, $96 + 6 = 102$, $102 + 2 = 104$, $104 + 4 = 108$, $108 + 8 = 116$

3 ④

외국계기업은 11.8%와 4.1%를 보이고 있어 7.7%p의 가장 큰 차이를 나타내고 있음을 알 수 있다.

4 ④

제시된 문장에서 '머리'는 사물의 앞이나 위를 비유적으로 이르는 말로 쓰였다.

① 단체의 우두머리

② 일의 시작이나 처음을 비유적으로 이르는 말

③ 한쪽 옆이나 가장자리

⑤ 사람이나 동물의 목 위의 부분

5 ②

인사이동에 따라 A지점에서 근무지를 다른 곳으로 이동한 직원 수는 모두 $32 + 44 + 28 = 104$명이다. 또한 A지점으로 근무지를 이동해 온 직원 수는 모두 $16 + 22 + 31 = 69$명이 된다. 따라서 $69 - 104 = -35$명이 이동한 것이므로 인사이동 후 A지점의 근무 직원 수는 $425 - 35 = 390$명이 된다.

같은 방식으로 D지점의 직원 이동에 따른 증감 수는 $83 - 70 = 13$명이 된다. 따라서 인사이동 후 D지점의 근무 직원 수는 $375 + 13 = 388$명이 된다.

6 ③

어간의 끝음절 '하'가 아주 줄 적에는 준 대로 적는다 〈한글맞춤법 제40항 붙임2〉.

① 윗층 → 위층

② 뒷편 → 뒤편

④ 생각컨대 → 생각건대

⑤ 웬지 → 왠지

7 ③

올라갈 때 걸은 거리를 x라 하면, 내려올 때 걸은 거리는 $x + 4$가 되므로

$$\frac{x}{3} + \frac{x + 4}{4} = 8$$

양변에 12를 곱하여 정리하면 $4x + 3(x + 4) = 96$

$7x = 84$

$x = 12 \text{km}$

8 ③

$$\frac{5}{136} \times 100 = 3.67647 \cdots ≒ 3.7$$

9 ③

첫 번째와 두 번째 규칙에 따라 두 사람의 점수 총합은 $4 \times 20 + 2 \times 20 = 120$점이 된다. 이 때 두 사람 중 점수가 더 낮은 사람의 점수를 x점이라고 하면, 높은 사람의 점수는 $120 - x$점이 되므로 $120 - x = x + 12$가 성립한다.

따라서 $x = 54$이다.

10 ⑤

경수는 일반기업체에 정규직으로 입사한 지 1년 이상 되었으며 연 소득도 2,000만 원 이상이므로 '샐러리맨 우대대출' 상품이 적당하다.

11 ③

네 개의 문장에서 공통적으로 언급하고 있는 것은 환경문제임을 알 수 있다. 따라서 (나) 문장이 '문제 제기'를 한 것으로 볼 수 있다. (가)는 (나)에서 언급한 바를 더욱 발전시키며 논점을 전개해 나가고 있으며, (라)에서는 논점을 '잘못된 환경문제의 해결 주체'라는 쪽으로 전환하여 결론을 위한 토대를 구성하며, (다)에서 필자의 주장을 간결하게 매듭짓고 있다.

12 ③

'이제 더 이상 대중문화를 무시하고 엘리트 문화지향성을 가진 교육을 하기는 힘든 시기에 접어들었다.'가 이 글의 핵심문장이라고 볼 수 있다. 따라서 대중문화의 중요성에 대해 말하고 있는 ③이 정답이다.

13 ⑤

⑤ 두 표 모두 향후 구매를 '늘리겠다.'고 응답한 비율은 41.2%로 '줄이겠다.'라고 응답한 비율(29.4%)과 '유지하겠다.'라고 응답한 비율(29.4%)보다 높은 것으로 나타났다.

14 ④

④ '유학생 또는 해외체재비 송금'을 목적으로 할 경우 건당 한도는 '5만 불'이다.

15 ⑤

⑤ 경진은 비영업일(토요일)에 송금을 했으므로 송금액은 익영업일인 4월 11일 월요일 10시에 출금된다.

16 ②

C의 진술이 참이면 C는 출장을 간다. 그러나 C의 진술이 참이면 A는 출장을 가지 않고 A의 진술은 거짓이 된다. A의 진술이 거짓이 되면 그 부정은 참이 된다. 그러므로 D, E 두 사람은 모두 출장을 가지 않는다. 또한 D, E의 진술은 거짓이 된다.

D의 진술이 거짓이 되면 실제 출장을 가는 사람은 2명 미만이 된다. 그럼 출장을 가는 사람은 한 사람 또는 한 사람도 없는 것이 된다.

E의 진술이 거짓이 되면 C가 출장을 가고 A는 안 간다. 그러므로 E의 진술도 거짓이 된다.

그러면 B의 진술도 거짓이 된다. D, A는 모두 출장을 가지 않는다. 그러면 C만 출장을 가게 되고 출장을 가는 사람은 한 사람이다.

만약 C의 진술이 거짓이라면 출장을 가는 사람은 2명 미만이어야 한다. 그런데 이미 A가 출장을 간다고 했으므로 B, E의 진술은 모두 거짓이 된다. B 진술의 부정은 D가 출장을 가지 않고 A도 출장을 가지 않는 것이므로 거짓이 된다. 그러면 B의 진술도 참이 되어 B가 출장을 가야 한다. 그러면 D의 진술이 거짓인 경가 존재하자 않게 되므로 모순이 된다. 그럼 D의 진술이 참인 경우를 생각하면 출장을 가는 사람은 A, D이므로 이미 출장 가는 사람은 2명 이상이 된다. 그러면 B, D의 진술의 진위여부를 가리기 어려워진다.

17 ①

① 카드이용실적에 의한 우대금리는 0.1%이며 카드이용실적과 고객 추천을 다 합쳤을 경우 최고 0.4%의 우대금리를 받을 수 있다.

18 응시자의 태도/가치에 따라 적합도를 선별하므로 별도의 정답이 존재하지 않습니다.

19 ①

$$\frac{647,314 - 665,984}{665,984} \times 100 = -2.88 ≒ -2.9$$

20 ④

'=LARGE(B2:B7,2)'는 범위 안에 있는 값들 중에서 2번째로 큰 값을 찾으라는 수식이므로 800이 답이다.

21 ①

① 2008년 4분기, 2009년 1분기에 각각 GDP 성장률이 하락하였다.

22 응시자의 태도/가치에 따라 적합도를 선별하므로 별도의 정답이 존재하지 않습니다.

23 ④

④ 대학로점 손님은 마카롱을 먹지 않은 경우에도 알레르기가 발생했고, 강남점 손님은 마카롱을 먹고도 알레르기가 발생하지 않았다. 따라서 대학로점, 홍대점, 강남점의 사례만을 고려하면 마카롱이 알레르기 원인이라고 볼 수 없다.

24 ④

① 노트북 83번 모델은 한국 창원공장과 구미공장 두 곳에서 생산되었다.

② 15년에 생산된 제품이 17개로 14년에 생산된 제품보다 4개 더 많다.

③ TV 36번 모델은 한국 청주공장에서 생산되었다.

⑤ 한국에서 생산된 제품은 11개이고, 중국에서 생산된 제품은 19개이다.

25 ②

중국 옌타이 제1공장의 C라인은 제품 코드의 "CNB-1C"으로 알 수 있다. 에어컨 58번 모델 두 개를 반품해야 한다.

26 ④

대외거래 결과, 예금취급기관의 대외자산은 수출대금이 100달러, 뱅크론이 50달러 늘어났으나, 수입대금으로 50달러, 차입금상환으로 20달러를 매도함으로써 총 80달러가 늘어나게 되어 총 대외수지는 80달러 흑자가 된 경우이다.

27 ④

A사를 먼저 방문하고 중간에 회사로 한 번 돌아와야 하며, 거래처에서 바로 퇴근하는 경우의 수와 그에 따른 이동 거리는 다음과 같다.

• 회사 - A - 회사 - C - B : 20 + 20 + 14 + 16 = 70km

• 회사 - A - 회사 - B - C : 20 + 20 + 26 + 16 = 82km

• 회사 - A - C - 회사 - B : 20 + 8 + 14 + 26 = 68km

• 회사 - A - B - 회사 - C : 20 + 12 + 26 + 14 = 72km

따라서 68km가 최단 거리 이동 경로가 된다.

28 ④

최장 거리 이동 경로는 회사 - A - 회사 - B - C이며, 최단 거리 이동 경로는 회사 - A - C - 회사 - B이므로 각각의 연료비를 계산하면 다음과 같다.

• 최장 거리 : 3,000 + 3,000 + 3,900 + 3,000 = 12,900원

• 최단 거리 : 3,000 + 600 + 2,100 + 3,900 = 9,600원

따라서 두 연료비의 차이는 12,900 - 9,600 = 3,300원이 된다.

29 ⑤

보기 ⑤의 패스워드는 권장규칙에 어긋나는 패턴이 없으므로 가장 적절하다고 볼 수 있다.

① CVBN은 키보드 상에서 연속한 위치에 존재하는 문자들의 집합이다.

② 숫자가 제일 앞이나 제일 뒤에 오며 연속되어 나타나는 패스워드이다.

③ 영단어 'school'과 숫자 567890이 교차되어 나타나는 패턴의 패스워드이다.

④ 'BOOK'라는 흔한 영단어의 'O'를 숫자 '0'으로 바꾼 경우에 해당된다.

30 ③

ⓒ 다양한 미감들의 공존(화제 제시) → ⓔ 순수예술에서 현대예술과 전통예술의 상호보완 가능성 → ⓖ 현대예술과 전통예술이 상호보완 가능성을 품는 이유 → ⓓ 현대예술과 전통예술의 상호보완이 실현된 예

31 ①

2008년 전체 지원자 수를 x라 하면, $27 : 270 = 100 : x$

$\therefore x = 1,000$

2007년의 전체 지원자 수도 1,000명이므로 건축공학과 지원자 수는 $1,000 \times \dfrac{242}{1,000} = 242$

$270 - 242 = 28$(명)

32 ③

(가)에서 과학자가 설계의 문제점을 인식하고도 노력하지 않았기 때문에 결국 우주왕복선이 폭발하고 마는 결과를 가져왔다고 말하고 있다. (나)에서는 자신이 개발한 물질의 위험성을 알리고 사회적 합의를 도출하는 데 협조해야 한다고 말하고 있다. 두 글을 종합해 보았을 때 공통적으로 말하고자 하는 바는 '과학자로서의 윤리적 책무를 다해야 한다'라는 것을 알 수 있다.

33 ①

김대리 > 최부장 ≥ 박차장 > 이과장의 순이다.

박차장이 최부장보다 크지 않다고 했으므로, 박차장이 최부장보다 작거나 둘의 키가 같을 수 있다. 따라서 B는 옳지 않다.

34 ②

숫자는 1, 4, 7, 10, 13, 16으로 채워지고 요일은 월, 수, 금, 일, 화, 목으로 채워지고 있다. 따라서 A6값은 16이고 B6값은 목요일이다.

35 응시자의 태도/가치에 따라 적합도를 선별하므로 별도의 정답이 존재하지 않습니다.

36 ②

ⓒ 미국이나 일본의 2분의 1 수준에도 미치지 못한다.

37 ⑤

⑤ 2014년 자산 대비 대출 비중은 신용협동조합이 상업은행보다 8.2%p 높다.

38 ④

네 번째 조건에서 수요일에 9대가 생산되었으므로 목요일에 생산된 공작기계는 8대가 된다.

월요일	화요일	수요일	목요일	금요일	토요일
		9대	8대		

첫 번째 조건에 따라 금요일에 생산된 공작기계 수는 화요일에 생산된 공작기계 수의 2배가 되는데, 두 번째 조건에서 요일별로 생산한 공작기계의 대수가 모두 달랐다고 하였으므로 금요일에 생산된 공작기계의 수는 6대, 4대, 2대의 세 가지 중 하나가 될 수 있다. 그런데 금요일의 생산 대수가 6대일 경우, 세 번째 조건에 따라 목~토요일의 합계 수량이 15대가 되어야 하므로 토요일은 1대를 생산한 것이 된다. 그러나 토요일에 1대를 생산하였다면 다섯 번째 조건인 월요일과 토요일에 생산된 공작기계의 합이 10대를 넘지 않는다. (∵ 하루 최대 생산 대수는 9대이고 요일별로 생산한 공작기계의 대수가 모두 다른 상황에서 수요일에 이미 9대를 생산하였으므로)

금요일에 4대를 생산하였을 경우에도 토요일의 생산 대수가 3대가 되므로 다섯 번째 조건에 따라 월요일은 7대보다 많은 수량을 생산한 것이 되어야 하므로 이 역시 성립할 수 없다. 즉, 세 가지 경우 중 금요일에 2대를 생산한 경우만 성립하며 화요일에는 1대, 토요일에는 5대를 생산한 것이 된다.

월요일	화요일	수요일	목요일	금요일	토요일
	1대	9대	8대	2대	5대

39 ②

a, S의 값의 변화과정을 표로 나타내면

a	S
2012	0
2012	$0+2012$
201	$0+2012+201$
20	$0+2012+201+20$
2	$0+2012+201+20+2$
0	$0+2012+201+20+2+0$

따라서 인쇄되는 S의 값은
$0+2012+201+20+2+0 = 2235$이다.

40 ③

③ 받을 연금과 내는 보험료의 비율이 누구나 일정하여 보험료 부담이 공평한 것은 적립방식이다. 부과방식은 현재 일하고 있는 사람들에게서 거둔 보험료를 은퇴자에게 사전에 정해진 금액만큼 연금을 지급하는 것으로, 노인 인구가 늘어날 경우 젊은 세대의 부담이 증가할 수 있다고 언급하고 있다.

41 ⑤

⑤ 확정급여방식의 경우 나중에 얼마의 연금을 받을지 미리 정해놓고 보험료를 납부하는 것으로 기금 운용 과정에서 발생하는 투자의 실패를 연금 관리자가 부담하게 된다. 따라서 투자 수익이 부실한 경우에도 가입자가 보험료를 추가로 납부해야 하는 문제는 발생하지 않는다.

42 ④

④ Multi Pack 서비스는 백화점에서는 5%를, 아웃백에서는 10%를 청구 할인한다. 단 백화점에서는 회당 할인한도가 5천 원이고 아웃백에서는 회당 할인한도가 2만 원이므로 백화점에서 20만 원을 사용했을 경우 5천 원을, 아웃백에서 10만 원을 사용했을 경우 1만 원을 할인받을 수 있다.

① Platinum 서비스 고객상담센터 ☎1588-1282는 영업시간 내 상담 가능하다.

② 동반자 무료항공권은 순수 항공료만 지원하며 TAX, 공항이용료, 유류할증료는 본인 부담이다.

③ 여행 서비스는 본인회원 미이용 시 플래티늄 가족카드 회원에게 양도 가능하다.

⑤ 보험 서비스 중 보상 한도가 가장 큰 것은 최대 50만 불을 보상하는 여행상해보험이다.

43 ⑤

① 2호 ② 6호 ③ 4호 ④ 7호

44 ②

2010년 2월 5일에 이행기가 도래한 채무는 A, B, C, D인데 이율이 높은 B와 D가 먼저 소멸해야 한다. B와 D의 이율이 같으므로 이행기가 먼저 도래한 B가 전부 소멸된다.

45 ②

ⓒ 회원이 분실 또는 도난당한 카드가 타인에 의하여 부정사용되었을 경우, 신용카드사는 서면으로 신고 접수한 날 이후의 부정사용액에 대해서는 전액 보상한다. 다만, 신고접수한 날의 전날부터 15일 전까지의 부정사용액에 대하여는 금 2백만 원의 범위로 제한할 수 있으며 16일 이전의 부정사용액에 대해서는 전액 지급할 책임이 회원에게 있다.

ⓔ 신용카드가맹점이 신용카드의 부정사용 여부를 확인하지 않은 경우에는 그 과실의 정도에 따라 회원의 책임을 감면해 주는 것이지, 회원의 모든 책임이 면제되는 것은 아니다.

46 ①

할인내역을 정리하면
○ A 신용카드
• 교통비 20,000원
• 외식비 2,500원
• 학원수강료 30,000원
• 연회비 15,000원
• 할인합계 37,500원
○ B 신용카드
• 교통비 10,000원
• 온라인 의류구입비 15,000원
• 도서구입비 9,000원
• 할인합계 30,000원

○ C 신용카드

- 교통비 10,000원
- 카페 지출액 5,000원
- 재래시장 식료품 구입비 5,000원
- 영화관람료 4,000원
- 할인합계 24,000원

47 ④

A~D의 효과성과 효율성을 구하면 다음과 같다.

구분	효과성		효율성	
	산출/목표	효과성 순위	산출/투입	효율성 순위
A	$\dfrac{500}{(가)}$	3	$\dfrac{500}{200+50}=2$	2
B	$\dfrac{1,500}{1,000}=1.5$	2	$\dfrac{1,500}{(나)+200}$	1
C	$\dfrac{3,000}{1,500}=2$	1	$\dfrac{3,000}{1,200+(다)}$	3
D	$\dfrac{(라)}{1,000}$	4	$\dfrac{(라)}{300+500}$	4

- A와 D의 효과성 순위가 B보다 낮으므로 $\dfrac{500}{(가)}$, $\dfrac{(라)}{1,000}$의 값은 1.5보다 작고 $\dfrac{500}{(가)} > \dfrac{(라)}{1,000}$가 성립한다.

- 효율성 순위가 1순위인 B는 2순위인 A의 값보다 커야 하므로 $\dfrac{1,500}{(나)+200} > 2$이다.

- C와 D의 효율성 순위가 A보다 낮으므로 $\dfrac{3,000}{1,200+(다)}$, $\dfrac{(라)}{300+500}$의 값은 2보다 작고 $\dfrac{3,000}{1,200+(다)} > \dfrac{(라)}{300+500}$가 성립한다.

따라서 이 조건을 모두 만족하는 값을 찾으면 (가), (나), (다), (라)에 들어갈 수 있는 수치는 ④이다.

48 ⑤

㉠ 1) 혐의거래보고의 대상 ①에 해당하는 사례로 의무적으로 금융정보분석원에 혐의거래보고를 하여야 한다.

㉡ 1) 혐의거래보고의 대상 ②에 해당하는 사례로 의무적으로 금융정보분석원에 혐의거래보고를 하여야 한다.

㉢ 의심할 만한 합당한 근거가 없으므로 의무적으로 혐의거래보고를 해야 하는 것은 아니다.

㉣ 의무적으로 혐의거래보고를 하여야 하는 것은 금융정보분석원에 해당한다. 검찰청에 제출하는 것은 의무적으로 해야 하는 일은 아니다.

㉤ 거래액이 보고대상 기준금액인 원화 2천만 원 미만이므로 금융기관은 이를 자율적으로 보고할 수 있다.

49 ⑤

⑤ 회사가 채권자에 대하여 상계할 수 있는 1억 원에 대하여는 변제를 거부할 수 있다.

① 회사의 재산으로 회사의 채무를 완전히 변제할 수 없는 때에는 그 부족액에 대하여 각 사원은 연대하여 변제할 책임이 있는데, 연대채무는 여러 명의 채무자가 각자 채무 전부를 변제할 의무를 진다. 회사의 재산이 1억 원이므로 B는 부족액인 2억 원에 대하여 변제할 책임이 있다.

② 연대하여 변제할 책임을 부담하는 것은 각 사원이므로 A, B이다.

③ B는 2억 원에 대한 변제를 거부할 수 없다.

④ 구상권은 어느 연대채무자가 변제 기타 자기의 재산의 출연으로 공동면책이 된 때에 행사하는 것으로, B가 1억 원을 변제하였더라도 1억 원의 채무가 남아있으므로 A에 대하여 5천만 원을 청구할 수 없다.

50 ③

③ 주가지수가 1,897로 가장 높았던 2007년을 한 예로 보면, 2007년의 시가총액회전율은 $\dfrac{거래대금}{시가총액} \times 100 = \dfrac{1,363}{952} \times 100 = 약\ 143(\%)$인 데 그래프상에서는 300(%)를 넘는 것으로 작성되었다.

1 ③

① 물건을 간직하여 두는 곳

② 기차나 버스 따위에서 사람이 타는 칸

③ 합성어로 볼 수 있는 두 음절로 된 한자어 "곳간(庫間), 셋방(貰房), 숫자(數字), 찻간(車間), 툇간(退間), 횟수(回數)"에만 사이시옷을 받치어 적는다.('한글 맞춤법' 제4장, 제4절, 제30항.) '갯수'는 이에 속하지 않으므로, 사이시옷을 받치어 적지 않고, '개수'로 써야 한다.

④ 수를 나타내는 글자

⑤ 돌아오는 차례의 수효

2 ③

지도상 1cm는 실제로 10km가 된다.

$10 \times \dfrac{7}{4} = 17.5 \, \text{km}$

3 ⑤

2012년 농산물 물량 : 232.6(천 톤)

2013년 농산물 물량 : 223.5(천 톤)

2012년 농산물 물량을 100%로 봤을 때 2013년 농산물 물량은 96.08770…%이므로 약 3.9% 감소했음을 알 수 있다.

4 ④

④ ㉣ – 資金用途

• 用途 … 쓰이는 길. 또는 쓰이는 곳

• 用度 … 씀씀이(돈이나 물건 혹은 마음 따위를 쓰는 형편)

5 ①

작업 표시줄 및 시작 메뉴 속성

㉠ 작업 표시줄의 모양

㉡ 화면에서의 작업 표시줄 위치

㉢ 작업 표시줄 단추

㉣ 알림 영역 사용자 지정

㉤ 시작 메뉴 사용자 지정

㉥ 도구 모음

6 ⑤

임대료는 선불 계산이므로 이번 달 임대료인 (540,000 + 350,000) ×1.1 = 979,000원은 이미 지불한 것으로 볼 수 있다. 오늘까지의 이번 달 사무실 사용일이 10일이므로 사용하지 않은 임대기간인 20일에 대한 금액인 $979,000 \times \dfrac{2}{3} = 652,667$원을 돌려받아야 한다. 또한 부가세를 포함하지 않은 1개월 치 임대료인 보증금 540,000 + 350,000 = 890,000원도 돌려받아야 하므로, 총 652,667 + 890,000 = 1,542,667원을 사무실 주인으로부터 돌려받아야 한다.

7 ④

㉠ 입을 맞추다 : 서로의 말이 일치하도록 하다.

㉡ 입을 씻다 : 이익 따위를 혼자 차지하거나 가로채고서는 시치미를 떼다.

㉢ 입만 살다 : 말에 따르는 행동은 없으면서 말만 그럴듯하게 잘하다.

㉣ 입이 쓰다 : 어떤 일이나 말 따위가 못마땅하여 기분이 언짢다

8 ④

앞의 두 항의 분모를 곱한 것이 다음 항의 분모가 되고, 앞의 두 항의 분자를 더한 것이 다음 항의 분자가 된다. 따라서 빈칸에 들어갈 숫자는 $\dfrac{2+3}{6\times18} = \dfrac{5}{108}$, $\dfrac{3+5}{18\times108} = \dfrac{8}{1944}$ 이고, 이 두 값의 합을 구하면 $\dfrac{90}{1944} + \dfrac{8}{1944} = \dfrac{98}{1944}$ 이 된다.

9 ③

빈칸 앞의 문장과 '그래서'로 연결되고 있으며, 뒤로 이어지는 내용으로 볼 때, ③이 들어가는 것이 적절하다.

10 ④

이런 유형은 문제에서 제시한 상황, 즉 1명이 당직을 서는 상황을 각각 설정하여 1명만 진실이 되고 3명은 거짓말이 되는 경우를 확인하는 방식의 풀이가 유용하다. 각각의 경우, 다음과 같은 논리가 성립한다.
고 대리가 당직을 선다면, 진실을 말한 사람은 윤 대리와 염 사원이 된다.
윤 대리가 당직을 선다면, 진실을 말한 사람은 고 대리, 염 사원, 서 사원이 된다.
염 사원이 당직을 선다면, 진실을 말한 사람은 윤 대리가 된다.

11 ③

주어진 글은 미술, 음악 등 작품에서 본질적인 부분만을 취하고 '주제와 관련 없는 부분을 화면에서 제거'하는 '여백의 미'에 대한 내용이다.

12 ⑤

⑤ 세무서장이 발급한 자금출처 확인서는 해외이주비 총액이 10만불을 초과할 때 필요한 서류다.

13 ④

④ 6월에 들어 거창, 안동이 평년보다 낮은 기온을 보이고 있으며 7월에도 역시 거창, 임실에서 평년보다 낮은 기온을 보이고 있음을 알 수 있다.

14 ①

경쟁은 둘 이상의 사람이 하나의 목표를 향해서 다른 사람보다 노력하는 것이며, 이 때 경쟁의 전제가 되는 것은 합의에 의한 경쟁 규칙을 반드시 지켜야 한다는 점이므로 빈칸에는 '경쟁은 정해진 규칙을 꼭 지키는 가운데서 이루어져야 한다'는 내용이 올 수 있을 것이다. 농구나 축구, 그리고 마라톤 등의 운동 경기는 자신의 소속 팀을 위해서 또는 자기 자신을 위해서 다른 팀이나 타인과 경쟁하는 것이며, 스포츠맨십은 규칙의 준수와 관련이 있으므로 글에서 말하는 경쟁의 한 예로 적합하다.

15 ②

남자사원의 경우 ㉡, ㉣, ㉧에 의해 다음과 같은 두 가지 경우가 가능하다.

	월요일	화요일	수요일	목요일
경우 1	치호	영호	철호	길호
경우 2	치호	철호	길호	영호

[경우 1]

옥숙은 수요일에 보낼 수 없고, 철호와 영숙은 같이 보낼 수 없으므로 옥숙과 영숙은 수요일에 보낼 수 없다. 또한 영숙은 지숙과 미숙 이후에 보내야 하고, 옥숙은 지숙 이후에 보내야 하므로 조건에 따르면 다음과 같다.

	월요일	화요일	수요일	목요일
남	치호	영호	철호	길호
여	지숙	옥숙	미숙	영숙

[경우 2]

		월요일	화요일	수요일	목요일
	남	치호	철호	길호	영호
경우 2-1	여	미숙	지숙	영숙	옥숙
경우 2-2	여	지숙	미숙	영숙	옥숙
경우 2-3	여	지숙	옥숙	미숙	영숙

문제에서 영호와 옥숙을 같이 보낼 수 없다고 했으므로, [경우 1], [경우 2-1], [경우 2-2]는 해당하지 않는다. 따라서 [경우 2-3]에 의해 목요일에 보내야 하는 남녀사원은 영호와 영숙이다.

16 ③

5,000,000 × 0.29% = 14,500원

17 ②

지수상승에 따른 수익률(세전)은 실제 지수상승률에도 불구하고 연 4.67%를 최대로 하기 때문에 지수가 약 29% 상승했다고 하더라도 상원이의 연 최대 수익률은 4.67%를 넘을 수 없다.

18 ③

모든 A는 B이고, 모든 B는 C이므로 모든 A는 C이다. 또한 모든 B는 C라고 했으므로 어떤 C는 B이다. 따라서 모두 옳다.

19 ③

업무 시에는 일의 우선순위를 정하는 것이 중요하다. 많은 서류들을 정리하고 중요 내용을 간추려 메모하면 이후의 서류들도 기존보다 빠르게 정리할 수 있으며 시간을 효율적으로 사용할 수 있다.

20 ①

① 2015년 농업의 부가가치유발계수는 전년 대비 소폭 상승하였다.

21 ①

국제 유가가 상승하면 대체 에너지인 바이오 에탄올의 수요가 늘면서 이것의 원료인 옥수수의 수요가 늘어 옥수수 가격은 상승한다. 옥수수 가격의 상승에 대응하여 농부들은 다른 작물의 경작지를 옥수수 경작지로 바꿀 것이다. 결국 밀을 포함한 다른 농작물은 공급이 줄어 가격이 상승하게 된다(이와 같은 이유로 유가가 상승할 때 국제 농산물 가격도 상승하였다). 밀 가격의 상승은 이를 주원료로 하는 라면의 생산비용을 높여 라면 가격이 상승한다.

22 ④

병원비 지원 기준에 따라 각 직원이 지원 받을 수 있는 내역을 정리하면 다음과 같다.

A 직원	본인 수술비 300만 원(100% 지원), 배우자 입원비 50만 원(90% 지원)
B 직원	배우자 입원비 50만 원(90% 지원), 딸 수술비 200만 원(직계비속→80% 지원)
C 직원	본인 수술비 300만 원(100% 지원), 아들 수술비 400만 원(직계비속→80% 지원)
D 직원	본인 입원비 100만 원(100% 지원), 어머니 수술비 100만 원(직계존속→80% 지원), 남동생 입원비 50만 원(직계존속 신청 有→지원 ×)

이를 바탕으로 A~D 직원 4명이 총 병원비 지원 금액을 계산하면 1,350만 원이다.

A 직원	300 + (50 × 0.9) = 345만 원
B 직원	(50 × 0.9) + (200 × 0.8) = 205만 원
C 직원	300 + (400 × 0.8) = 620만 원
D 직원	100 + (100 × 0.8) = 180만 원

23 ②

㉠ 사물은 이쪽에서 보면 모두가 저것, 저쪽에서 보면 모두가 이것이다→㉡ 그러므로 저것은 이것에서 생겨나고, 이것 또한 저것에서 비롯되는데 이것과 저것은 혜시가 말하는 방생의 설이다→㉢ 그러나 혜시도 말하듯이 '삶과 죽음', '된다와 안 된다', '옳다와 옳지 않다'처럼 상대적이다→㉣ 그래서 성인은 상대적인 방법이 아닌 절대적인 자연의 조명에 비추어 커다란 긍정에 의존한다.

24 ④

㈎ 토목공사이므로 150억 원 이상 규모인 경우에 안전관리자를 선임해야 하므로 별도의 안전관리자를 선임하지 않은 것은 잘못된 조치로 볼 수 없다.

㈏ 일반공사로서 120억 원 이상 800억 원 미만의 규모이므로 안전관리자를 1명 선임해야 하며, 자격증이 없는 산업안전 관련학과 전공자도 안전관리자의 자격에 부합되므로 적절한 선임 조치로 볼 수 있다.

㈐ 1,500억 원 규모의 공사이므로 800억 원을 초과하였으며, 매 700억 원 증가 시마다 1명의 안전관리자가 추가되어야 하므로 모두 3명의 안전관리자를 두어야 한다. 또한, 전체 공사 기간의 앞뒤 15%의 기간에는 건설안전기사, 건설안전산업기사, 건설업 안전관리자 경험자 중 건설업 안전관리자 경력이 3년 이상인 사람 1명이 포함되어야 한다. 그런데 C공사에서 선임한 3명은 모두 이에 해당되지 않는다. 따라서 밥에 정해진 규정을 준수하지 못한 경우에 해당된다.

㈑ 1,600억 원 규모이므로 3명의 안전관리자가 필요한 공사이다. 1년 차에 100억 원 규모의 공사가 진행된다면 총 공사 금액의 5%인 80억 원을 초과하므로 1명을 줄여서 선임할 수 있는 기준에 충족되지 못하므로 3명을 선임하여야 하는 경우가 된다.

25 ⑤

제시된 명제를 기호로 나타내면 다음과 같다.

· 자동차 → 자전거(대우 : ∼자전거 → ∼자동차)

· ∼자동차 → ∼가전제품(대우 : 가전제품 → 자동차)

이 명제를 연결하면 '∼자전거 → ∼자동차 → ∼가전제품'이 성립한다. (대우 : 가전제품 → 자동차 → 자전거)

①∼⑤의 보기를 기호로 나타내면 다음과 같으므로 항상 참인 것은 ⑤이다.

① ∼자동차 → ∼자전거(주어진 명제만으로는 알 수 없다.)

② 자전거 → 가전제품(주어진 명제만으로는 알 수 없다.)

③ ∼가전제품 → ∼자동차(주어진 명제만으로는 알 수 없다.)

④ 자전거 → ∼자동차(주어진 명제만으로는 알 수 없다.)

⑤ 가전제품 → 자전거(연결 명제의 대우이므로 항상 참이다.)

26 응시자의 태도/가치에 따라 적합도를 선별하므로 별도의 정답이 존재하지 않습니다.

27 ④

조사대상자의 수는 표를 통해 구할 수 없다.

28 ⑤

솜 인형의 실제 무게는 18파운드이며, 주어진 산식으로 부피무게를 계산해 보아야 한다. 부피무게는 28 × 10 × 10 ÷ 166 = 17파운드가 되어 실제 무게보다 가볍다. 그러나 28inch는 28 × 2.54 = 약 71cm가 되어 한 변의 길이가 50cm 이상이므로, A배송사에서는 (18 + 17) × 0.6 = 21파운드의 무게를 적용하게 된다. 따라서 솜 인형의 운송비는 19,000원이다.

29 ④

'거리 = 속력 × 시간'을 이용하여 체류시간을 감안한 총 소요 시간을 다음과 같이 정리해 볼 수 있다. 시간은 왕복이므로 2번 계산한다.

활동	이동 수단	거리	속력 (시속)	목적지 체류 시간	총 소요시간
당구장	전철	12km	120km	3시간	3시간 + 0.1시간 × 2 = 3시간 12분
한강 공원 라이딩	자전거	30km	15km	–	2시간 × 2 = 4시간
파워 워킹	도보	5.4km	3km	–	1.8시간 × 2 = 3시간 36분
북카페 방문	자가용	15km	50km	2시간	2시간 + 0.3시간 × 2 = 2시간 36분
영화관	버스	20km	80km	3시간	3시간 + 0.25시간 × 2 = 3시간 30분

따라서 북카페를 방문하고 돌아오는 것이 2시간 36분으로 가장 짧은 소요시간이 걸린다.

30 ②

MOD(숫자, 나눌 값) : 숫자를 나눌 값으로 나누어 나머지가 표시된다. 따라서 7를 6으로 나누면 나머지가 1이 된다.

MODE : 최빈값을 나타내는 함수이다. 제시된 시트에서 6이 최빈값이다.

31 ①

모든 호랑이는 노래를 잘하고 호랑이는 육식동물이므로 A의 결론은 참이다. 그러나 모든 늑대가 노래를 잘하는지는 알 수 없다.

32 ③

① A반 평균 $= \dfrac{(20 \times 6.0) + (15 \times 6.5)}{20 + 15}$

$= \dfrac{120 + 97.5}{35} \fallingdotseq 6.2$

B반 평균 $= \dfrac{(15 \times 6.0) + (20 \times 6.0)}{15 + 20}$

$= \dfrac{90 + 120}{35} = 6$

② A반 평균 $= \dfrac{(20 \times 5.0) + (15 \times 5.5)}{20 + 15}$

$= \dfrac{100 + 82.5}{35} \fallingdotseq 5.2$

$$B반 \ 평균 = \frac{(15 \times 6.5) + (20 \times 5.0)}{15 + 20}$$

$$= \frac{97.5 + 100}{35} \fallingdotseq 5.6$$

③④⑤ A반 남학생 $= \dfrac{6.0 + 5.0}{2} = 5.5$

B반 남학생 $= \dfrac{6.0 + 6.5}{2} = 6.25$

A반 여학생 $= \dfrac{6.5 + 5.5}{2} = 6$

B반 여학생 $= \dfrac{6.0 + 5.0}{2} = 5.5$

33 ②

A : 주어진 조건으로 B의 성별을 알 수 없다.

B : E는 D의 엄마이고, C는 D의 아들이므로(D는 남자) E는 C의 친할머니이다.

34 ④

① $\dfrac{18,403,373}{44,553,710} \times 100 \fallingdotseq 41.31(\%)$

② $\dfrac{10,604,212}{17,178,526} \times 100 \fallingdotseq 61.73(\%)$

③ $\dfrac{15,748,774}{47,041,434} \times 100 \fallingdotseq 33.48(\%)$

④ $\dfrac{11,879,849}{18,403,373} \times 100 \fallingdotseq 64.55(\%)$

⑤ $\dfrac{6,574,314}{17,178,526} \times 100 \fallingdotseq 38.27(\%)$

35 ②

$268,655 \div 21,825 = 12.30950 \cdots \fallingdotseq 12.3(배)$

36 ①

① 두환이는 농협은행의 PB고객이므로 최대 6,000만 원 이내까지 대출이 가능하다.

37 ③

A=1, S=1

A=2, S=1+2

A=3, S=1+2+3

…

A=10, S=1+2+3+…+10

∴ 출력되는 S의 값은 55이다.

38 ⑤

⑤ 첫 문단에서 GDP를 계산할 때는 총 생산물의 가치에서 중간생산물을 가치를 뺀다고 언급하고 있다.

39 ④

④ 2012년도와 2010년도의 실질 GDP는 7,000원으로 동일하기 때문에 생산 수준이 올랐다고 판단할 수 없다.

40 ⑤

⑤ ㉠뒤로 언급되는 '이때 GDP는 무역 손실에 따른 실질 소득의 감소를 제대로 반영하지 못하기 때문에 GNI가 필요한 것이다'라는 문장을 통해 알 수 있다.

41 ⑤

⑤ 안성팜랜드 입점매장에서는 0.2% 채움포인트를 적립해 준다. 따라서 E씨는 150,000원 × 0.2% = 300 원을 적립 받을 수 있다.

① 범농협 서비스의 제공기간은 2017년 4월 1일부터 이므로 A씨는 채움포인트 적립을 받을 수 없다.

② 농협a마켓에서는 0.2%의 채움포인트를 적립해 준다. 따라서 B씨는 100,000원 × 0.2% = 200원을 적립 받을 수 있다.

③ NH-OIL주유소에서는 기본 0.1% 채움포인트와 주유소별 최고 0.5% 추가 적립해 주는데 0.3%를 추가로 적립해 주는 주유소를 이용하였으므로 C씨는 (50,000원 × 0.1%) + (50,000원 × 0.3%) = 50 + 150 = 200원을 적립 받을 수 있다.

④ NH20 해봄 카드는 범농협 서비스 대상 카드에 해당되지 않으므로 D씨는 채움포인트 적립을 받을 수 없다.

42 ③

수도권 중 과밀억제권역에 해당하므로 우선변제를 받을 보증금 중 일정액의 범위는 2,000만 원이다. 그런데 ④처럼 하나의 주택에 임차인이 2명 이상이고 그 보증금 중 일정액을 모두 합한 금액(甲 2,000만 원 + 乙 2,000만 원 + 丙 1,000만 원 = 5,000만 원)이 주택가액인 8,000만 원의 2분의 1을 초과하므로 그 각 보증금 중 일정액을 모두 합한 금액에 대한 각 임차인의 보증금 중 일정액의 비율(2 : 2 : 1)로 그 주택가액의 2분의 1에 해당하는 금액(4,000만 원)을 분할한 금액을 각 임차인의 보증금 중 일정액으로 봐야 한다.

따라서 우선변제를 받을 보증금 중 일정액은 甲 1,600만 원, 乙 1,600만 원, 丙 800만 원으로 乙과 丙이 담보물권자보다 우선하여 변제받을 수 있는 금액의 합은 1,600 + 800 = 2,400만 원이다.

43 ③

③ 금융기관이 아닌 채권자 甲은 주채무자 乙이 원본, 이자 그 밖의 채무를 3개월 이상 이행하지 아니하는 경우 지체 없이 보증인 丙에게 그 사실을 알려야 한다.

44 ②

甲~戊의 심사기준별 점수를 산정하면 다음과 같다. 단, 丁은 신청마감일(2014. 4. 30.) 현재 전입일부터 6개월 이상의 신청자격을 갖추지 못하였으므로 제외한다.

구분	거주 기간	가족 수	영농 규모	주택 노후도	사업 시급성	총점
甲	10	4	4	8	10	36점
乙	4	8	10	6	10	38점
丙	6	6	8	10	10	40점
戊	8	6	10	8	4	36점

따라서 상위 2가구는 丙과 乙이 되는데, 2가구의 주소지가 B읍·면으로 동일하므로 총점이 더 높은 丙을 지원하고, 나머지 1가구는 甲, 戊의 총점이 동점이므로 가구주의 연령이 더 높은 甲을 지원하게 된다.

45 ⑤

상품별 은행에 내야 하는 총금액은 다음과 같다.

- A상품 : (1,000만 원 × 1% × 12개월) + 1,000만 원 = 1,120만 원
- B상품 : 1,200만 원
- C상품 : 90만 원 × 12개월 = 1,080만 원

㉠ A상품의 경우 자동차를 구입하여 소유권을 취득할 때, 은행이 자동차 판매자에게 즉시 구입금액을 지불하는 상품으로 자동차 소유권을 얻기까지 은행에 내야 하는 금액은 0원이다. → 옳음

㉡ 1년 내에 사고가 발생해 50만 원의 수리비가 소요된다면 각 상품별 총비용은 A상품 1,170만 원, B상품 1,200만 원, C상품 1,080만 원이다. 따라서 A상품보다 C상품을 선택하는 것은 유리하지만, B상품은 유리하지 않다. → 틀림

㉢ 자동차 소유권을 얻는 데 걸리는 시간은 A상품 구입 즉시, B상품 1년, C상품 1년이다. → 옳음

㉣ B상품과 C상품 모두 자동차 소유권을 얻기 전인 1년까지는 발생하는 모든 수리비를 부담해 준다. 따라서 사고 여부와 관계없이 총비용이 작은 C상품을 선택하는 것이 유리하다. → 옳음

46 ③

채무자인 乙이 실제 수령한 금액인 1,200만 원을 기준으로 최고연이자율 연 30%를 계산하면 360만 원이다. 그런데 선이자 800만 원을 공제하였으므로 360만 원을 초과하는 440만 원은 무효이며, 약정금액 2,000만 원의 일부를 변제한 것으로 본다. 따라서 1년 후 乙이 갚기로 한 날짜에 甲에게 전부 변제하여야 할 금액은 2,000 − 440 = 1,560만 원이다.

47 ⑤

〈표2〉에 따르면 2002년부터 2004년까지는 1호주달러당 원화가 1유로당 원화보다 금액이 컸다. 즉, 호주달러의 가치가 유로의 가치보다 큰 것이다. 그런데 2005년에는 호주달러보다 유로의 가치가 커졌다가 2006년에 동일해졌다. 따라서 ⑤번 그래프가 잘못 표현되었다.

48 ④

㉠ 1거래일 시가는 12,000원이고 5거래일 종가는 11,800원이다. 따라서 1거래일 시가로 매입한 주식을 5거래일 종가로 매도하는 경우 수익률은

$$\frac{11,800 - 12,000}{12,000} \times 100 = 약 \, -1.6 이다.$$

㉢ 3거래일 종가는 12,800원이고 4거래일 종가는 12,900원이다. 따라서 3거래일 종가로 매입한 주식을 4거래일 종가로 매도하는 경우 수익률은

$$\frac{12,900 - 12,800}{12,800} \times 100 = 약 \, 0.8 이다.$$

49 ①

A~E의 지급 보험금을 산정하면 다음과 같다.

피보험물건	지급 보험금
A	주택, 보험금액 ≥ 보험가액의 80%이므로 손해액 전액 지급 → 6천만 원
B	일반물건, 보험금액 < 보험가액의 80% 이므로 손해액 × $\dfrac{보험금액}{보험가액의\ 80\%}$ 지급 → $6,000 \times \dfrac{6,000}{6,400} = 5,625$만 원
C	창고물건, 보험금액 < 보험가액의 80% 이므로 손해액 × $\dfrac{보험금액}{보험가액의\ 80\%}$ 지급 → $6,000 \times \dfrac{7,000}{8,000} = 5,250$만 원
D	공장물건, 보험금액 < 보험가액이므로 손해액 × $\dfrac{보험금액}{보험가액}$ 지급 → $6,000 \times \dfrac{9,000}{10,000} = 5,400$만 원
E	동산, 보험금액 < 보험가액이므로 손해액 × $\dfrac{보험금액}{보험가액}$ 지급 → $6,000 \times \dfrac{6,000}{7,000} = 약 \, 5,143$만 원

따라서 지급 보험금이 많은 것부터 순서대로 나열하면 A － B － D － C － E이다.

50 ④

④ 가입자가 C상품과 D상품에 동시에 가입하려면 NH농협은행에 각각 1,000원씩 총 2,000원을 내야 한다. 2011년 12월 30일 금 가격이 50,000원일 경우, C상품과 D상품 모두 NH농협은행이 가입자에게 지급할 금액이 0원이다. 따라서 가입자는 2,000원의 손해를 보게 된다. 즉, 2011년 12월 30일 금 가격이 48,000원을 초과하고 52,000원 미만일 경우 가입자는 손해를 보게 된다.

1 ①

밑줄 친 '짚다'는 '여럿 중에 하나를 꼭 집어 가리키다'의 의미로 쓰인 경우이며, ①에서도 동일한 의미로 쓰인다.
② 손으로 이마나 머리 따위를 가볍게 눌러 대다.
③⑤ 바닥이나 벽, 지팡이 따위에 몸을 의지하다.
④ 상황을 헤아려 어떠할 것으로 짐작하다.

2 ②

제품 하나를 만드는 데 A기계만 사용하면 15일이 걸리고, B기계만 사용하면 25일이 걸리므로, A기계는 하루에 제품 하나의 $\frac{1}{15}$ 을 만들고, B기계는 하루에 제품 하나의 $\frac{1}{25}$ 을 만든다. 따라서 A와 B기계를 동시에 사용하면 하루에 제품 하나의 $\left(\frac{1}{15}+\frac{1}{25}\right)=\frac{8}{75}=0.10666\cdots$ 을 만들 수 있다. 즉, 약 10.7%가 만들어진다.

3 ③

③ 제1조에 을(乙)은 갑(甲)에게 계약금→중도금→잔금 순으로 지불하도록 규정되어 있다.
① 제1조에 중도금은 지불일이 정해져 있으나, 제5조에 '중도금 약정이 없는 경우'가 있을 수 있음이 명시되어 있다.
② 제4조에 명시되어 있다.
④ 제5조의 규정으로, 을(乙)이 갑(甲)에게 중도금을 지불하기 전까지는 을(乙), 갑(甲) 중 어느 일방이 본 계약을 해제할 수 있다. 단, 중도금 약정이 없는 경우에는 잔금 지불하기 전까지 계약을 해제할 수 있다.
⑤ 제6조에 명시되어 있다.

4 ⑤

2011년까지는 증가 후 감소하였으나 이후 3.2% → 3.7% → 5.4%로 줄곧 증가하고 있음을 알 수 있다.
① 2010년, 2012년에는 전년대비 증감 추세가 다르게 나타나고 있다.
② 2012년, 2013년에는 50%p보다 적은 차이를 보인다.
③ 줄곧 증가한 것은 아니며, 급격하게 변화하지도 않았다.
④ 2009년부터 두 개 지표의 차이를 보면, 53.0%p, 51.1%p, 51.6%p, 49.4%p, 49.8%p로 나타난다. 따라서 비중 차이가 가장 작은 해는 2012년이다.

5 ③

명제 2와 3을 삼단논법으로 연결하면, '윤 사원이 외출 중이 아니면 강 사원도 외출 중이 아니다.'가 성립되므로 A는 옳다. 또한, 명제 2가 참일 경우 대우명제도 참이어야 하므로 '박 과장이 외출 중이면 윤 사원도 외출 중이다.'도 참이어야 한다. 따라서 B도 옳다.

6 ①

② '만약'은 가정의 의미를 갖는 부사어이기 때문에 '~않았다면'과 호응을 이룬다.
③ '바뀌게' 하려는 대상이 무엇인지를 밝히지 않아 어법에 맞지 않는다.
④ '풍년 농사를 위하여 만들었던 저수지에 대한 무관심으로 관리를 소홀히 하여 올 농사를 망쳐 버렸습니다.'가 어법에 맞는 문장이다.
⑤ '내가 말하고 싶은 것은 ~ 올릴 수 있다는 것이다'가 되어야 한다.

7 ③

5일 동안 매일 50페이지씩 읽었으므로
$5 \times 50 = 250$
총 459페이지이므로
$450 - 250 = 200$ 페이지를 읽어야 한다.

8 ①

$\dfrac{2,838}{23,329} \times 100 = 12.16511 \cdots \fallingdotseq 12.2(\%)$

9 ④

바로 다음 문장에서 앞의 내용을 강조하기 위해 같은 내용을 반복하고 있다. "다른 사람들이 이해한다는 것은 결국 우리 주위에 있는 사회 일반이 공통적으로 인식한다는 것이다."를 통해 빈칸에 들어갈 문장은 ④임을 알 수 있다.

10 ①

① '자연은~초래된다.'까지의 문장들은 글의 논지를, 그 이후의 문장들은 반사회적 사회성의 개념을 제시하고 있다.

11 ③

해당 상품은 임산부 또는 예비 임산부를 위한 적금상품으로 임신 5개월의 경은만이 가입할 수 있다.

12 ③

• 인터넷 뱅킹을 통한 해외 외화 송금이므로 금액에 상관없이 건당 최저수수료 3,000원과 전신료 5,000원 발생 → 합 8,000원

• 은행 창구를 통한 해외 외화 송금이므로 송금 수수료 10,000원과 전신료 8,000원 발생 → 합 18,000원

• 금액에 상관없이 건당 수수료가 발생하므로 → 10,000원

따라서 총 지불한 수수료는 8,000 + 18,000 + 10,000 = 36,000원이다.

13 ④

새터민(탈북자)인 경우 이 상품에서 특별우대금리를 적용받기 위해서는 북한 이탈주민 확인서(증명서)를 농협은행 영업점 창구에 제출해야 한다.

14 ④

제시된 상품에 개인으로 가입했을 경우 최고 우대금리는 '특별 우대금리(0.1%p)', '통일염원 우대금리(0.1%p)', '카드거래 우대금리(0.2%p)'를 모두 적용받은 0.4%p이다.

15 ③

2015년 중소기업 여신 비중 : $\dfrac{2,215}{20,858} \times 100 = 10.61942 \cdots \fallingdotseq 10.6(\%)$

16 ①

① 해외체재자는 상용, 문화, 공무, 기술훈련, 6개월 미만의 국외연수 등으로 외국에 체재하는 기간이 30일을 초과하는 자를 말한다.

17 ③

③ 환전 가능 외국주화로는 미국 달러, 일본 엔화, 유로화가 있다.

18 응시자의 태도/가치에 따라 적합도를 선별하므로 별도의 정답이 존재하지 않습니다.

19 ①

한 달 동안의 통화 시간 t $(t = 0, 1, 2, \cdots)$에 따른

요금제 A의 요금

$y = 10,000 + 150t$ $(t = 0, 1, 2, \cdots)$

요금제 B의 요금

$\begin{cases} y = 20,200 & (t = 0, 1, 2, \cdots, 60) \\ y = 20,200 + 120(t - 60) & (t = 61, 62, 63, \cdots) \end{cases}$

요금제 C의 요금

$\begin{cases} y = 28,900 & (t = 0, 1, 2, \cdots, 120) \\ y = 28,900 + 90(t - 120) & (t = 121, 122, 123, \cdots) \end{cases}$

㉠ B의 요금이 A의 요금보다 저렴한 시간 t의 구간은

$20,200 + 120(t - 60) < 10,000 + 150t$ 이므로

$t > 100$

ⓛ B의 요금이 C의 요금보다 저렴한 시간 t의 구간은

$20,200 + 120(t - 60) < 28,900 + 90(t - 120)$ 이므로 $t < 170$

따라서, $100 < t < 170$ 이다.

$\therefore$ $b - a$ 값은 70

20 ④

해당 적금은 현역복무사병, 전환복무사병(교정시설경비교도, 전투경찰대원, 의무경찰대원, 의무소방원), 공익근무요원 등 일반 사병에 한정되므로 장교인 규현은 가입할 수 없다.

21 ⑤

주어진 산식을 이용해 각 기업의 금융비용부담률과 이자보상비율을 계산해 보면 다음과 같다.

구분		내용
A기업	영업이익	$98 - 90 - 2 = 6$천만 원
	금융비용부담률	$1.5 \div 98 \times 100 =$ 약 1.53%
	이자보상비율	$6 \div 1.5 \times 100 = 400\%$
B기업	영업이익	$105 - 93 - 3 = 9$천만 원
	금융비용부담률	$1 \div 105 \times 100 =$ 약 0.95%
	이자보상비율	$9 \div 1 \times 100 = 900\%$
C기업	영업이익	$95 - 82 - 3 = 10$천만 원
	금융비용부담률	$2 \div 95 \times 100 =$ 약 2.11%
	이자보상비율	$10 \div 2 \times 100 = 500\%$
D기업	영업이익	$112 - 100 - 5 = 7$천만 원
	금융비용부담률	$2 \div 112 \times 100 =$ 약 1.79%
	이자보상비율	$7 \div 2 \times 100 = 350\%$

따라서 금융비용부담률이 가장 낮은 기업과 이자보상비율이 가장 높은 기업은 모두 B기업임을 알 수 있으며, B기업이 가장 우수한 건전성을 나타낸다고 할 수 있다.

22 ③

다섯 사람 중 A와 B가 동시에 가장 먼저 봉사활동을 하러 나가게 되었으며, C~E는 A와 B보다 늦게 봉사활동을 하러 나가게 되었음을 알 수 있다. 따라서 다섯 사람의 순서는 E의 순서를 변수로 다음과 같이 정리될 수 있다.

ⓖ E가 두 번째로 봉사활동을 하러 나가게 되는 경우

첫 번째	두 번째	세 번째	네 번째
A, B	E	C 또는 D	C 또는 D

첫 번째	두 번째	세 번째
A, B	E, C	D

ⓛ E가 세 번째로 봉사활동을 하러 나가게 되는 경우

첫 번째	두 번째	세 번째	네 번째
A, B	C 또는 D	E	C 또는 D

따라서 E가 C보다 먼저 봉사활동을 하러 나가는 경우가 있으므로 보기 ③과 같은 주장은 옳지 않다.

23 ①

지금부터 4시간 후의 미생물 수가 270,000이므로 현재 미생물의 수는 $270,000 \div 3 = 90,000$이다. 4시간마다 3배씩 증가한다고 하였으므로, 지금부터 8시간 전의 미생물 수는 $90,000 \div 3 \div 3 = 10,000$이다.

24 ⑤

첫 번째는 직계존속으로부터 증여받은 경우로, 10년 이내의 증여재산가액을 합한 금액에서 5,000만 원만 공제하게 된다.

두 번째 역시 직계존속으로부터 증여받은 경우로, 아버지로부터 증여받은 재산가액과 어머니로부터 증여받은 재산가액의 합계액에서 5,000만 원을 공제하게 된다.

세 번째는 직계존속과 기타친족으로부터 증여받은 경우로, 아버지로부터 증여받은 재산가액에서 5,000만 원을, 삼촌으로부터 증여받은 재산가액에서 1,000만 원을 공제하게 된다.

따라서 세 가지 경우의 증여재산 공제액의 합은 $5,000 + 5,000 + 6,000 = 1$억 6천만 원이 된다.

25 ②

주어진 자료를 근거로, 다음과 같은 계산 과정을 거쳐 증여세액이 산출될 수 있다.

• 증여재산 공제 : 5천만 원

• 과세표준 : 1억 7천만 원 − 5천만 원 = 1억 2천만 원

• 산출세액 : 1억 2천만 원 × 20% − 1천만 원 = 1,400만 원

26 ①

⊙ 한국 $2,015 - 3,232 = -1,217$,

중국 $5,954 - 9,172 = -3,218$,

일본 $2,089 - 4,760 = -2,671$ 모두 적자이다.

ⓛ 소비재는 50% 이상 증가하지 않았다.

	원자재	소비재	자본재
2018	2,015	138	3,444
2015	578	117	1,028

ⓒ 자본재 수출경쟁력을 구하면 한국이 일본보다 높다.

한국 $= \dfrac{3,444 - 1,549}{3,444 + 1,549} = 0.38$

일본 $= \dfrac{12,054 - 8,209}{12,054 + 8,209} = 0.19$

27 ③

상자 크기를 비교해보면, '녹색상자 〈 분홍상자 = 파란상자 〈 노란상자'이고 '주황상자 〈 노란상자'이므로 A와 B 모두 옳다.

28 ④

DSUM(범위, 열번호, 조건)은 조건에 맞는 수치를 합하는 함수이며 DCOUNT(범위, 열번호, 조건)은 조건에 맞는 셀의 개수를 세는 함수이다. 따라서 DSUM이 아닌 DCOUNT 함수를 사용해야 하며, 추리영역이 있는 열은 4열이므로 '=DCOUNT(A1:D6, 4, F2:F3)'를 입력해야 한다.

29 응시자의 태도/가치에 따라 적합도를 선별하므로 별도의 정답이 존재하지 않습니다.

30 ①

하루 대여 비용을 계산해보면 다음과 같다. 따라서 가장 경제적인 차량 임대 방법은 승합차량 1대를 대여하는 것이다.

① 132,000원

② $60,000 \times 3 = 180,000$(원)

③ $84,000 \times 2 = 168,000$(원)

④ $60,000 + 122,000 = 182,000$(원)

⑤ $84,000 + 146,000 = 230,000$(원)

31 ②

주어진 조건에 의해 다음과 같이 계산할 수 있다.

$\{(1,000,000 + 100,000 + 200,000) \times 12 + (1,000,000 \times 4) + 500,000\} \div 365 \times 30 = 1,652,055$원

따라서 소득월액은 1,652,055원이 된다.

32 ③

변화에 소극적인 직원들을 성공적으로 이끌기 위한 방법

⊙ 개방적인 분위기를 조성한다.

ⓛ 객관적인 자세를 유지한다.

ⓒ 직원들의 감정을 세심하게 살핀다.

ⓔ 변화의 긍정적인 면을 강조한다.

ⓜ 변화에 적응할 시간을 준다.

33 ②

SUMIF는 조건에 맞는 데이터를 더해주는 함수로서 범위는 B2:B10으로 설정해 주고 조건은 3천만원 초과가 아니라 이상이라고 했으므로 "〉=30000000"으로 설정한다.

34 ③

③ 뒤의 문장에서 '하지만~수단 역할을 하는 데 있다.'라는 말이 오므로 그전의 문장은 동물의 수단과 관계된 말이 와야 옳다.

35 ①

제시된 글은 영어 공용화에 대한 부정적인 입장이므로 반론은 영어 공용화에 대한 긍정적인 입장에서 근거를 제시해야 한다. ①은 영어 공용화에 대한 부정적 입장이다.

36 ④

어떤 콜라도 물이 아니고, 물에 포함되는 사이다는 콜라가 아니다. 따라서 A와 B 모두 그른 결론이다.

37 ③

FREQUENCY(배열1, 배열2) : 배열2의 범위에 대한 배열1 요소들의 빈도수를 계산

*PERCENTILE(범위, 인수) : 범위에서 인수 번째 백분위수 값

함수 형태=FREQUENCY(Data_array, Bins_array)

Data_array : 빈도수를 계산하려는 값이 있는 셀 주소 또는 배열

Bins_array : Data_array 를 분류하는데 필요한 구간 값들이 있는 셀 주소 또는 배열

수식 : {=FREQUENCY(B3:B9, E3:E6)}

38 ③

[A]에서 채소 중개상은 배추 가격이 선물 가격 이상으로 크게 뛰어오르면 많은 이익을 챙길 수 있다는 기대에서 농민이 우려하는 가격 변동에 따른 위험 부담을 대신 떠맡는 데 동의한 것이다. 즉, 선물 거래 당사자인 채소 중개상에게 가격 변동에 따른 위험 부담이 전가된 것이라고 할 수 있다.

39 ①

① ㉠과 ㉡ 모두 가격 변동의 폭에 따라 손익의 규모가 달라진다.

40 ⑤

⑤ 3월 25일에 비해 6월물 달러 선물 가격이 상승하였으므로, 6월 25일에 거래되는 6월물 달러 선물 100만 달러어치를 팔기로 계약하면 그만큼의 손실이 발생한다.

41 ③

콜옵션을 산 사람은 상품의 가격이 애초에 옵션에서 약정한 것보다 상승하게 되면, 그 권리 행사를 통해 가격 변통 폭만큼 이익을 보게 되고 이 콜옵션을 판 사람은 그만큼의 손실을 보게 된다. 마찬가지로 풋옵션을 산 사람은 상품의 가격이 애초에 옵션에서 약정한 것보다 하락하게 되면 그 권리 행사를 통해 가격 변동 폭만큼 이익을 보게 되고 이 풋옵션을 판 사람은 그만큼의 손실을 보게 된다.

42 ③

㉢ B등급 고객의 신용등급이 1년 뒤에 하락할 확률은 B→C, B→D 확률의 합으로 0.16 + 0.05 = 0.21이다. C등급 고객의 신용등급이 1년 뒤에 상승할 확률은 C→B, C→A 확률의 합으로 0.15 + 0.05 = 0.2이다. 따라서 B등급 고객의 신용등급이 1년 뒤에 하락할 확률은 C등급 고객의 신용등급이 1년 뒤에 상승할 확률보다 높다.

43 ⑤

시기에 따른 각 지수를 정리하면 다음과 같다.

구분	외환위기 이전	구조개혁 전반기	구조개혁 후반기
양적성장 지수	1.5	0.7	0.45
안정성 지수	0.8	1.2	1.3
질적성장 지수	1.2	0.8	1.4

① 1993년 이후 안정성지수는 증가하였다.

② 양적성장지수는 외환위기 이전 1.5에서 구조개혁 전반기 0.7로 50% 이상 감소하였다. 그러나 질적성장지수는 외환위기 이전 1.2에서 구조개혁 전반기 0.8로 50% 이하로 감소하였다.

③ 양정성장지수와 안정성지수는 구조개혁 전반기의 직전기간 대비 증감폭이 구조개혁 후반기의 직전기간 대비 증감폭보다 크다.

④ 구조개혁 전반기와 후반기 모두에서 양적성장지수의 직전기간 대비 증감폭이 안정성지수의 직전기간 대비 증감폭보다 크다.

44 ⑤

2009년부터 인증심사원 1인당 연간 심사할 수 있는 농가수가 상근직은 400호, 비상근직은 250호를 넘지 못하도록 규정이 바뀔 경우, 심사 가능한 농가수와 심사하지 못하는 농가수는 다음과 같다.

인증기관	심사 가능한 농가수	심사하지 못하는 농가수
A	$(4 \times 400) + (2 \times 250) =$ 2,100	$2,540 - 2,100 = 440$
B	$(2 \times 400) + (3 \times 250)$ $= 1,550$	$2,120 - 1,550 = 570$
C	$(4 \times 400) + (3 \times 250) =$ 2,350	없음
D	$(1 \times 400) + (2 \times 250)$ $= 900$	$1,878 - 900 = 978$

⑤ 만약 정부가 이 지역에 2009년에 이 지역에 추가로 필요한 인증심사원을 모두 상근으로 고용하게 한다면, A기관 2명, B기관 2명, D기관 3명으로 총 7명이 추가로 고용되어야 한다. 추가로 고용되는 상근 심사원 1인당 보조금을 연 600만 원씩 지급한다면 보조금 액수는 $7 \times 600 = 4,200$만 원으로 연간 5,000만 원 이하이다.

45 ①

금융기관 A는 농협, 금융기관 B는 수협이다.

46 ①

② 두 번째 문단에서 통화 정책에서 선제적 대응의 필요성을 예를 들어 설명하고 있다.

③ 첫 번째 문단에서 공개 시장 운영이 경제 전반에 영향을 미치는 과정을 인과적으로 설명하고 있다.

④ '선제적', '정책 외부 시차' 등 관련된 주요 용어의 정의를 바탕으로 통화 정책의 대표적인 수단을 설명하고 있다.

⑤ 준칙주의와 재량주의의 두 견해의 차이를 드러내고 있다.

47 ⑤

경제학자 병은 국민들의 생활 안정을 위해 물가 상승률을 매 분기 2%로 유지해야 한다고 주장하였다. 2분기와 3분기의 물가 상승률이 3%이므로 1%p를 낮추기 위해서는 이자율, 즉 기준 금리를 1.5%p 올려야 한다 (이자율이 상승하면 경기가 위축되고 물가 상승률이 떨어지므로). 정책 외부 시차는 1개 분기이며 기준 금리 조정에 따른 물가 상승률 변동 효과는 1개 분기 동안 지속되므로 중앙은행은 기준 금리를 1월 1일에 5.5%로 인상하고 4월 1일에도 이를 5.5%로 유지해야 2분기와 3분기의 물가 상승률을 2%로 유지할 수 있다.

48 ①

② ㉡에서는 준칙주의의 엄격한 실천은 현실적으로 어렵다고 본다.

③ ㉠에서는 정책 운용에 관한 준칙을 지키지 않으면 중앙은행에 대한 신뢰가 훼손된다고 본다.

④ ㉡에서도 정책의 신뢰성을 중요하게 생각한다. 다만 이를 위해 중앙은행이 반드시 준칙에 얽매일 필요는 없다는 것이다.

⑤ ㉡에서는 경제 여건 변화에 따른 신축적인 정책 대응을 지지한다.

49 ①

㉢ 기업의 매출액이 클수록 자기자본비율이 동일한 비율로 커지는 관계에 있다고 가정하면 순이익은 자기자본비율 × 순이익률에 비례한다. 따라서 2008년도 순이익이 가장 많은 기업은 B이다.

㉣ 2008년도 순이익률이 가장 높은 기업은 B이다. 1997년도 영업이익률이 가장 높은 기업은 F이다.

50 ⑤

⑤번 그래프는 1997년도 대비 2008년도 7개 기업의 순이익률 변화(%p)를 표현한 것이다.

1 ③

①, ②, ④, ⑤는 모두 '없던 것이 새로 있게 되다.'는 의미로 쓰인 '생기다'이다.

③은 '자기의 소유가 아니던 것이 자기의 소유가 되다.'의 의미로 쓰인 '생기다'이다.

2 ②

마지막 조건에 의하면 첫 번째 자리 숫자가 1이 되며 세 번째 조건에 의해 가장 큰 수는 6이 되는데, 마지막 조건에서 오름차순으로 설정하였다고 하였으므로 네 번째 자리 숫자가 6이 된다. 두 번째 조건에서 곱한 수가 20보다 크다고 하였으므로 0은 사용되지 않았다. 따라서 (1××6) 네 자리 수의 합이 11이 되기 위해서는 1과 6을 제외한 두 번째와 세 번째 자리 수의 합이 4가 되어야 하는데, 같은 수가 연달아 한 번 반복된다고 하였으므로 (1136) 또는 (1226) 중 모두 곱한 수가 20보다 큰 (1226)이 된다.

3 ③

'한눈'은 '한 번 봄' 또는 '잠깐 봄'의 의미로 밑줄 친 '한'은 '하나', '한 번'의 의미로 쓰였다. '한'에는 크게 '하나, 한 번', ,'어떤', '같은', '대략' 등 네 가지의 뜻이 있다.

①, ②, ④, ⑤는 모두 '하나'의 의미로 쓰였으며, ③은 '어떤'의 의미로 사용되었다.

4 ③

첫 번째 배열은 각 수에 × 2 + 1, 두 번째 배열은 각 수에 × 3 + 1, 세 번째 배열은 각 수에 × 4 + 1의 규칙이 적용되고 있다. 따라서 다섯 번째 배열은 각 수에 × 6 + 1의 규칙이 적용되므로, 43 × 6 + 1 = 259 이다.

5 ①

신입사원 오리엔테이션 당시 다섯 명의 자리 배치는 다음과 같다.

| 김 사원 | 이 사원 | 박 사원 | 정 사원 | 최 사원 |

확정되지 않은 자리를 SB(somebody)라고 할 때, D에 따라 가능한 경우는 다음의 4가지이다.

㉠	이 사원	SB 1	SB 2	정 사원	SB 3
㉡	SB 1	이 사원	SB 2	SB 3	정 사원
㉢	정 사원	SB 1	SB 2	이 사원	SB 3
㉣	SB 1	정 사원	SB 2	SB 3	이 사원

이 중 ㉠, ㉡은 B에 따라 불가능하므로, ㉢, ㉣의 경우만 남는다. 여기서 C에 따라 김 사원과 박 사원 사이에는 1명이 앉아 있어야 하므로 ㉢의 SB 2, SB 3과 ㉣의 SB 1, SB 2가 김 사원과 박 사원의 자리이다. 그런데 B에 따라 김 사원은 ㉣의 SB 1에 앉을 수 없고 박 사원은 ㉢, ㉣의 SB 2에 앉을 수 없으므로 다음의 2가지 경우가 생긴다.

| ㉢ | 정 사원 | SB 1 (최 사원) | 김 사원 | 이 사원 | 박 사원 |
| ㉣ | 박 사원 | 정 사원 | 김 사원 | SB 3 (최 사원) | 이 사원 |

따라서 어떤 경우에도 바로 옆에 앉는 두 사람은 김 사원과 최 사원이다.

6 ③

첫 번째 문단에서 문제를 알면서도 고치지 않았던 두 칸을 수리하는 데 수리비가 많이 들었고, 비가 새는 것을 알자마자 수리한 한 칸은 비용이 많이 들지 않았다고 하였다. 또한 두 번째 문단에서 잘못을 알면서도 바로 고치지 않으면 자신이 나쁘게 되며, 잘못을 알자마자 고치기를 꺼리지 않으면 다시 착한 사람이 될 수 있다하며 이를 정치에 비유해 백성을 좀먹는 무리들을 내버려 두어서는 안 된다고 서술하였다. 따라서 글의 중심내용으로는 잘못을 알게 되면 바로 고쳐 나가는 것이 중요하다가 적합하다.

7 ④

④ 원자력 소비량은 2005년에 36.7백만TOE에서 2006년에 37.2백만TOE로 증가하였다가 2007년에는 다시 30.7백만TOE로 감소하였다. 이렇듯 2006년부터 2014년까지 전년 대비 원자력 소비량의 증감추이를 분석하면 증가, 감소, 증가, 감소, 증가, 증가, 감소, 감소, 증가로 증감을 거듭하고 있다.

① 2005년부터 2014년까지 1차 에너지 소비량은 연간 약 230~290백만TOE 사이이다. 석유 소비량은 연간 101.5~106.2백만TOE로 나머지 에너지 소비량의 합보다 적다.

② 석탄 소비량은 전체 기간으로 볼 때 완만한 상승세를 보이고 있다.

③ 기타 에너지 소비량은 지속적으로 증가하는 추세이다.

⑤ LNG 소비량은 2009년 이후로 지속적으로 증가하다가 2014년에 전년 대비 4.7백만TOE 감소하였다.

8 ③

'3. 업체상호사용' 항목에 따르면, 양사는 업무제휴의 목적에 부합하는 경우에 한하여 상대의 상호를 마케팅에 사용 가능하나 사전에 협의된 내용을 변경할 수는 없다.

9 ④

장소별로 계산해 보면 다음과 같다.
- 분수광장 후면 1곳(게시판) : 120,000원
- 주차 구역과 경비초소 주변 각 1곳(게시판)
  : 120,000원 × 2 = 240,000원
- 행사동 건물 입구 1곳(단독 입식) : 45,000원
- 분수광장 금연 표지판 옆 1개(벤치 2개 + 쓰레기통 1개) : 155,000원
- 주차 구역과 경비초소 주변 각 1곳(단독)
  : 25,000 × 2 = 50,000원

따라서 총 610,000원의 경비가 소요된다.

10 ⑤

참석인원이 800명이므로 800장을 준비해야 한다. 이 중 400장은 2도 단면, 400장은 5도 양면 인쇄로 진행해야 하므로 총 인쇄비용은 (5,000 × 4) + (25,000 × 4) = 120,000원이다.

11 ①

② 김씨→김 씨, 호칭어인 '씨'는 띄어 써야 옳다.

③ 큰 일→큰일, 틀림 없다→틀림없다, '큰일'은 '중대한 일'을 나타내는 합성어이므로 붙여 써야 하며 '틀림없다'는 형용사이므로 붙여 써야 한다.

④ 몇 일→며칠, '몇 일'은 없는 표현이다. 따라서 '며칠'로 적어야 옳다.

⑤ 살만도→살 만도, 붙여 쓰는 것을 허용하기도 하나(살 만하다) 중간에 조사가 사용된 경우 반드시 띄어 써야 한다(살 만도 하다).

12 ③

벤치의 수를 x, 동료들의 수를 y로 놓으면
$5x + 4 = y$
$6x = y$
위 두 식을 연립하면
$x = 4$, $y = 24$

13 ②

증시(證市) : '증권시장(증권의 발행·매매·유통 따위가 이루어지는 시장)'을 줄여 이르는 말

증시(證示) : 증명하여 내보임

14 ①

DMAX는 데이터 최대값을 구할 때 사용되는 함수이고, 주어진 조건에 해당하는 값을 선택하여 평균을 구할 때는 DAVERAGE가 사용된다. 따라서 DAVERAGE(범위,열번호,조건)을 입력해야 하는데 범위는 [A1]부터 [C9]까지이고 점수를 평균내야 하기 때문에 열 번호는 3이다. 조건은 2학년이기 때문에 'E4:E5'로 설정한다.

15 ④

④ 예외적으로 특별한 대우를 인정하는 경우가 있다는 내용과 반대되는 내용이 이 글 앞에 나와야 한다. 즉, 누구든지 평등한 권리를 가진다는 내용이 와야 한다.

16 ①

핵에너지를 뺀 나머지 에너지원은 머지않아 고갈될 것이므로 인류는 새로운 에너지원을 발견해야 한다.

17 ⑤

⑤ 2014년 GDP 대비 M2의 비율은 2007년에 비해 16.6%p 상승하였다.

18 ⑤

⑤ 건당 미화 2천불을 초과하는 경우에는 관세청장 및 금융감독원장 통보대상이 된다.

19 ①

외국인우대통장에 월 50만 원 이상의 급여이체 실적이 있는 경우 우대조건을 충족하게 된다.

20 ②

해당 상품은 신규 임관 군 간부만이 가입할 수 있는 상품으로 일반 사병으로 입대한 전 이병은 가입할 수 없다.

21 ⑤

제시된 적금의 우대금리 조건으로는
- 이 적금 가입기간 중 만기 전월까지 "6개월 이상" 농협은행에 급여이체를 한 경우
- 가입월부터 만기 전월까지 기간 중 농협은행 채움카드(개인 신용·체크)로 월 평균 20만 원 이상 이용한 경우
- 만기일 전월말 기준으로 농협은행의 주택청약종합저축(청약저축 포함)에 가입한 경우가 해당되므로 문식만이 우대금리를 받을 수 있다.

22 ②

해당 상품은 만 14세~33세 개인만이 가입할 수 있는 상품으로 만 35세인 종엽이는 가입할 수 없다.

23 ②

혜미 > 지혜 > 철수 > 영희의 순이다. 혜미는 철수보다 빠르므로 A는 옳지 않다. 영희는 혜미보다 느리므로 B만 옳다.

24 ③

사고 전 조달원 \ 사고 후 조달원	수돗물	정수	약수	생수	합계
수돗물	40	30	20	30	120
정수	10	50	10	30	100
약수	20	10	10	40	80
생수	10	10	10	40	70
합계	80	100	50	140	370

수돗물은 120가구에서 80가구로, 약수는 80가구에서 50가구로 각각 이용 가구 수가 감소하였다. 정수는 100가구로 변화가 없으며, 생수는 70가구에서 140가구로 증가하였다.

따라서 사고 전에 비해 사고 후에 이용 가구 수가 감소한 식수 조달원의 수는 2개이다.

25 응시자의 태도/가치에 따라 적합도를 선별하므로 별도의 정답이 존재하지 않습니다.

26 ③

$(7\% + 9\% + 6\% + 3\%) \times 300 = 75$(명)

27 ④

2015년 국내 5대 은행 전체에 대한 농협은행 당기순이익 점유비는 4.3%이고 2014년 농협은행의 당기순이익 점유비는 4.7%이므로 2015년 농협은행의 당기순이익 점유비는 전년 대비 약 0.4%p 감소했음을 알 수 있다.

28 ①

RANK(number, ref, [order])

number는 순위를 지정하는 수이므로 B2, ref는 범위를 지정하는 것이므로 $B$2:$B$8이다. oder는 0이나 생략하면 내림차순으로 순위가 매겨지고 0이 아닌 값을 지정하면 오름차순으로 순위가 매겨진다.

29 ③

철수는 같은 수로 과일 A와 B를 먹었으므로 각각 2개씩 먹었다는 것을 알 수 있다. 철수는 영수보다 과일 A를 1개 더 먹었으므로, 영수는 과일 A를 1개 먹었다.

	A과일	B과일	씨의 개수
철수	2개	2개	6개
영수	1개	3개	5개

30 ③

COUNTIFS 함수는 복수의 조건을 만족하는 셀의 개수를 구하는 함수이다. COUNTIFS(조건범위1, 조건1, 조건범위2, 조건2)로 입력한다. 따라서 설문에서는 편집팀 소속이면서 대리의 직급을 가지는 사람의 수를 구하는 것이므로 3이 답이다.

31 ③

$300 \div 55 = 5.45 ≒ 5.5$(억 원)이고 3km이므로 $5.5 \times 3 = $ 약 16.5(억 원)

32 ④

제시된 글에서 시대의 흐름에 따라 간접 광고와 관련된 제도의 변천과정을 소개하고 있으나 간접 광고에 관한 이론의 발전 과정을 분석적으로 제시하고 있지는 않다.

33 ①

A : 민재는 인터넷을 즐겨하지 않으므로 40세 이상이고, 소주를 좋아하므로 남자이다.

B : 지우는 와인을 좋아하지 않으므로 40살 이상의 여자는 아니지만, 남자인지 여자인지는 알 수 없다.

34 ①

엑셀 통합 문서 내에서 다음 워크시트로 이동하려면 〈Ctrl〉+〈Page Down〉을 눌러야 하며, 이전 워크시트로 이동하려면 〈Ctrl〉+〈Page Up〉을 눌러야 한다.

35 ①

㉠ 총 투입시간 = 투입인원 × 개인별 투입시간

㉡ 개인별 투입시간 = 개인별 업무시간 + 회의 소요시간

㉢ 회의 소요시간 = 횟수(회) × 소요시간(시간/회)

∴ 총 투입시간 = 투입인원 × (개인별 업무시간 + 횟수 × 소요시간)

각각 대입해서 총 투입시간을 구하면,

$A = 2 \times (41 + 3 \times 1) = 88$

$B = 3 \times (30 + 2 \times 2) = 102$

$C = 4 \times (22 + 1 \times 4) = 104$

$D = 3 \times (27 + 2 \times 1) = 87$

업무효율 $= \dfrac{\text{표준 업무시간}}{\text{총 투입시간}}$ 이므로, 총 투입시간이 적을수록 업무효율이 높다. D의 총 투입시간이 87로 가장 적으므로 업무효율이 가장 높은 부서는 D이다.

36 ①

㉠ 2016년의 총사용량은 전년대비 46,478m³ 증가하여 약 19%의 증가율을 보이며, 2017년의 총사용량은 전년대비 35,280m³ 증가하여 약 12.2%의 증가율을 보여 모두 전년대비 15% 이상 증가한 것은 아니다.

㉡ 1명당 생활용수 사용량을 보면 2015년 0.36m³/명 $\left(\dfrac{136,762}{379,300}\right)$, 2016년은 0.38m³/명 $\left(\dfrac{162,790}{430,400}\right)$, 2017년은 0.34m³/명 $\left(\dfrac{182,490}{531,250}\right)$이 되어 매년 증가하는 것은 아니다.

㉢ 45,000 → 49,050 → 52,230으로 농업용수 사용량은 매년 증가함을 알 수 있다.

㉣ 가정용수와 영업용수 사용량의 합은 업무용수와 욕탕용수의 사용량의 합보다 매년 크다는 것을 알 수 있다.

2015년 $65,100 + 11,000$
$= 76,100 > 39,662 + 21,000 = 60,662$

2016년 $72,400 + 19,930$

$\quad = 92,330 > 45,220 + 25,240 = 70,460$

2017년 $84,400 + 23,100$

$\quad = 107,500 > 47,250 + 27,740 = 74,990$

37 ③

COUNTBLANK 함수는 비어있는 셀의 개수를 세어준다. COUNT 함수는 숫자가 입력된 셀의 개수를 세어주는 반면 COUNTA 함수는 숫자는 물론 문자가 입력된 셀의 개수를 세어준다. 즉, 비어있지 않은 셀의 개수를 세어주기 때문에 이 문제에서는 COUNTA 함수를 사용해야 한다.

38 ①

① B국의 시장 금리가 하락하면, A국에서 유출되었던 자금이 다시 복귀하면서 오버슈팅의 정도는 작아질 것이다.

39 ④

국내 통화량이 증가하여 유지될 경우, 물가가 경직적이어서 실질 통화량(㉠)은 증가하고 이에 따라 시장 금리(㉡)는 하락한다. 시장 금리 하락은 투자의 기대 수익률 하락으로 이어져, 단기성 외국인 투자 자금이 해외로 빠져나가거나 신규 해외 투자 자금 유입을 위축시키는 결과를 초래한다. 이 과정에서 자국 통화의 가치는 하락하고 환율(㉢)은 상승한다. → 따라서 t 이후에 하락하는 a는 ㉡ 시장 금리 그래프이다.

시간이 경과함에 따라 물가가 상승하여 실질 통화량이 원래 수준으로 돌아오고 해외로 유출되었던 자금이 시장 금리의 반등으로 국내로 복귀하면서, 단기에 과도하게 상승했던 환율은 장기에는 구매력 평가설에 기초한 환율로 수렴된다. → 따라서 시간이 경과함에 따라 원래 수준으로 돌아오는 c는 ㉠ 실질 통화량 그래프이고, 구매력 평가설에 기초한 환율로 수렴하는 b는 ㉢ 환율의 그래프이다.

40 ③

甲 : 5㎢는 500ha이므로 사과를 수확하여 무농약농산물 인증신청을 하려면 농약을 사용하지 않고, 화학비료는 50,000kg(=50t)의 2분의 1 이하로 사용하여 재배해야 한다.

乙 : 복숭아의 농약 살포시기는 수확 14일 전까지이다. 저농약농산물 인증신청을 위한 살포시기를 지키지 못 하였으므로 인증을 받을 수 없다.

丙 : 5ha(100m×500m)에서 감을 수확하여 저농약농산물 인증신청을 하려면 화학비료는 600kg의 2분의 1 이하로 사용하고, 농약은 살포시기를 지켜(수확 14일 전까지) 살포 최대횟수인 4회의 2분의 1 이하로 사용하여 재배해야 한다.

41 ③

1명의 투표권자가 후보자에게 줄 수 있는 점수는 1순위 5점, 2순위 3점으로 총 8점이다. 현재 투표까지 중간집계 점수가 640이므로 80명이 투표에 참여하였으며, 아직 투표에 참여하지 않은 사원은 $120 - 80 = 40$명이다. 따라서 신입사원 A는 40명의 사원에게 문자를 보내야 한다.

42 ③

메뉴별 이익을 계산해보면 다음과 같으므로, 현재 총이익은 60,600원이다. 한 잔만 더 판매하고 영업을 종료했을 때 총이익이 64,000원이 되려면 한 잔의 이익이 3,400원이어야 하므로 바닐라라떼를 판매해야 한다.

구분	메뉴별 이익	1잔당 이익
아메리카노	$(3,000 - 200) \times 5 = 14,000$원	2,800원
카페라떼	$\{3,500 - (200 + 300)\} \times 3 = 9,000$원	3,000원
바닐라라떼	$\{4,000 - (200 + 300 + 100)\} \times 3 = 10,200$원	3,400원
카페모카	$\{4,000 - (200 + 300 + 150)\} \times 2 = 6,700$원	3,350원
캐러멜라떼	$\{4,300 - (200 + 300 + 100 + 250)\} \times 6 = 20,700$원	3,450원

43 ④

    ㉠ 해남군의 논 면적은 23,042ha로, 해남군 밭 면적인 12,327ha의 2배 이하이다.

    ㉡ 서귀포시의 논 면적은 31,271−31,246＝25ha로, 제주시 논 면적인 31,585−31,577＝8ha보다 크다.

    ㉢ 서산시의 밭 면적은 27,285−21,730＝5,555ha로 김제시 밭 면적인 28,501−23,415＝5,086ha보다 크다.

    ㉣ 상주시의 밭 면적은 11,047ha로 익산시 논 면적의 90%(＝17,160.3ha) 이하이다.

44 ④

    ㉡ 2014년은 전체 임직원 중 20대 이하 임직원이 차지하는 비중이 50% 이하이다.

45 ①

    회사와 김 씨 모두에게 과실이 있었으므로 과실상계를 한 후 손익상계를 하여야 하는데, 그 금액이 1억 8천만 원이었으므로, 손익상계(유족보상금 3억 원)를 하기 전 금액은 4억 8천만 원이 된다. 총 손해액이 6억 원이므로 법원은 김 씨의 과실을 20%(1억 2천만 원), 회사의 과실을 80%(4억 8천만 원)으로 판단한 것이다.

46 ⑤

    ⑤ 공항에서 짐을 찾을 수 없게 되면, 항공사에서 책임을 지고 배상한다. 해외여행자 보험의 경우 현지에서 여행 중 물품을 분실한 경우와 관련 있다.

47 ④

    ① 여행증명서는 재외공관에서 발급받는다.

    ② 분실한 현금을 돌려받을 수 있다는 내용은 언급되지 않았다.

    ③ 항공권을 분실한 경우, 해당 항공사의 현지 사무실에 신고하고 항공권 번호를 알려준다.

    ⑤ 행자 수표의 고유번호, 종류, 구입일, 은행점명을 알려줘야 한다.

48 ③

    ③ 입력 데이터 x를 서로 다른 해시 함수 H와 G에 적용한 해시 값 H(x)와 G(x)는 해시 함수에 따라 달라진다.

49 ①

    ① ㉠ 일방향성은 주어진 해시 값에 대응하는 입력 데이터의 복원이 불가능하다는 것이다. 따라서 일방향성을 지닌 특정 해시 함수를 전자 문서 x, y에 각각 적용하여 도출한 해시 값으로부터 x, y를 복원할 수 없다.

    ②③ 해시 값을 표시하는 문자열의 길이는 각 해시 함수의 특성이다.

    ④ 입력 데이터 x, y에 특정 해시 함수를 적용하여 도출한 해시 값이 같은 것은 충돌이다.

    ⑤ 충돌은 서로 다른 데이터에 같은 해시 함수를 적용하였을 때 도출한 결과 값이 같은 것이다.

50 ②

    ② 운영자는 해시 값 게시 기한이 지난 후 참여자로부터 입찰가와 논스를 운영자에게 전송받은 후에야 최고가 입찰자를 알 수 있다.

    ① A는 r, m을 게시판에 게시하고 게시 기한이 끝난 후 a와 논스를 운영자에게 전송해야 한다.

    ③ m과 n이 같더라도 r과 s가 다르면 A와 B의 입찰가가 다를 수 있다.

    ④ 논스는 입찰가를 추측할 수 없게 하기 위해 입찰가에 더해지는 임의의 숫자이므로 논스의 해시 값인 r과 s를 비교하여 누가 높은 가격으로 입찰하였는지를 정할 수 없다.

    ⑤ 일방향성을 만족시키는 해시 함수이므로 m과 r을 통해 a를 복원할 수 없다.

NH농협은행 직무능력평가

성명	

번호	①	②	③	④	⑤
1	①	②	③	④	⑤
2	①	②	③	④	⑤
3	①	②	③	④	⑤
4	①	②	③	④	⑤
5	①	②	③	④	⑤
6	①	②	③	④	⑤
7	①	②	③	④	⑤
8	①	②	③	④	⑤
9	①	②	③	④	⑤
10	①	②	③	④	⑤
11	①	②	③	④	⑤
12	①	②	③	④	⑤
13	①	②	③	④	⑤
14	①	②	③	④	⑤
15	①	②	③	④	⑤
16	①	②	③	④	⑤
17	①	②	③	④	⑤
18	①	②	③	④	⑤
19	①	②	③	④	⑤
20	①	②	③	④	⑤

번호	①	②	③	④	⑤
21	①	②	③	④	⑤
22	①	②	③	④	⑤
23	①	②	③	④	⑤
24	①	②	③	④	⑤
25	①	②	③	④	⑤
26	①	②	③	④	⑤
27	①	②	③	④	⑤
28	①	②	③	④	⑤
29	①	②	③	④	⑤
30	①	②	③	④	⑤
31	①	②	③	④	⑤
32	①	②	③	④	⑤
33	①	②	③	④	⑤
34	①	②	③	④	⑤
35	①	②	③	④	⑤
36	①	②	③	④	⑤
37	①	②	③	④	⑤
38	①	②	③	④	⑤
39	①	②	③	④	⑤
40	①	②	③	④	⑤

번호	①	②	③	④	⑤
41	①	②	③	④	⑤
42	①	②	③	④	⑤
43	①	②	③	④	⑤
44	①	②	③	④	⑤
45	①	②	③	④	⑤
46	①	②	③	④	⑤
47	①	②	③	④	⑤
48	①	②	③	④	⑤
49	①	②	③	④	⑤
50	①	②	③	④	⑤

성명	

수험번호

⓪	⓪	⓪	⓪	⓪	⓪	⓪	⓪
①	①	①	①	①	①	①	①
②	②	②	②	②	②	②	②
③	③	③	③	③	③	③	③
④	④	④	④	④	④	④	④
⑤	⑤	⑤	⑤	⑤	⑤	⑤	⑤
⑥	⑥	⑥	⑥	⑥	⑥	⑥	⑥
⑦	⑦	⑦	⑦	⑦	⑦	⑦	⑦
⑧	⑧	⑧	⑧	⑧	⑧	⑧	⑧
⑨	⑨	⑨	⑨	⑨	⑨	⑨	⑨

NH농협은행 직무능력평가

문번	답란					문번	답란					문번	답란					문번	답란				
1	①	②	③	④	⑤	11	①	②	③	④	⑤	21	①	②	③	④	⑤	31	①	②	③	④	⑤
2	①	②	③	④	⑤	12	①	②	③	④	⑤	22	①	②	③	④	⑤	32	①	②	③	④	⑤
3	①	②	③	④	⑤	13	①	②	③	④	⑤	23	①	②	③	④	⑤	33	①	②	③	④	⑤
4	①	②	③	④	⑤	14	①	②	③	④	⑤	24	①	②	③	④	⑤	34	①	②	③	④	⑤
5	①	②	③	④	⑤	15	①	②	③	④	⑤	25	①	②	③	④	⑤	35	①	②	③	④	⑤
6	①	②	③	④	⑤	16	①	②	③	④	⑤	26	①	②	③	④	⑤	36	①	②	③	④	⑤
7	①	②	③	④	⑤	17	①	②	③	④	⑤	27	①	②	③	④	⑤	37	①	②	③	④	⑤
8	①	②	③	④	⑤	18	①	②	③	④	⑤	28	①	②	③	④	⑤	38	①	②	③	④	⑤
9	①	②	③	④	⑤	19	①	②	③	④	⑤	29	①	②	③	④	⑤	39	①	②	③	④	⑤
10	①	②	③	④	⑤	20	①	②	③	④	⑤	30	①	②	③	④	⑤	40	①	②	③	④	⑤

문번	답란				
41	①	②	③	④	⑤
42	①	②	③	④	⑤
43	①	②	③	④	⑤
44	①	②	③	④	⑤
45	①	②	③	④	⑤
46	①	②	③	④	⑤
47	①	②	③	④	⑤
48	①	②	③	④	⑤
49	①	②	③	④	⑤
50	①	②	③	④	⑤

성명 | 점 |

수험번호

⓪	⓪	⓪	⓪	⓪	⓪	⓪	⓪
①	①	①	①	①	①	①	①
②	②	②	②	②	②	②	②
③	③	③	③	③	③	③	③
④	④	④	④	④	④	④	④
⑤	⑤	⑤	⑤	⑤	⑤	⑤	⑤
⑥	⑥	⑥	⑥	⑥	⑥	⑥	⑥
⑦	⑦	⑦	⑦	⑦	⑦	⑦	⑦
⑧	⑧	⑧	⑧	⑧	⑧	⑧	⑧
⑨	⑨	⑨	⑨	⑨	⑨	⑨	⑨

NH농협은행 직무능력평가

	①	②	③	④	⑤			①	②	③	④	⑤			①	②	③	④	⑤
1	①	②	③	④	⑤		21	①	②	③	④	⑤		41	①	②	③	④	⑤
2	①	②	③	④	⑤		22	①	②	③	④	⑤		42	①	②	③	④	⑤
3	①	②	③	④	⑤		23	①	②	③	④	⑤		43	①	②	③	④	⑤
4	①	②	③	④	⑤		24	①	②	③	④	⑤		44	①	②	③	④	⑤
5	①	②	③	④	⑤		25	①	②	③	④	⑤		45	①	②	③	④	⑤
6	①	②	③	④	⑤		26	①	②	③	④	⑤		46	①	②	③	④	⑤
7	①	②	③	④	⑤		27	①	②	③	④	⑤		47	①	②	③	④	⑤
8	①	②	③	④	⑤		28	①	②	③	④	⑤		48	①	②	③	④	⑤
9	①	②	③	④	⑤		29	①	②	③	④	⑤		49	①	②	③	④	⑤
10	①	②	③	④	⑤		30	①	②	③	④	⑤		50	①	②	③	④	⑤
11	①	②	③	④	⑤		31	①	②	③	④	⑤							
12	①	②	③	④	⑤		32	①	②	③	④	⑤							
13	①	②	③	④	⑤		33	①	②	③	④	⑤							
14	①	②	③	④	⑤		34	①	②	③	④	⑤							
15	①	②	③	④	⑤		35	①	②	③	④	⑤							
16	①	②	③	④	⑤		36	①	②	③	④	⑤							
17	①	②	③	④	⑤		37	①	②	③	④	⑤							
18	①	②	③	④	⑤		38	①	②	③	④	⑤							
19	①	②	③	④	⑤		39	①	②	③	④	⑤							
20	①	②	③	④	⑤		40	①	②	③	④	⑤							

성명

수험번호

⓪	⓪	⓪	⓪	⓪	⓪	⓪	⓪
①	①	①	①	①	①	①	①
②	②	②	②	②	②	②	②
③	③	③	③	③	③	③	③
④	④	④	④	④	④	④	④
⑤	⑤	⑤	⑤	⑤	⑤	⑤	⑤
⑥	⑥	⑥	⑥	⑥	⑥	⑥	⑥
⑦	⑦	⑦	⑦	⑦	⑦	⑦	⑦
⑧	⑧	⑧	⑧	⑧	⑧	⑧	⑧
⑨	⑨	⑨	⑨	⑨	⑨	⑨	⑨

NH농협은행 직무능력평가

성명	

번호	1	2	3	4	5	번호	1	2	3	4	5	번호	1	2	3	4	5	번호	1	2	3	4	5
1	①	②	③	④	⑤	21	①	②	③	④	⑤	41	①	②	③	④	⑤						
2	①	②	③	④	⑤	22	①	②	③	④	⑤	42	①	②	③	④	⑤						
3	①	②	③	④	⑤	23	①	②	③	④	⑤	43	①	②	③	④	⑤						
4	①	②	③	④	⑤	24	①	②	③	④	⑤	44	①	②	③	④	⑤						
5	①	②	③	④	⑤	25	①	②	③	④	⑤	45	①	②	③	④	⑤						
6	①	②	③	④	⑤	26	①	②	③	④	⑤	46	①	②	③	④	⑤						
7	①	②	③	④	⑤	27	①	②	③	④	⑤	47	①	②	③	④	⑤						
8	①	②	③	④	⑤	28	①	②	③	④	⑤	48	①	②	③	④	⑤						
9	①	②	③	④	⑤	29	①	②	③	④	⑤	49	①	②	③	④	⑤						
10	①	②	③	④	⑤	30	①	②	③	④	⑤	50	①	②	③	④	⑤						
11	①	②	③	④	⑤	31	①	②	③	④	⑤												
12	①	②	③	④	⑤	32	①	②	③	④	⑤												
13	①	②	③	④	⑤	33	①	②	③	④	⑤												
14	①	②	③	④	⑤	34	①	②	③	④	⑤												
15	①	②	③	④	⑤	35	①	②	③	④	⑤												
16	①	②	③	④	⑤	36	①	②	③	④	⑤												
17	①	②	③	④	⑤	37	①	②	③	④	⑤												
18	①	②	③	④	⑤	38	①	②	③	④	⑤												
19	①	②	③	④	⑤	39	①	②	③	④	⑤												
20	①	②	③	④	⑤	40	①	②	③	④	⑤												

수험번호

⓪	⓪	⓪	⓪	⓪	⓪	⓪	⓪
①	①	①	①	①	①	①	①
②	②	②	②	②	②	②	②
③	③	③	③	③	③	③	③
④	④	④	④	④	④	④	④
⑤	⑤	⑤	⑤	⑤	⑤	⑤	⑤
⑥	⑥	⑥	⑥	⑥	⑥	⑥	⑥
⑦	⑦	⑦	⑦	⑦	⑦	⑦	⑦
⑧	⑧	⑧	⑧	⑧	⑧	⑧	⑧
⑨	⑨	⑨	⑨	⑨	⑨	⑨	⑨

NH농협은행 직무능력평가

번호	답안	번호	답안	번호	답안
1	① ② ③ ④ ⑤	21	① ② ③ ④ ⑤	41	① ② ③ ④ ⑤
2	① ② ③ ④ ⑤	22	① ② ③ ④ ⑤	42	① ② ③ ④ ⑤
3	① ② ③ ④ ⑤	23	① ② ③ ④ ⑤	43	① ② ③ ④ ⑤
4	① ② ③ ④ ⑤	24	① ② ③ ④ ⑤	44	① ② ③ ④ ⑤
5	① ② ③ ④ ⑤	25	① ② ③ ④ ⑤	45	① ② ③ ④ ⑤
6	① ② ③ ④ ⑤	26	① ② ③ ④ ⑤	46	① ② ③ ④ ⑤
7	① ② ③ ④ ⑤	27	① ② ③ ④ ⑤	47	① ② ③ ④ ⑤
8	① ② ③ ④ ⑤	28	① ② ③ ④ ⑤	48	① ② ③ ④ ⑤
9	① ② ③ ④ ⑤	29	① ② ③ ④ ⑤	49	① ② ③ ④ ⑤
10	① ② ③ ④ ⑤	30	① ② ③ ④ ⑤	50	① ② ③ ④ ⑤
11	① ② ③ ④ ⑤	31	① ② ③ ④ ⑤		
12	① ② ③ ④ ⑤	32	① ② ③ ④ ⑤		
13	① ② ③ ④ ⑤	33	① ② ③ ④ ⑤		
14	① ② ③ ④ ⑤	34	① ② ③ ④ ⑤		
15	① ② ③ ④ ⑤	35	① ② ③ ④ ⑤		
16	① ② ③ ④ ⑤	36	① ② ③ ④ ⑤		
17	① ② ③ ④ ⑤	37	① ② ③ ④ ⑤		
18	① ② ③ ④ ⑤	38	① ② ③ ④ ⑤		
19	① ② ③ ④ ⑤	39	① ② ③ ④ ⑤		
20	① ② ③ ④ ⑤	40	① ② ③ ④ ⑤		

성명

수험번호

| ⓪ ① ② ③ ④ ⑤ ⑥ ⑦ ⑧ ⑨ |
| ⓪ ① ② ③ ④ ⑤ ⑥ ⑦ ⑧ ⑨ |
| ⓪ ① ② ③ ④ ⑤ ⑥ ⑦ ⑧ ⑨ |
| ⓪ ① ② ③ ④ ⑤ ⑥ ⑦ ⑧ ⑨ |
| ⓪ ① ② ③ ④ ⑤ ⑥ ⑦ ⑧ ⑨ |
| ⓪ ① ② ③ ④ ⑤ ⑥ ⑦ ⑧ ⑨ |
| ⓪ ① ② ③ ④ ⑤ ⑥ ⑦ ⑧ ⑨ |
| ⓪ ① ② ③ ④ ⑤ ⑥ ⑦ ⑧ ⑨ |